AF634050

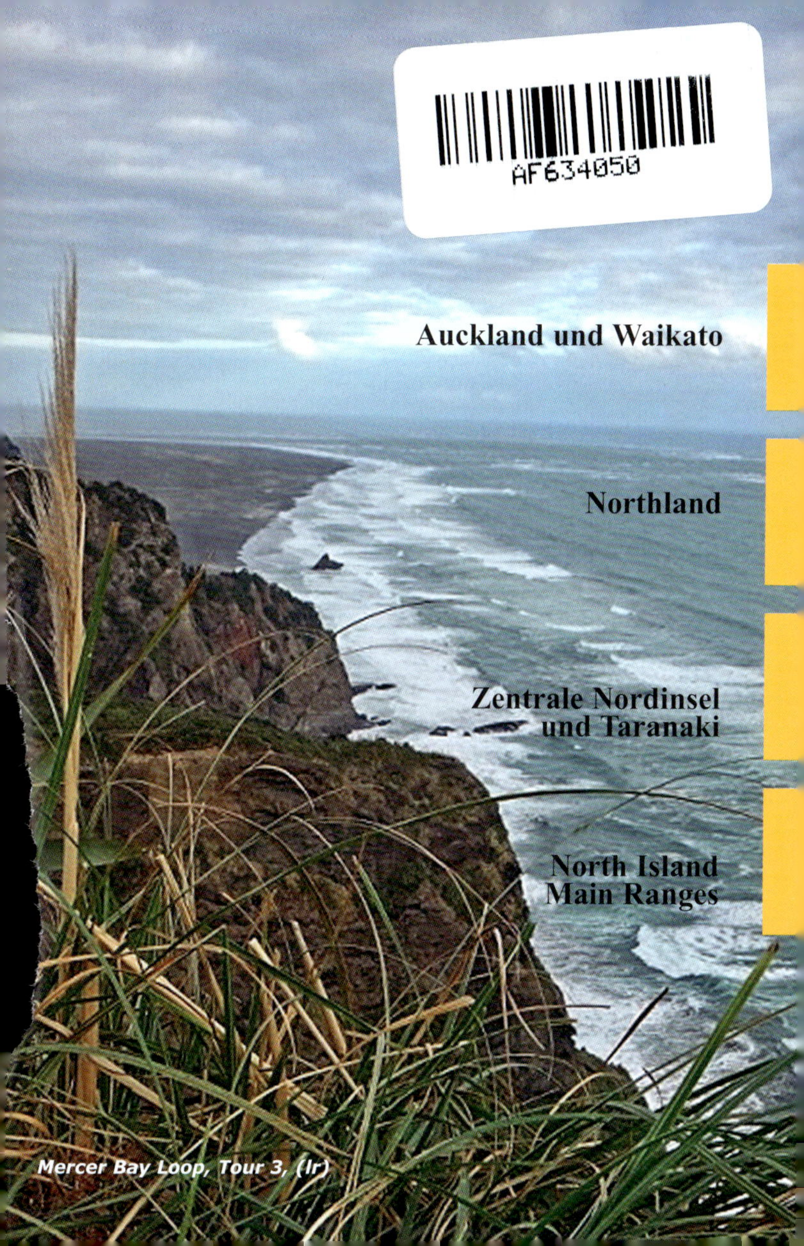

Mercer Bay Loop, Tour 3, (lr)

Neuseeland Nordinsel

Dieses OutdoorHandbuch wurde konzipiert und redaktionell erstellt vom:

Conrad Stein Verlag GmbH
Kiefernstr. 6, 59514 Welver
☎ 023 84/96 39 12
info@conrad-stein-verlag.de
www.conrad-stein-verlag.de
www.facebook.com/outdoorverlag
www.instagram.com/outdoorverlag

Der Nachdruck, die Übersetzung, die Entnahme oder Kopie von Texten, Karten, Abbildungen und Symbolen sowie die Verwertung auf elektronischen Datenträgern, die Einspeicherung in Medien wie Internet (auch auszugsweise) sind ohne vorherige schriftliche Genehmigung des Verlags unzulässig und strafbar.

Copyright Conrad Stein Verlag GmbH. Alle Rechte vorbehalten.

Klimaneutral
Druckprodukt
ClimatePartner.com/53106-2212-1002

Als Outdoor-Verlag sind uns der Schutz und die Erhaltung der Natur seit jeher ein besonderes Anliegen. Auch in Sachen Klimaschutz haben wir eine Vorreiterrolle inne: Wir sind der einzige Buchverlag in Deutschland, der bereits seit 2008 seine Bücher konsequent klimaneutral in Deutschland produzieren und transportieren lässt. Dabei wird nicht nur klimaneutral, sondern auch nachhaltig, d. h. so umweltschonend wie möglich produziert, z. B. durch die Auswahl von umweltfreundlichen Materialien. Die bei der Produktion der Bücher entstandenen CO_2-Emissionen werden durch die Unterstützung von zertifizierten Klimaschutzprojekten ausgeglichen. Jedes Buch wird daher mit dem Logo „klimaneutral" und einer ClimatePartner-Zertifikatsnummer versehen. Mithilfe dieser Nummer können Sie unter www.climatepartner.com Informationen zu der eingesparten CO_2-Menge und dem Projekt finden, das mit der Abgabe gefördert wird.

Das Engagement des Conrad Stein Verlags wurde im Rahmen des Projekts „Klimaneutraler Buchverlag" mit dem Westenergie Klimaschutzpreis 2022 ausgezeichnet.

OutdoorHandbuch Band 407

ISBN 978-3-86686-536-5 1. Auflage 2023

Text: Daniel Hüske
Fotos: Daniel Hüske, Lara Rehwald (lr), Tobias Lange (tl)
Karten: Heide Schwinn
Lektorat: Ricarda Kuschma
Layout: Alexandra Sauerland

Gesamtherstellung: AZ Druck und Datentechnik GmbH, Kempten

Dieses OutdoorHandbuch hat 160 Seiten mit 51 farbigen Abbildungen sowie 23 farbigen Kartenskizzen im Maßstab 1:25.000, 1:50.000, 1:75.000 und 1:100.000, 22 farbigen Höhenprofilen und einer farbigen, ausklappbaren Übersichtskarte.

Alle Informationen, schriftlich und zeichnerisch, wurden nach bestem Wissen zusammengestellt und überprüft. Sie waren korrekt zum Zeitpunkt der Recherche. Eine Garantie für den Inhalt, z. B. die immerwährende Richtigkeit von Preisen, Adressen, Telefonnummern und Internetadressen, Zeit- und sonstigen Angaben, kann naturgemäß von Verlag und Autor – auch im Sinne der Produkthaftung – nicht übernommen werden.

Autor und Verlag freuen sich über Ihr Feedback. Schreiben Sie Ihre Tipps und Verbesserungen an info@conrad-stein-verlag.de oder nutzen Sie unsere Social-Media-Kanäle. Bitte nennen Sie dabei Titel, Auflage und Seitennummer.

Dieses Buch ist im Buchhandel und in Ausrüstungsläden erhältlich und kann im Internet oder direkt beim Verlag bestellt werden.

Titelfoto: Mahinepua Peninsula Track, Tour 8

Inhalt

Danksagung

Mein Dank geht an alle, die mich bei der Umsetzung des Buches unterstützt haben, vor allem an Lara Rehwald und Rebekka Fuchs für ihre Hilfe zu verschiedenen Wanderungen und an die vielen DOC- und i-Site-Mitarbeiter, welche mir bei Fragen geduldig mit Rat und Tat zur Seite standen.

☺ Eine **Übersichtskarte** der Wege, **Autorenprofil** sowie eine Liste aller verwendeten **Symbole** in diesem Buch finden Sie auf den vorderen und hinteren Umschlagseiten bzw. -klappen.

Wanderparadies Neuseelands Nordinsel

Neuseeland – der Klang dieses Namens lässt wahrscheinlich auch Ihren Puls höherschlagen. Völlig zu Recht, denn Sie haben mit dem Land der weißen Wolke eines der schönsten Wanderziele der Welt als Destination auserkoren. Endlose Küsten, abgeschiedene Bergketten, aktive Vulkanlandschaften, wunderschöne Seen und märchenhafte Wälder – all das sind bunte Zutaten für ein glückliches Wanderherz. Kaum ein anderes Gebiet der Welt besticht auf kompaktem Raum mit einer solch abwechslungsreichen Landschaft und hält für jeden Anspruch etwas parat. Von leichten Familienwanderungen bis zur anspruchsvollen Tour für Gipfelaspiranten ist für jeden etwas dabei. Obendrein lässt die häufig hervorragende Wanderinfrastruktur kaum Wünsche offen für den Sprung ins Outdoor-Abenteuer.

Es wird klar, warum Neuseeland von vielen zivilisationsgeschundenen Besuchern als Reiseziel auserkoren wird. Auf der Suche nach Freiheit und Auszeit landete das Land im Pazifik vor der Corona-Zwangspause vermehrt auf der Liste der Sehnsuchtsziele ganz oben. Es ist davon auszugehen, dass die Besucherzahlen wieder Fahrt aufnehmen und wie in den letzten Jahren zuvor weiterhin auf den Tracks des Landes spürbar sein werden. Das hat entsprechend Auswirkungen auf die Auswahl der Wanderwege in diesem Buch. Während einige Klassiker trotz der hohen Popularität nicht ausgespart wurden, so werden Ihnen ebenso ruhigere Varianten vorgestellt. Wann immer möglich und sinnvoll sind attraktive alternative Zugänge und ergänzende Abstecher beschrieben oder Wandertouren aufgenommen worden, die mitunter nur den Locals bekannt sind.

Die Nordinsel steht mitunter im Schatten der Südinsel Neuseelands. Die Wanderziele liegen verstreuter und sind eingebettet in weite Gebiete von Farmland und städtischer Umgebung. Einmal jedoch dorthin vorgedrungen, stehen die Naturgebiete in Wildheit, Schönheit und Vielfalt den südlichen Gefilden häufig kaum nach und entpuppen sich als unvergleichliche Wanderjuwelen.

Für ein Land mit einem ausgedehnten Wandernetz in einer Gesamtlänge, die der Entfernung von Dubai nach Auckland entspricht, kann kein Wanderführer den Anspruch auf Vollständigkeit erheben und alle schönen Wege abdecken. Worauf Sie sich jedoch verlassen können, ist, dass jede beschriebene Tour etwas Besonderes für Sie bereithält: Wanderungen durch bizarre Vulkanwelten, wilde Küstenabschnitte, üppige Regenwälder, perfekte Panorama-Aussichten. Das Buch wird Ihnen hoffentlich viele atemberaubende und entschleunigende Momente bescheren und einen besonders faszinierenden Teil unserer Erde ein Stückchen näherbringen können. Wir, das Verlagsteam und der Autor, wünschen Ihnen unvergessliche Wanderungen.

Reise-Infos

Anreise

Internationale Flugverbindungen

Zahlreiche internationale Fluglinien bieten tägliche Verbindungen nach Neuseeland an. Die Reisezeit von Frankfurt nach **Auckland** (AKL), der Metropole auf der Nordinsel, mit kurzem Stopp am Persischen Golf, in Asien oder Amerika beträgt mindestens 23 Stunden.

Formalitäten

Reisende mit deutscher, österreichischer oder schweizerischer Staatsbürgerschaft benötigen für einen Urlaubsaufenthalt in Neuseeland von bis zu drei Monaten kein Visum, als Reisedokument reicht ein gültiger Reisepass. Dazu müssen Sie ein Rück- oder Weiterflugticket vorweisen können und werden ggf. nach ausreichenden finanziellen Mitteln zur Deckung der Reisekosten befragt.

Zusätzlich ist die Beantragung einer elektronischen Einreisegenehmigung (NZeTA) verpflichtend (Bearbeitungszeit bis zu drei Tage). Neben den Antragsgebühren von $ 9 (mobile App) bzw. $ 12 (Website) wird automatisch eine Tourismusabgabe (IVL) von $ 35 berechnet. Ab voraussichtlich Mitte 2023 soll obendrein die papierlose Traveller Declaration eingeführt werden und muss dann bei Ankunft in Neuseeland vorgezeigt werden. Sie wird die bisherige Passenger Arrival Card ersetzen.

💻 nzeta.immigration.govt.nz, www.travellerdeclaration.govt.nz

Erkundigen Sie sich auf der Website des Auswärtigen Amtes über die aktuellen Bestimmungen. Dort finden Sie auch Infos zu den gültigen Einreisebedingungen wegen Covid-19. Eine weitere Informationsquelle dazu ist außerdem die offizielle neuseeländische Regierungsseite.

💻 www.auswaertiges-amt.de, covid19.govt.nz

Biosecurity

Bei Ankunft gelten strenge Einfuhrregelungen für Lebensmittel, tierische oder pflanzliche Produkte. Geben Sie auch die kleinsten Mengen in Ihrem Gepäck auf der Einreisekarte unbedingt an, andernfalls riskieren Sie empfindliche Bußgelder. Frisches Obst, Gemüse, Fleisch oder Fisch darf generell nicht ins Land gebracht werden und kann in den dafür vorgesehenen Containern entsorgt werden. Ist Nahrung hingegen industriell hergestellt und verpackt, ungeöffnet und haltbar, dann ist dies in den meisten Fällen unproblematisch (z. B. dehydrierte Wandernahrung).

Machen Sie auch ein Haken bei „Yes" zur Frage nach Outdoor-Ausrüstung und stellen Sie sicher, dass Schuhe, Socken, Zelt und Co. penibel vor der Reise gereinigt wurden. Rechnen Sie mit einer möglichen Inspektion durch die Beamten oder deren Spürhunde.

💻 www.mpi.govt.nz/bring-send-to-nz

Unterkünfte

Peach Cove Hut, Abstecher, Tour 7

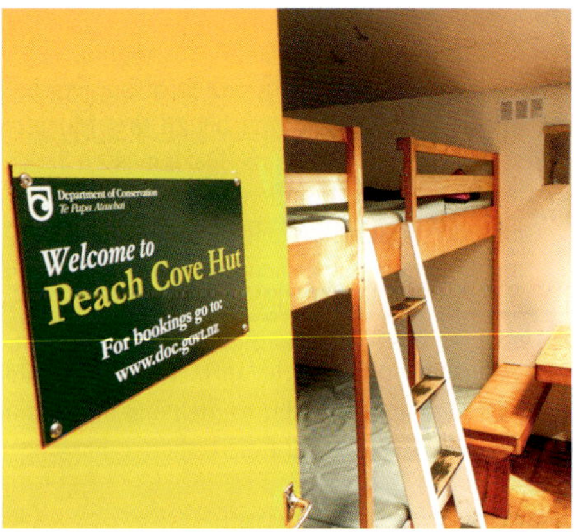

Die Bandbreite von Übernachtungsmöglichkeiten in Neuseeland ist groß: Von einfachen Hostels, Pensionen bis hin zu Luxushotels ist für jeden Geschmack etwas dabei. Vielfältige Campingoptionen versprechen Freiheit und Flexibilität (☞ Verkehrsmittel, Auto und Wohnmobil) und auf den Wanderstrecken sorgen Hütten und Zeltplätze für ein intensives Wildniserlebnis (☞ Wanderinfrastruktur).

Verkehrsmittel

Busse

Der nationale Busanbieter **Intercity** (☏ 09/583 57 80, www.intercity.co.nz) verbindet viele Regionen Neuseelands miteinander und fährt täglich mehrere hundert Standorte an. Tickets zum Standardpreis können nicht storniert werden, hierfür sollten Sie den teureren Flexipreis wählen. Für Vielfahrer können die angebotenen Buspässe (FlexiPass oder TravelPass) eine Preisersparnis bringen.

Da die überregionalen Optionen allerdings nur wenige Start- und Zielpunkte der Tracks direkt erreichen, finden Sie – wenn möglich und sinnvoll – in den Wanderbeschreibungen dieses Buches Angaben zu den möglichen Transportalternativen zum eigenen Fahrzeug.

Auto und Wohnmobil

Das Reisen mit einem Auto oder Campervan eröffnet im Vergleich zur Busreise flexiblere Möglichkeiten. Sie sind insgesamt zügiger unterwegs, nicht an starre Fahrpläne gebunden und können einfacher die Nordinsel links und rechts der Hauptrouten erkunden. Für kurze Aufenthalte ist in der Regel eine Anmietung die bessere Variante. Sollten Sie drei Monate oder länger in Neuseeland planen, dann kann ein Kauf die richtige Wahl sein. Für detaillierte Infos zur Thematik Miete oder Kauf stehen zahlreiche Reiseführer für Neuseeland zur Auswahl. Exemplarisch sei das DuMont Reise-Handbuch „Neuseeland" genannt. Das Buch „Als Dach der Sternenhimmel – Camping in Neuseeland" von 360° medien beleuchtet ausführlich alle Aspekte des Reisens mit dem Wohnmobil und unter www.freedomcamping.org finden Sie einen ersten Überblick über die Campingmöglichkeiten. Für das freedom camping, das freie Campen auf öffentlichem Gelände, muss Ihr Fahrzeug in bestimmten Regionen über eine Toilette sowie Frisch- und Abwassertank verfügen (*self-contained*).

i Kontaktieren Sie bei den vereinzelt im Buch aufgeführten Freedom-Camping-Möglichkeiten vorab die Besucherzentren vor Ort, da sich die Einschränkungen jederzeit ändern können.

Für das Führen von Fahrzeugen in Neuseeland benötigen Sie eine gültige deutsche Fahrerlaubnis sowie eine beglaubigte englische Übersetzung. Beantragen Sie dafür am besten vor der Reise einen internationalen Führerschein.

In Neuseeland herrscht Linksverkehr. Die meisten Besucher gewöhnen sich recht schnell an den Seitentausch. Bei der Übernahme in den Städten ist anfangs besondere Aufmerksamkeit geboten.

Eine gute Übersicht zum Fahren auf Neuseelands Straßen finden Sie unter 💻 www.nzta.govt.nz/resources/driving-in-nz. Eine weitere Quelle ist 💻 www.drivesafe.org.nz.

Die in diesem Buch vorgestellten Wanderungen sind bis auf wenige Ausnahmen mit einem herkömmlichen Auto oder Campervan, auch größeren Kalibers, gut erreichbar – andernfalls finden Sie entsprechende Hinweise. Beachten Sie, dass manche Tracks nur über unbefestigte Straßen, sogenannte *gravel roads*, erreichbar sind und die Mietbedingungen vieler Anbieter das Befahren solcher Straßen untersagen. Ausnahmen davon sind z. B. Apex Car Rentals 💻 www.apexrentals.co.nz) für Autos und PiwiWiwi (💻 www.piwiwiwi.co.nz) für Campervans.

Fast immer befindet sich direkt am Start der vorgestellten Wanderwege ein Parkplatz und in vielen Fällen liegt ein ⛺ Campingplatz in unmittelbarer Nähe, den Sie sowohl mit Wohnmobil als auch Zelt nutzen können. Obwohl Neuseeland grundsätzlich ein sicheres Reiseland ist, können vereinzelte Fahrzeugeinbrüche oder gar -diebstähle nicht völlig ausgeschlossen werden. ✋ Lassen Sie daher keine Wertsachen im Fahrzeug liegen. Diese können Sie in Ihren Unterkünften oder vereinzelt auch in den Besucherzentren gegen eine kleine Gebühr zwischenlagern. Bewachte Parkplätze sind sehr selten verfügbar. Starten Sie alternativ von den genannten Campingplätzen aus oder nutzen die Transportangebote vom nahe gelegenen Ort zum Track. Insgesamt ist die Wahrscheinlichkeit für solch unangenehme Situationen für die beschriebenen Wanderungen allerdings als gering einzustufen.

Telefon

Von Deutschland telefonieren Sie nach Neuseeland mit der Vorwahl 00 64, gefolgt von den im Buch angegebenen Telefonnummern ohne vorangestellte Null. Die innerhalb Neuseelands kostenfreien 0800-Nummern einiger Anbieter können in der Regel nicht vom Ausland aus gewählt werden.

Klima und Reisezeit

Klima

Neuseeland liegt in einer gemäßigten Klimazone mit vier Jahreszeiten. Ein Blick auf die mittleren jährlichen Niederschläge und Temperaturen verrät allerdings, dass starke regionale Unterschiede zu verzeichnen sind. Maßgeblich für die Wettermuster auf der Nordinsel sind die häufig vorherrschenden Westwinde (*westerlies*).

Die regenbeladenen Luftmassen der Tasmanischen See (Tasman Sea) bringen für weite Teile der Nordinsel Niederschläge von mehr als 1.000 mm im Jahr.

Die Bergregionen um Taranaki (bis zu 7.000 mm im Jahr, ☞ Wanderungen 15-17), Tongariro (über 2.000 mm im Jahr, ☞ Wanderungen 12-14) und der North Island Main Ranges (bis zu 4.000 mm im Jahr, ☞ Wanderungen 19-23) agieren dabei als Klimascheide, wenngleich nicht so extrem und lokaler ausgeprägt als auf der Südinsel durch die Südlichen Alpen.

Hin und wieder treten kurzzeitige Wetterextreme auf. Während solcher Kapriolen entstehen Erdrutsche, Küsten- und Uferabschnitte verschwinden oder verändern sich, Wanderwege werden durch umgestürzte Bäume unpassierbar und Straßen sowie Brücken weggespült. Rechnen Sie in Neuseeland immer mit wetterbedingten Sperrungen, Umleitungen oder anderen Einschränkungen.

Es wird ersichtlich, warum es so wichtig ist, vor jeder Wanderung die Wetterprognosen einzuholen (☞ Outdoor Safety Code). Die Mitarbeiter in den Besucherzentren können meist auf lange Erfahrung zum Mikroklima vor Ort zurückgreifen und die Wetterlage gut einschätzen. Eine **i** Info-Adresse zur Kontaktaufnahme ist bei jeder Wanderung angegeben. Online können Sie die letzten Vorhersagen unter 💻 www.metservice.com abrufen. ✋ Werfen Sie auf der Seite auch einen Blick auf die Prognosen außerhalb der Städte unter „Mountains & Parks" und die Wetterwarnungen (*severe weather*). Detaillierte Wetterkarten für die nächsten Tage finden Sie unter 💻 www.metvuw.com/forecast (z. B. „New Zealand – North Island", „Forecast: 3-day Thumbnails").

Das Klima auf der Nordinsel hält aber auch Erfreuliches für Sie als Wanderer parat: Die Sonne zeigt sich in vielen Gebieten häufig mit insgesamt 2.000 Stunden oder mehr im Jahr, am häufigsten an der Ostküste. Die Temperaturen der Nordinsel erreichen im Sommer (Dez-Feb) in den tiefer liegenden Gebieten durchschnittlich einen angenehmen Tageshöchstwert von etwa 20 °C im Süden, bis ca. 25 °C im Norden. Die Tiefstwerte der Nacht liegen meist 7 °C bis 10 °C niedriger. Da es sich dabei nur um Mittelwerte handelt, kann das Thermometer mancherorts am Nachmittag durchaus Richtung 30-Grad-Marke klettern und die Nachttemperaturen bis in den einstelligen Bereich fallen.

Im Frühling (Sep-Nov) oder Herbst (März-Mai) kann es spürbar kühler sein. Die mittleren Spitzenwerte am Tag liegen zu Frühlingsbeginn und im Spätherbst im Schnitt bei 15 °C im Süden und weiter nördlich bei knapp unter 20 °C. Im Süden können in dieser Zeit vereinzelt Nachtfröste auftreten. Generell sind in Küstennähe die Temperaturschwankungen weniger stark ausgeprägt als im Landesinneren, und das sowohl im Unterschied zwischen Tag und Nacht als auch zwischen den Jahreszeiten.

Welche Temperatur zu erwarten ist, hängt natürlich auch entscheidend von der Topografie der Umgebung ab: Pro 100 m Anstieg sinkt die Temperatur etwa um 0,6 °C.

Tiefere Temperaturen sind nicht die einzige wetterbedingte Herausforderung, welche Ihnen in den Bergregionen der Nordinsel begegnen kann. In höheren Lagen kann es zu jeder Jahreszeit schneien. Exponierte Abschnitte oberhalb der Baumgrenze, vor allem entlang von Kämmen oder über Pässe, sind häufig stürmischen Winden ausgesetzt. Um der unterschätzten Gefahr der Unterkühlung (Hypothermie) durch den Wind entgegenzuwirken (besonders bei Regen), sollten Sie wind- und regendichte Außenbekleidung mit auf Tour nehmen! Rechnen Sie immer mit sich schnell ändernden Witterungs- und Sichtbedingungen (nicht nur in den Bergen) und Temperaturstürzen, auch wenn optimale Bedingungen vorhergesagt wurden. Nehmen Sie am besten einen Kompass und/oder ein GPS-Gerät mit. Die sprichwörtlichen vier Jahreszeiten an einem Tag können Sie hier innerhalb kürzester Zeit erleben.

Beste Wander- und Reisezeit

Die meisten der beschriebenen Wanderungen befinden sich in Küstennähe oder in tieferen Lagen. Winterliche Bedingungen können zwar vereinzelt die Begehbarkeit vorübergehend einschränken, sie sind aber ansonsten ganzjährig möglich.

Einige der vorgestellten Wanderwege verlaufen dagegen durch bergiges Gelände bis hinauf in alpines Terrain. Außerhalb der wärmeren Monate des Jahres muss hier vermehrt mit Behinderungen durch Schnee, Eis oder Glätte gerechnet werden (ggf. ist Winterausrüstung wie z. B. Steigeisen notwendig) und es besteht entlang einzelner Tracks Lawinengefahr (☞ Weitere (Natur-)Gefahren). Viel Erfahrung mit winterlichen Bedingungen ist dann notwendig. Sollte ein Weg nicht ganzjährig gleichermaßen empfehlenswert sein, finden Sie in der Zusammenfassung am Anfang der Tour einen Tipp zur besten Wanderzeit.

Um die meisten Wanderregionen der Nordinsel genießen zu können, empfiehlt sich eine Reisezeit zwischen November und April. Ab kurz vor Weihnachten ist allerdings absolute Hochsaison, wenn in der Spitze eine halbe Million Besucher im Monat ankommt und gleichzeitig bis Anfang Februar Schulferien sind. Unterkünfte sind dann häufig ausgebucht und die populären Wanderwege sind brechend voll. Die Natur gibt in dieser Zeit ihr Bestes und lässt viele Bäume blühen (Pōhutukawa, Rātā und Tea Trees), die Tage sind mit bis zu 15 Stunden sehr lang. Nach dem Waitangi Day am 6. Februar wird es etwas ruhiger, wenngleich die Besucherzahlen bis März weiterhin hoch sind. Die Zeit des langsam einsetzenden, teilweise bunten Herbstes kann beständige Witterung mit sich bringen und eignet sich häufig sehr gut zum Wandern. Längere Touren sollten Sie nun jedoch zeitig starten, da die Nacht wieder eher einbricht. Zu Ostern und in den Ferien während der zweiten Aprilhälfte wird es nochmal ein wenig geschäftiger.

Karten und GPS

In den meisten Fällen genügen die Karten in diesem Buch zur Orientierung während der Wanderung. Wünschen Sie topografische Wanderkarten für größere Bereiche in Papierformat, dann halten Besucherzentren die **Topo50-Karten** von Land Information New Zealand (💻 www.linz.govt.nz) sowie Outdoor-Karten von **NewTopo** (💻 www.newtopo.co.nz) und **geographx** (💻 geographx.co.nz) zum Kauf bereit. Die Topo50-Karten können Sie auch über entsprechende Fachgeschäfte in Deutschland beziehen.

Die Online-Kartenversion unter 💻 www.topomap.co.nz eignet sich bestens für die Vorbereitung von zu Hause. ☺ Hier können Sie übrigens alle LINZ Topo50 Karten kostenfrei herunterladen (große Dateigröße) und ausdrucken. Außerdem ist der Download als „Custom Map“ für Garmin-GPS-Geräte möglich.

Die GPS-Tracks zu den beschriebenen Wegen können Sie kostenlos von der Internetseite des Verlags (💻 www.conrad-stein-verlag.de) herunterladen.

☺ Die Kartenempfehlungen wurden von der Geobuchhandlung Kiel überprüft. 💻 www.geobuchhandlung.de

📖 **GPS** *Grundlagen · Tourenplanung · Navigation* von Michael Hennemann, Conrad Stein Verlag, Basiswissen für draußen, ISBN 978-3-86686-769-7, ca. € 12,90, NEU 2023

Bei der Orientierung im Gelände ist die Beachtung der **Deklination** (auch Missweisung genannt) in Neuseeland von besonderer Bedeutung. Der Unterschied zwischen dem **geografischen Norden** (*true north*, rechtweisend Nord) und der Himmelsrichtung, in die die Kompassnadel zeigt, dem **magnetischen Norden** (*magnetic north*, missweisend Nord), ist hier besonders hoch. Aktuell liegt der Wert auf der Nordinsel zwischen 18° Ost im Norden und 23° Ost im Süden. Der Zusatz Ost bedeutet, dass der magnetische Norden östlich vom geografischen Norden abweicht. Unter 💻 www.ngdc.noaa.gov/geomag können Sie den Wert, der keineswegs konstant bleibt, aktuell für Ihre jeweilige Position annähernd bestimmen.

Alle Angaben und Karten im Buch beziehen sich auf den geografischen Norden, daher müssen Sie die Deklination zur Bestimmung der Laufrichtung berücksichtigen. Ist im Buch z. B. als Himmelsrichtung Süden (180°) angegeben (Kartenkurs) und Sie haben eine Deklination von 23° Ost bestimmt, dann wäre die angepasste Kompassrichtung (Kompasskurs) zur Geländeorientierung bei 157°, also etwa Südsüdost (SSO). Würden Sie die angezeigte Kompassrichtung nicht adjustieren, dann würden Sie nicht wie gewünscht tatsächlich nach Süden laufen, sondern stattdessen in Richtung Südsüdwest (SSW, 203°) abdriften.

Einige Kompasse bieten die Möglichkeit zur festen Einstellung einer Missweisungskorrektur an. Das erspart das fehleranfällige Umrechnen. Bei elektronischen Geräten ist mitunter die optionale Einstellung der Nordreferenz verfügbar, welche Sie am besten auf geografischen Norden setzen, sodass die Deklination automatisch eingerechnet wird. Beachten Sie darüber hinaus, dass Kompasse aus Europa in der Regel nicht einwandfrei in Neuseeland funktionieren. Zwar richtet sich die Nadel grundsätzlich weiterhin nach Norden aus, aber sie kann sich wegen starker Kippneigung (*magnetic dip*, Inklination) nicht mehr frei drehen und am Boden der Kompassdose verklemmen. Sie benötigen einen Kompass mit der für Neuseeland passenden Inklinationszone (Silva: Magnetic South, Suunto: Southern Hemisphere). Vor Ort erhalten Sie die geeigneten Kompasse in den Outdoor-Sportgeschäften oder unter 💻 www.mapworld.co.nz/compasses.html (Standort Christchurch, mit Versand in ganz Neuseeland, auch an Unterkünfte). Alternativ können Sie vorab einen Kompass mit „globaler Nadel" erwerben, welcher dann auch problemlos auf der Südhalbkugel funktioniert (z. B. von Brunton die TruArc-Serie).

Wanderinfrastruktur

Die meisten der rund 14.000 km an möglichen Wanderwegen in Neuseeland werden von der Naturschutzbehörde Department of Conservation (DOC, 💻 www.doc.govt.nz) betrieben und instand gehalten. Vor allem die populären, bekannteren Tracks sind meist sehr gut mit Wegweisern bestückt, verlaufen auf natürlichen bis begradigten Wegen und sind dementsprechend einfach zu wandern. Als Markierungen werden in der Regel orange Dreiecke oder orange Metallstangen genutzt. ✋ Folgen Sie niemals blauen oder pinken Dreiecken, die Fallen oder Köder markieren.

Das sollte jedoch nicht darüber hinwegtäuschen, dass die Bandbreite auf den Wanderstrecken des Landes deutlich größer ist. Im „Hinterland", dem *backcountry*, kann die Beschilderung kaum präsent, mit Steinmännchen ersetzt oder gar nicht existent sein, teilweise sind die Wege schmal und verlaufen steil und ausgesetzt über steinigen, wurzeligen und ursprünglichen Untergrund. Bäche und Flüsse müssen dann häufig gefurtet werden, weil keine Brücken installiert sind, und mitunter sind kleine Kletterpassagen zu meistern.

Nicht selten queren die Wanderwege privates Land. Bleiben Sie dann stets auf den markierten Wegen und hinterlassen Sie die Tore so, wie Sie sie vorgefunden haben. Dass Sie sich strikt an die Wegbeschreibung halten, ist vor allem für Wanderer nach Ihnen wichtig, da privates Gelände in Neuseeland vielerorts auf Basis einer Wegerechtsvereinbarung (*easement*) durchquert werden darf und diese vom Wohlwollen der Privatbesitzer abhängt.

Das DOC hat für die etwa 550 verschiedenen Tracks auf der Nordinsel fünf Schwierigkeitsgrade mit entsprechenden Symbolen ersonnen: Easiest: Short Walk, Easy: Walking Track, Intermediate: Great Walk/Easier Tramping Track, Advanced: Tramping Track und Expert: Route (💻 www.doc.govt.nz [Suchbegriff: Walking track categories]). Allerdings wird dabei nur der Anspruch an Orientierung und die Wegbeschaffenheit berücksichtigt. Die konditionellen Herausforderungen wie zu bewältigende Höhenmeter oder Distanz fließen genauso wenig in die Beurteilung ein wie wetterbedingte Risiken oder andere Naturgefahren.

In diesem Buch wird ein anderer Ansatz zur Einordnung in die drei Schwierigkeitsstufen verfolgt (☞ vordere Umschlagseite): Die höchste Wertung in den einzelnen Unterkategorien Wegbeschaffenheit, Wegbeschilderung, Anspruch an Fitness und zu erwartende Wetterbedingungen sowie mögliche Naturgefahren wird gleichzeitig auf die Gesamtwertung übertragen. Am Beispiel des Tongariro Alpine Crossing (☞ Wanderung 12) verdeutlicht, bedeutet dies: Obwohl die Wanderung auf überwiegend einfachem Untergrund verläuft und hervorragend ausgeschildert ist (DOC-Einordnung: Intermediate), wird der konditionell anspruchsvolle Track über größtenteils offenes, wetterexponiertes Gelände mit vulkanischem Risiko der roten (schwierigsten) Kategorie zugeordnet.

Die Wandertouren in diesem Buch sind mit unterschiedlicher Länge auf den Tagesbereich begrenzt. Viele der mehreren Hundert 🏠 Wanderhütten in Neuseeland sind hingegen nur als Ziel von Mehrtageswanderungen erreichbar. Gleiches gilt für viele der rund 20 ausgewiesenen ⛺ Zeltplätze entlang der Nordinselwanderwege. Auf einigen der vorgestellten Wanderungen besteht dennoch die Möglichkeit einer Übernachtung in Neuseelands Wildnis. Ein großer Teil der vorgestellten Hütten oder Zeltplätze muss vorab gebucht werden und die begrenzten Plätze sind unter Umständen Tage oder gar Wochen im Voraus ausverkauft. Grundsätzlich ist die Buchungsempfehlung: Je eher, desto besser.

Für einige der vorgestellten Backcountry-Hütten benötigen Sie allerdings „Hut-Tickets" („Serviced Hut", $ 15, oder „Standard Hut", $ 5), welche in allen größeren Besucherzentren der Insel vorab gekauft und in jeder beliebigen Hütte der entsprechenden Kategorie eingesetzt werden können. Im Gegensatz zu den fest gebuchten Übernachtungen gilt hier das Prinzip „First come, first serve". Ein Platz ist also nicht sicher, die zusätzliche Mitnahme einer Matte oder noch besser eines Zeltes ist ratsam. Alternativ ist ein zeitiger Wanderstart empfehlenswert, um noch bei Tageslicht wieder zurückkehren zu können, wenn die Hütte belegt ist.

Erwarten Sie nicht zu viel Luxus, die Hütten Neuseelands sind in puncto Ausstattung kaum mit Alpenhütten vergleichbar. Sie sind im Schlafsaalstil mit Matratzen ohne jegliche Bettwäsche versehen, außerdem stehen Wassertanks und einfache Toiletten (manchmal Spül-WCs) zur Verfügung.

Ab und zu steht ein Hüttenwart mit Rat und Tat zur Seite. Heißes Wasser, Duschen, Kochutensilien oder gar Verpflegung werden Sie in der Regel vergeblich suchen und Ihren Abfall müssen Sie wieder mitnehmen. Auch die Zeltplätze kommen meist nur mit Plumpsklo und Wasseranschluss daher, manchmal mit Unterstand, Bänken und Tischen. Dennoch oder vielleicht gerade wegen der Einfachheit ist eine Übernachtung fernab der Zivilisation eine empfehlenswerte Erfahrung.

Wandern mit Kind

Neuseelands Wanderwege weisen eine enorme Bandbreite auf, auch in Bezug auf deren Familien- bzw. Kindertauglichkeit. Zur besseren Einordnung finden Sie zu jeder vorgestellten Wanderung Hinweise, ob sich die Tour auch zur Erkundung mit Kindern eignet (Wegkategorien ☞ Umschlagklappe). Wenn eine Wanderstrecke auch abschnittsweise gelaufen werden kann, floss die Distanz nicht in die Beurteilung der Kindereignung ein. Weitere Wanderideen über das Buch hinaus finden Sie unter 💻 www.doc.govt.nz [Suchbegriff: Family-friendly walks]

Zu allen Fragen rund um die allgemeine Reiseplanung mit Kindern ist die Facebook-Gruppe ⓕ „Neuseeland-Reisen mit Baby und Kind" eine gute Anlaufstelle.

Outdoor Safety Code

Jedes Jahr rücken Freiwillige der Such- und Rettungskräfte auf Kosten des Staates Neuseeland mehr als 500-mal aus, um in Not geratene Wanderer zu retten. Nicht selten sind die Gründe mangelnde Vorbereitung oder eine Trackauswahl, die nicht der eigenen Fitness und Erfahrung entspricht. Die moderne Infrastruktur des Landes und das allgemein einfache Reisen sollten nicht zu gedankenlosem Verhalten in der Wildnis verführen. Beachten Sie daher in Ihrem eigenen Interesse folgende fünf goldene Sicherheitsregeln:

Bereiten Sie sich angemessen vor (Plan my trip)

Dieses Buch ermöglicht es Ihnen, Ihre Wanderung vorab gut zu planen. Holen Sie außerdem vor dem Start in den Besucherzentren vor Ort oder via Telefon letzte Infos ein, z. B. zum Wetter oder zu aktuellen Wegbedingungen (💻 www.newzealand.com/de/visitor-information-centre). Vertrauen Sie auf die Einschätzung der „Locals" und richten Ihre Planung darauf aus. Möchten Sie noch weitere, hier nicht vorgestellte Wanderungen machen, dann ist spätestens ab DOC-Kategorie „Intermediate" (☞ Wanderinfrastruktur) ein spontanes „Ranfahren" ohne Vorabinfos nicht ratsam.

💻 www.doc.govt.nz/parks-and-recreation/things-to-do/walking-and-tramping

Die Zeitangaben im Buch sind großzügig bemessen und beziehen sich auf die Gehzeit eines durchschnittlich trainierten Wanderers mit leichtem Tagesgepäck ohne längere Pausen. Bedenken Sie, dass Wetterbedingungen und körperliche Verfassung die Dauer Ihrer Wanderungen beeinflussen können.

Informieren Sie jemanden über Ihre Wanderungen (Tell someone your plans)

Geben Sie jemanden Infos über Ihre Wanderpläne und nutzen den vorgefertigten Fragebogen „Outdoor Intentions Form“ unter 💻 www.adventuresmart.nz. Sollte Ihnen etwas zustoßen, kann der sogenannte trusted contact die Rettungskräfte informieren, wenn Ihre Rückkehr überfällig ist. Als *trusted contact* kommen Familienmitglieder, Freunde oder Personen vor Ort infrage. Alternativ bietet auch 💻 www.fernweh-trekking.de diesen Service an. Besucherzentren übernehmen die Überwachung hingegen nur in seltenen Fällen. Tragen Sie sich auch unterwegs in die Hüttenbücher ein, selbst wenn Sie dort nicht übernachten möchten.

Informieren Sie sich über das Wetter (Be aware of the weather)

☞ Klima und Reisezeit

Wählen Sie entsprechend Ihrer Erfahrung und Fitness aus (Know your limits)

Die Anforderungen der Wanderungen dieses Buches an Sie und an Ihre Ausrüstung sind sehr unterschiedlich. Wählen Sie die Wanderwege mit Bedacht nach Ihren Fähigkeiten und Kenntnissen. Seien Sie bereit, umzukehren oder gar nicht erst zu starten, wenn es die Umstände notwendig machen. Achten Sie auf psychologische Fallstricke bei der Entscheidungsfindung in kritischen Situationen, z. B. Gruppendynamik, und agieren Sie vor allem ruhig und fokussiert. Wenn Sie in einer Gruppe wandern, bleiben Sie beieinander, besonders in widrigen Verhältnissen.

Nehmen Sie angemessene Ausrüstung mit (Take sufficient supplies)

Die gesamte Ausrüstung hier im Detail zu besprechen, würde den Rahmen des Buches sprengen. Suchen Sie vor der Reise ein Fachgeschäft auf und lassen sich professionell beraten. Die Kunst besteht darin, die elementaren und sicherheitsrelevanten Dinge mit sich zu führen und den unnötigen Ballast zu Hause zu lassen.

Achten Sie bei Ihrer Bekleidungswahl auf ein flexibles Zwiebelprinzip, um das häufig unterschätzte Risiko einer Unterkühlung (Hypothermie) zu verringern. Als Außenschicht sollten auf keinen Fall Regenjacke und Regenhose fehlen, welche gleichzeitig als Windschutz fungieren können.

Ergänzend als Nässeschutz sollte noch ein Rucksackcover und ggf. wasserdichte Packsäcke für das Ersatzset Bekleidung und Elektronik in Betracht gezogen werden. Vergessen Sie nicht Mütze, Schaltuch und vielleicht sogar Handschuhe sowie Sonnenschutz mit Hut/Cap, Brille und Sonnencreme (SSF 30, 💻 www.sunsmart.org.nz) für Wanderungen in offenem Gelände, je nach Reisezeit und Bedingungen vor Ort.

Nicht bei jeder Wanderung sind hohe Wanderstiefel notwendig, stabiles Schuhwerk zur Vermeidung von Verletzungen ist aber im Allgemeinen empfehlenswert. Die Angaben zur Wegbeschaffenheit der einzelnen Wanderungen geben Ihnen Hinweise zur Auswahl der geeigneten Schuhe. Gamaschen oder robuste Hosen sind eher bei anspruchsvolleren, engen Wegen notwendig, um vor Schlamm, Nässe oder spitzer und scharfer Vegetation wie dem Speargrass (*Spaniard*) zu schützen.

Denken Sie an ausreichend Verpflegung und Wasser und planen Sie eine gewisse Notration ein. Einkehr- oder Verpflegungsmöglichkeiten gibt es auf den beschriebenen Wanderungen nicht. Hütten und Zeltplätze entlang der Wege haben in der Regel Wassernachschub. Bedenken Sie, dass Bäche oder Flüsse am Wegesrand nicht immer als Trinkwasserquelle verfügbar sind. Wenn doch, dann ist die Anwendung einer Wasseraufbereitungsmethode ratsam, da Parasiten wie Giardia und Kryptosporidien in Neuseelands Gewässern vorkommen.

Ob Sie Wanderstöcke mitführen wollen, hängt von Ihren persönlichen Präferenzen ab. Sie bieten in unwegsamem Gelände mehr Balance und Sicherheit und können Gelenke entlasten, aber auch unpraktisch sein, wenn Hände mit zum Einsatz kommen.

Für Übernachtungstouren in Hütten benötigen Sie zusätzlich Schlafsack, Kocher und Brennstoff (nicht ins Fluggepäck!) sowie Kochutensilien, zum Camping noch Zelt und Schlafmatte. Vor allem in der Hochsaison finden Sie manchmal keinen Platz mehr in den Hütten, nicht einmal mehr auf dem Boden (Ausnahme: buchbare Hütten, hier ist Ihnen ein Schlafplatz sicher, ☞ Wanderinfrastruktur). Berücksichtigen Sie dies bei Ihrer Zeit- und Ausrüstungsplanung. Auch wenn Sie am selben Tag zurückkehren möchten, ist eine Stirnlampe generell ratsam, vor allem bei Wanderungen außerhalb des Sommers, bei langen Touren oder spätem Start. Für ungeplante Übernachtungen im Freien ist die Mitnahme eines leichten Biwaksacks oder eines Tarps und einer Rettungsdecke sinnvoll, für Notfälle sollten Erste-Hilfe-Sets und Miniapotheke im Rucksack sein.

Nehmen Sie auch ein geeignetes Gerät zur Notfallkommunikation mit. Handys (Notruf 111) haben nicht überall Empfang, Notfallsender können Sie als Alternative bspw. unter 💻 www.notfallsender.de mieten.

Weitere Infos zu mehr Sicherheit beim Wandern in Neuseeland erhalten Sie unter 💻 www.mountainsafety.org.nz. Empfehlenswert ist das „Plan My Walk"-Tool (💻 planmywalk.nz), welches eine individualisierte Übersicht je nach Region und Reisezeit über alle relevanten Details wie Wettervorhersage, Trackupdates und Packliste informiert.

Weitere (Natur-)Gefahren

Lawinengefahr

Lawinengefahr besteht auf der Nordinsel hauptsächlich in den Vulkangebieten des Tongariro Nationalparks (☞ Wanderungen 12 und 13) und am Mt Taranaki im Egmont Nationalpark (☞ Wanderungen 15 bis 17) in der Zeit ab Spätherbst (Mai) bis hinein in den Frühling (Okt), ist aber nicht hundertprozentig darauf beschränkt. Wandern Sie entlang dieser Wanderwege nur dann, wenn die Bedingungen es zulassen oder Sie die notwendige Wintererfahrung besitzen und geeignete Ausrüstung mitführen. Am besten meiden Sie jedoch diese Wanderwege während der Lawinensaison gänzlich.

Lawinenabgänge sind nach starken Schneefällen grundsätzlich zu jeder Jahreszeit möglich und stellen in exponierten Lagen auch während der Wandersaison ein seltenes Restrisiko dar. Typischerweise treten Lawinen darüber hinaus auf, wenn Sturm, Regen, starke Sonneneinstrahlung oder warme Temperaturen die bestehende Schneedecke instabil werden lassen.

Die Lawinenlage wird nur auf einigen wenigen Tracks des Landes überwacht und führt dann bei höherer Gefahrensituation zu Sperrungen. In der Regel erfolgt die Risikoeinschätzung jedoch in Eigenverantwortung.

Informationen zu den **aktuellen Lawinenwarnstufen unterteilt nach Höhenstufen und Hangausrichtung** erhalten Sie für die Vulkangebiete auf der Nordinsel unter 💻 www.avalanche.net.nz oder vor Ort in den Besucherzentren. Die fünfteilige Skala des NZAA (New Zealand Avalanche Advisory) ändert sich fortlaufend zwischen „Low" bis „Extreme", je nach Stabilität der Schneedecke.

Darüber hinaus steht Ihnen zur Einschätzung des bestehenden **terrainspezifischen Lawinenrisikos je nach Geländeform und Hangneigung** in der Umgebung der geplanten Wanderung mitunter die sogenannte ATES-Skala (Avalanche Terrain Exposure Scale) zur Verfügung. Die Einordnung in die drei Geländerisikoklassen „Simple", „Challenging" und „Complex" ist unabhängig von der Stabilität der Schneedecke und bleibt unverändert.

Für die wichtigsten Bergregionen Neuseelands kann die Geländebewertung unter 💻 www.doc.govt.nz [Suchbegriff: *be avalanche alert*] abgerufen werden.

Beide Skalen, NZAA und ATES, sollten bei der Gesamteinschätzung des Lawinenrisikos einbezogen werden, z. B. mithilfe des Avaluator™ Trip Planner unter 💻 www.avalanche.ca/pages/avaluator. Achtung: Auch in Gebieten ohne ATES-Rating wie am Mt Taranaki kann Lawinenrisiko bestehen! Unter 💻 www.fatmap.com können Sie sich als Alternative zu ATES auf einer topografischen 3-D-Karte Hangneigungen und -ausrichtungen anzeigen lassen.

Vulkane

Im Gebiet der zentralen Nordinsel und Taranaki besteht die Gefahr unvorhersehbarer vulkanischer Aktivitäten. Holen Sie vor Ihrer Wanderung Informationen zum aktuellen Gefahrenstand z. B. unter 💻 www.geonet.org.nz/volcano ein und achten Sie auch während der Wanderung auf Warnzeichen. In den Beschreibungen zu den Wanderungen 11-17 finden Sie weitergehende Hinweise.

Grundsätzlich ist ein Vulkanausbruch jederzeit ohne Vorwarnung möglich. Werden Sie davon überrascht, verlassen Sie die Gefahrenzone schnellstmöglich über höher liegende Bergflanken und meiden Talsenken. Werden Steine durch die Luft geschleudert oder kommt Ihnen eine Aschewolke entgegen, suchen Sie Schutz hinter Felsen oder ähnlichem und bedecken Ihren Kopf mit dem Rucksack.

Bach- und Flussquerungen

Bis auf eine Ausnahme (☞ Wanderung 9) sind auf den Tracks des Buches die Querungen von großen Flüssen und Bächen durch Brücken entschärft. Ab und zu ist jedoch das Furten von kleineren Bachläufen notwendig. Während oder nach starkem Regen können die Pegel stark ansteigen und Bäche sich in reißende Ungetüme verwandeln. Fließt das Wasser schneller als Gehgeschwindigkeit, schäumt es, ist es trübe oder dunkel durch aufgewühlte Sedimente oder sind gar Rollgeräusche von Steinen zu hören, dann warten Sie besser ab, bis der Wasserstand wieder sinkt, oder kehren Sie – wenn möglich – um. Nehmen Sie die notwendige Ausrüstung mit, um solche Situationen „aussitzen" zu können. Denken Sie daran, dass Ihr Leben mehr wert ist als der verpasste Bus am Ziel. Misslungene Fluss- und Bachquerungen sind Neuseelands Todesursache Nr. 1 beim Wandern. If in doubt, stay out!

Gezeiten

Auf vereinzelten Küstenwanderungen werden Strandabschnitte beschrieben, die nur zu Ebbezeiten passiert werden können. Mit Ebbe ist in diesem Buch die umgangssprachliche Definition als der Zeitpunkt des tiefsten Wasserstands gemeint (Niedrigwasser, *low tide*). Bei den jeweiligen Wanderungen finden Sie die Angaben dazu, in welchem Zeitfenster der Weg begehbar ist, und Infos zur Bestimmung des Ebbezeitpunkts.

Bitte beachten Sie, dass Faktoren wie Windstärke oder neben Mondstellung auch die Sonne-Erde-Konstellation das Ausmaß des Tidenhubs (Unterschied zwischen Hochwasserpegel bei Flut und Niedrigwasserpegel bei Ebbe) schwanken lässt. Trotz Ebbe kann also ein Küstenabschnitt dennoch unpassierbar sein, z. B. bei rauer See. Die Ebbezeiten können demnach nur eine ungefähre Orientierung bieten.

Schwimmen/Baden

Hinweise zu Bademöglichkeiten entlang der Wanderwege sowie Warnhinweise finden Sie in den Beschreibungen. Detaillierte Infos zur Sicherheit wie aktuelle Wasserqualität oder Gefahren (z. B. durch Strömung) von zahlreichen Badestellen Neuseelands finden Sie unter:

www.lawa.org.nz/explore-data/swimming, www.findabeach.co.nz.

An der gesamten Küstenlinie der Nordinsel, vor allem aber an der Westküste, sollten Sie höchste Vorsicht walten lassen. Die Strömungen können hier mitunter sehr tückisch sein und die Bedingungen können sich im Zeitverlauf ändern. Jedes Jahr gibt es zahlreiche Badeunfälle.

Jagd

Wanderer teilen sich Neuseelands Wildnis mit vielen Hobbyjägern. Große abgesteckte Gebiete, auch in den Nationalparks, sind für die Jagd freigegeben. Gerade in abgelegenen Regionen und insbesondere während der Hirschbrunft von März bis April (*‚roar‘ season*) sind einige Waidmänner unterwegs. Beim Jagen selbst schlagen sie sich durchs Gebüsch und halten sich in der Regel von den Wegen fern.

Dennoch ist es ratsam, mindestens ein auffälliges, leuchtend buntes Kleidungsstück zu tragen, damit Sie als Wanderer erkannt werden. UN-Blau oder Orange heben sich am besten ab. Ideal ist eine Mütze, da diese auch bei üppiger Vegetation herausragt. Ein farbenfrohes Regencover für den Rucksack ist eine gute Ergänzung. Bleiben Sie auf den markierten Wegen und meiden Sie die Dämmerung.

Beachten Sie diese Hinweise auf den Wanderungen 4, 5, 9, 11, 13-16 und vor allem 20-22. Auf den anderen Strecken ist eine Begegnung mit Jägern unwahrscheinlich oder das Jagen ist untersagt.

Sandflies

Nicht unbedingt eine Gefahr, aber eine Plage können die Schwärme der 2-3 mm kleinen neuseeländischen Sandfly aus der Familie der Kriebelmücken werden. Die Quälgeister sind über das ganze Land verteilt. Lästig ist ihr Auftreten zu Hunderten, besonders bei hoher Luftfeuchte und während der Dämmerung. Der entstehende Juckreiz, Schwellungen und teilweise blutenden Entzündungen bis zu mehreren Wochen nach den Bissen sind in der Intensität von Person zu Person sehr verschieden. Nicht kratzen!

Die Methode mit den besten Erfolgschancen, um sich die Biester vom Leib zu halten, ist das großflächige Bedecken mit möglichst heller Kleidung (insbesondere Füße und Beine). In begrenztem Maße helfen auch Insektenschutzmittel mit DEET oder natürliche Varianten (z. B. „Goodbye Sandfly" oder „Okarito Sandfly Repellent").

Kaum als Trost herhalten kann der Fakt, dass die Sandflies bei Wind, Regen und Dunkelheit den Rückzug antreten. Auch bei kälteren Temperaturen sind sie etwas weniger penetrant. Wenn gar nichts mehr hilft, dann bleibt Ihnen nur noch, in Bewegung zu bleiben, denn die Schnellsten sind die Störenfriede nicht.

Updates

Der Conrad Stein Verlag veröffentlicht Updates zu diesem Wanderführer, die direkt vom Autor oder von den Lesern des Buches stammen. Sie finden sie auf der Internetseite des Verlags (www.conrad-stein-verlag.de), wenn Sie dort diesen Buchtitel aufrufen. Der abgebildete QR-Code führt Sie direkt zur richtigen Seite.

Weitere Wandertipps

Ebenso zum Download finden Sie auf der Internetseite des Verlags Kurzvorstellungen weiterer Wandervorschläge zu den einzelnen Regionen.

www.conrad-stein-verlag.de

Auckland und Waikato

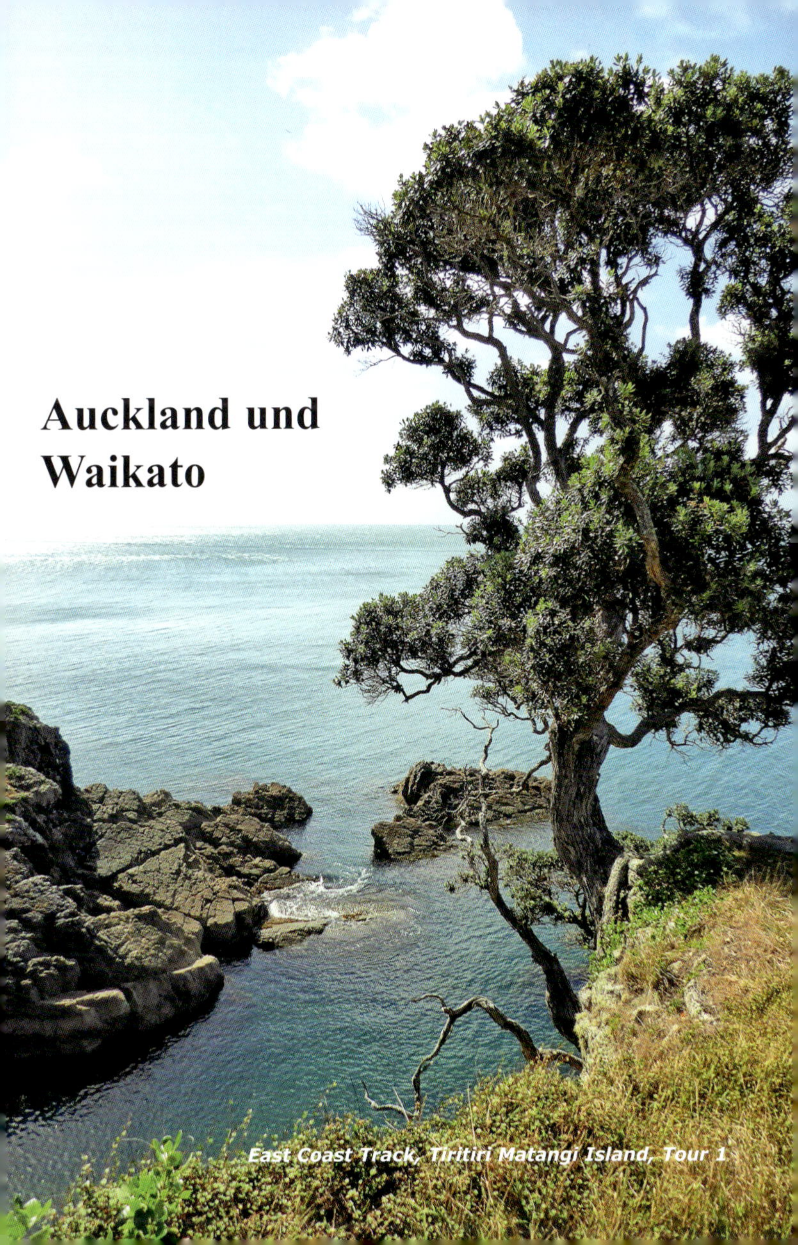

East Coast Track, Tiritiri Matangi Island, Tour 1

❶ Hauraki Gulf: Tiritiri Matangi Island

Tour für Vogelfreunde und Naturdetektive

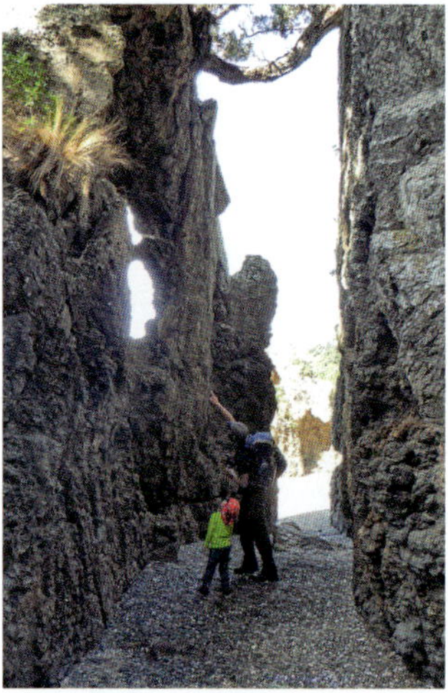

Felsformation North East Bay

Die kleine Insel Tiritiri Matangi vor den Toren Aucklands ist heutzutage ein beliebtes Ausflugsziel und ein viel beachtetes Vogelparadies. Seit Anfang der 80er-Jahre verwandeln zahllose unermüdliche Helfer eines der wichtigsten Naturschutzprojekte Neuseelands die Insel mehr und mehr in einen üppiggrünen Zufluchtsort bedrohter Vogel- und Tierarten, nachdem zuvor mehr als hundert Jahre Farmwirtschaft deutliche Spuren bei Flora und Fauna hinterlassen hatte. Die vorgestellte Wanderung folgt der Küstenlinie von Tiritiri Matangi gegen den Uhrzeigersinn einmal rundum und bietet neben vielen Möglichkeiten zur Tierbeobachtung und kulturgeschichtlichen Einblicken auch zahlreiche Sehnsuchtsblicke auf den umgebenden Hauraki Gulf und seine Inseln.

↻	Start/Ziel: Bootsanleger Tiritiri Matangi Island, GPS S 36°36.369' E 174°53.346'
➲	7,3 km (ohne Abstecher)
⌛	3 Std.
↑↓	290 m/290 m
⇧	0-80 m
✎	umfangreiche Beschilderung an den unzähligen Wegkreuzungen und Gabelungen, vereinzelt ist die Orientierung durch die vielfältigen Wegeoptionen etwas verwirrend, keine Markierungen
	meist einfacher Untergrund, die Tracks an der Westküste sind überwiegend begradigt, geschottert oder als Holzwege ausgelegt, der Kawerau Track mit vielen Stufen versehen; die Wege an der Ostküste weisen einen natürlichen Untergrund auf und wechseln zwischen schmalen Pfaden, mittelbreiten Wegen und kleinen Fahrwegen ab; ab und zu Schatten
╤	zahlreiche Rastbänke entlang der Küstenlinie, vor allem an der Ostküste der Insel
WC	Start/Ziel, Leuchtturm-Areal (km 1,3), Hobbs Beach (km 6,7)

Hobbs Beach (km 6,7)

Tiritiri Matangi Island Bunkhouse (km 1,3)

Für Kinder gut geeignet, keine gefährlichen Stellen, solange der Weg nicht verlassen wird. Die Distanz kann durch die vielen Verbindungswege über die Insel beliebig an die Kondition angepasst werden (☞ kürzere Wanderungen). Eine Abenteuerkarte mit Aufgaben (Englisch) finden Sie unter www.doc.govt.nz [Suchbegriff: Kiwi Guardian Tiritiri].

Parkplatz Gulf Harbour Ferry Terminal (kostenfrei, nicht bewacht). Anfahrt: Verlassen Sie 25 km nördlich von Auckland (Harbour Bridge) den SH 1 kurz vor der Mautstraße bei Silverdale (Exit 398) und folgen Sie der Beschilderung nach Whangaparāoa und später nach Gulf Harbour. Nach 16 km am Kreisverkehr rechts Richtung Marina/Ferry halten und bis zum Parkplatz in 1,5 km folgen. ☺ Red Beach Top10 Holiday Park, www.pinewoods.co.nz, bietet seinen Gästen die kostenfreie Lagerung von Gepäck und Wertsachen.

Die neue Fähre der Explore Group, ☏ 09/359 59 87 oder 08 00/39 75 67, www.exploregroup.co.nz, fährt seit April 2022 Mi-So sowie feiertags, im Sommer voraussichtlich tgl., vormittags ca. 9:30-10:00 von Gulf Harbour nach Tiritiri Matangi Island, Rückfahrt am Nachmittag ca. 15-16:30, Fahrtdauer 25 Min., ⇔ $ 95, Vorabbuchung ratsam. ☺ Zum gleichen Preis können Sie auch ab Auckland Zentrum, Viaduct Harbour, Nähe NZ Maritime Museum mit der Fähre anreisen (Fahrtdauer 80 Min.).

Auckland DOC Visitor Centre, ☏ 09/379 64 76, aucklandvc@doc.govt.nz und Supporters of Tiritiri Matangi, www.tiritirimatangi.org.nz

Ausführliche Informationen zu den auf Tiritiri Matangi lebenden Vögeln finden Sie unter www.tiritirimatangi.org.nz/wildlife. Weitergehende Details zu den Vogelarten u. a. mit Aufnahmen der verschiedenen Laute liefert www.doc.govt.nz/nature/native-animals/birds. Damit die vielfältige Vogelwelt der Insel von Feinden verschont bleibt, prüfen Sie vor Ihrem Besuch die Ausrüstung nach Insekten oder anderen Tieren ab, reinigen alles gründlich (vor allem die Schuhe) und verpacken Ihre Verpflegung in verschließbare Tüten oder Boxen. Mehr Infos unter www.doc.govt.nz/pestfree. ☺ Für $10 p. P. können Sie an einer geführten Tour (1 Std. 30 Min.) mit einem Freiwilligen-Guide der Supporters of Tiritiri Matangi teilnehmen. Startpunkt ist der Bootsanleger, die Tickets dafür können Sie schon bei der Buchung der Fähre erwerben.

Kürzere Wanderungen als die vorgestellte sind vielfältig gestaltbar. Eine mögliche Route: vom Bootsanleger über den Wattle Track bis zum Leuchtturm, dann über den Coronary Hill weiter geradeaus bis zum Kawerau Track, hinunter zum Hobbs Beach und zurück zum Ausgangspunkt. Über die vielen Link-Tracks kann auch ein Stück der Ostküste in die Wanderung eingebunden werden.

☺ Extratipp: Die meisten Besucher statten der Insel nur einen Kurzaufenthalt ab und fahren am frühen Nachmittag zurück aufs Festland. Wer auf der Suche nach Ruhe und Abgeschiedenheit ist, plant am besten die Verlängerung mit einer Übernachtung ein (☞ Tiritiri Matangi Island Bunkhouse, S. 28). Nach der Abfahrt der Fähre herrscht eine besondere Stimmung auf Tiri, wie die Insel oft vereinfachend bezeichnet wird. Sie teilen sich das Kleinod dann nur noch mit den vielen Vögeln und einer Handvoll Menschen, darunter Ranger und ein paar freiwillige Helfer. Auch die scheuen gefiederten Genossen trauen sich nun aus der Deckung. Lauschen Sie später in der Nacht den Kiwirufen, entdecken mit der Brückenechse (Tuatara) ein lebendes Fossil und genießen während der Dämmerung am nächsten Morgen, wie ein unvergleichlicher Chor den Tag einläutet.

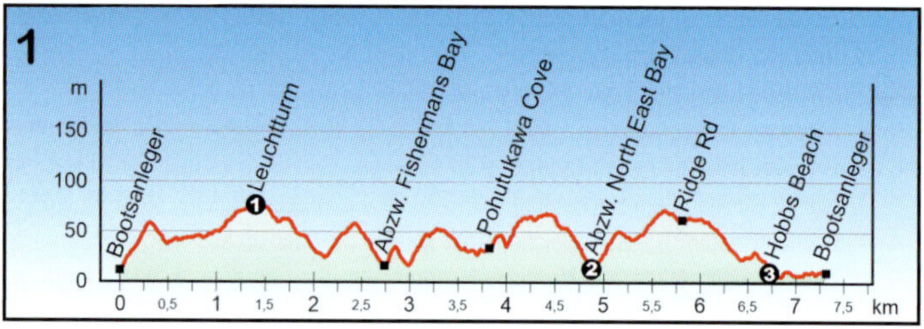

Bei Ankunft auf Tiritiri Matangi mit dem Boot werden Sie zunächst von Rangern empfangen und über die Besonderheiten der Insel im „Introductory Talk" informiert. Zum Start der Wanderung steigen Sie anschließend die Wharf Rd bergan und biegen bereits in der nächsten Rechtskurve nach links zum beginnenden **Wattle Track** ab. Entlang des Lehrpfades informieren kleine Tafeln über die Flora am Wegesrand – stellvertretend für die sechzig Prozent Fläche, die auf der Insel inzwischen von vielfältigen Bäumen und Sträuchern bedeckt ist.

Wenig später queren Sie die Wharf Rd und gelangen zur ersten Vogeltränke. An den Wassertrögen entlang des Wattle Track lassen sich von Bänken in aller Ruhe gefiederte Nektarliebhaber wie der seltene Hihi (Stichvogel), Bellbird (Glockenhonigfresser) oder Tūī sehr gut beobachten. Noch sind die Bäume auf Tiritiri Matangi als Nahrungsquelle zu jung, um die Vögel zu ernähren, die laben sich stattdessen aus Spendern am bereitgestellten Zuckerwasser.

Aber auch andere endemische Singvögel Neuseelands wie der Fantail (Fächerschwanz), Saddleback (Sattelvogel), Whitehead (Weißköpfchen) oder Robin (Langbeinschnäpper) lassen sich hier gerne blicken oder machen sich mit ihren Lauten bemerkbar.

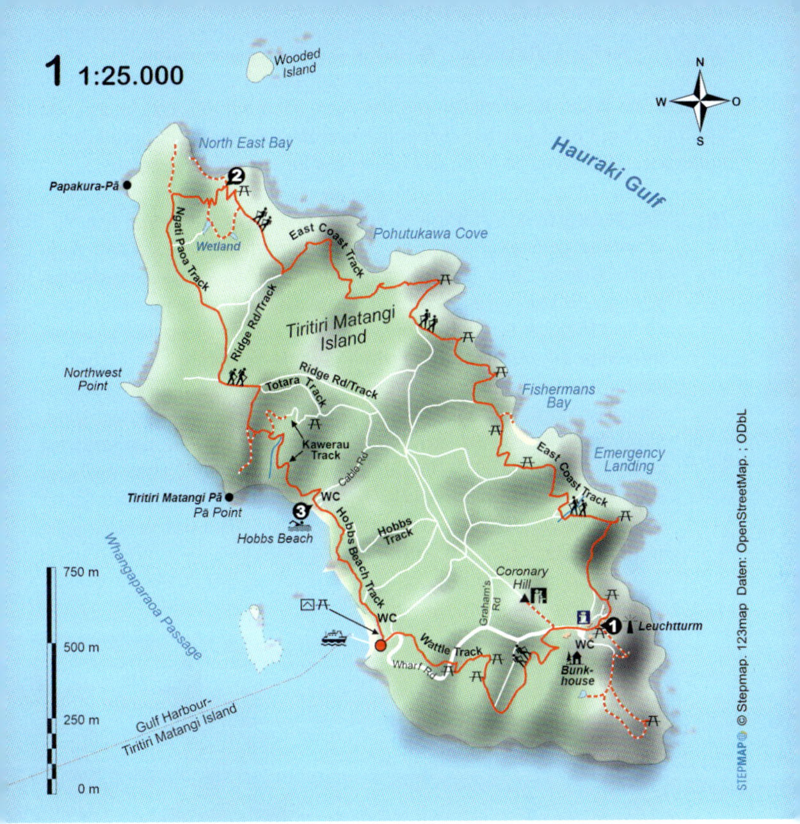

Der Weiterweg ist umgarnt von Cabbage Trees, Neuseeländischem Flachs (Harakeke) und Baumfarnen. Vereinzelt werden Blicke übers Wasser auf die Vulkaninsel Rangitoto Island und Motutapu Island frei. Nach 1,2 km stößt der Wattle Track wieder auf die Wharf Rd.

Unmittelbar danach können Sie von der Wharf Rd nach links abbiegen und nach knapp 150 m vom Wiesenhügel des Coronary Hill einen der besten Rundumblicke der Insel in den Hauraki Gulf genießen. Die Aussichten reichen von Little Barrier Island und Great Barrier Island im Norden über die Coromandel Peninsula im Osten, die City von Auckland neben Rangitoto Island und Motutapu Island im Süden bis hin zur Whangaparaoa Peninsula an der Ostküste des Nordinsel-Festlandes.

Über die Wharf Rd erreichen Sie das Areal rund um den Leuchtturm von 1865 mit dem Visitor Centre & Shop und zwei Häusern der ehemaligen Leuchtturmwärter. Eins davon ist heute das Bunkhouse für Übernachtungsgäste.

Tiritiri Matangi Island Bunkhouse, 15 Schlafplätze in Mehrbettzimmern, $ 40 p. P., www.doc.govt.nz/tiritiribunkhouse, Buchung erforderlich online oder beim Auckland DOC Visitor Centre (zzgl. Servicegebühr $ 10) für die einzige Übernachtungsoption auf der Insel, voll ausgestattete Küche und Bad mit heißen Duschen.

Berücksichtigen Sie bei Ihrer Anreiseplanung u. a. die verpflichtenden umfangreichen Biosecurity-Maßnahmen und prüfen vorab die Verfügbarkeit der Fährverbindungen (i. d. R. keine Fahrten montags und dienstags!). Rechnen Sie außerdem mit witterungsbedingten Ausfällen der Fähre und nehmen zusätzliche Verpflegung mit. Stellen Sie sicher, dass die Fährrückfahrt für den nächsten gewünschten Abreisetag gebucht ist (unterschiedliche Fähr-Reisedaten für Hin- und Rückfahrt sind nicht online, sondern nur auf Anfrage buchbar). Weitere Informationen entnehmen Sie der angegebenen Website und der dort verlinkten pdf-Datei „Tiritiri Matangi Island visitor information pack“.

Tiritiri Matangi Island Bunkhouse

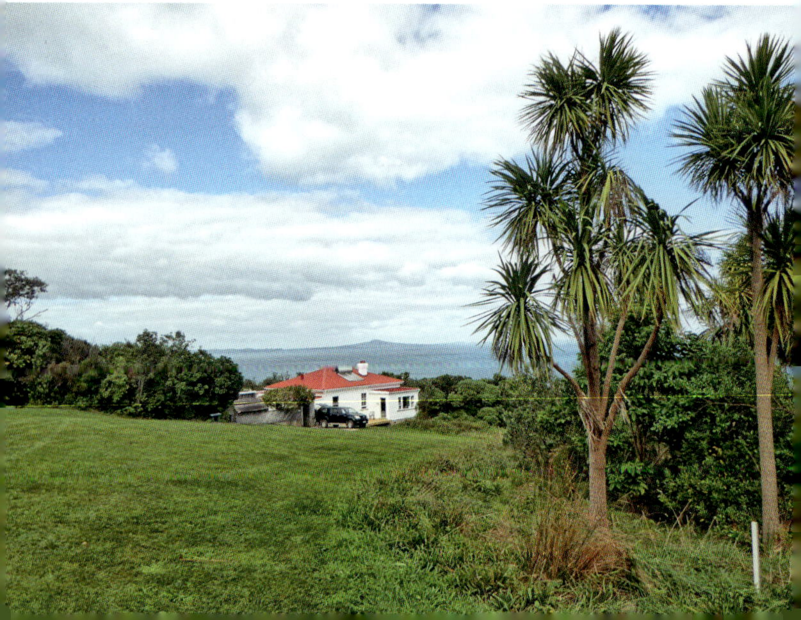

Das Visitor Centre & Shop auf der Insel, 11:00 bis 15:00, hält eine Fülle an Informationen bereit. Alle Erlöse des Shops kommen der Naturschutzarbeit des Freiwilligen-Vereins Supporters of Tiritiri Matangi zugute. Kein Lebensmittel-Verkauf.

Für mehr Abgeschiedenheit und weitere freie Blicke auf die Küstenumgebung lohnt sich der kleine Rundweg über offene Wiesen südlich des Leuchtturms (➲ 1 km). Hier haben Sie auch gute Chancen, den bereits ausgestorben geglaubten flugunfähigen Takahē, www.doc.govt.nz/takaherecovery, zu sehen, von dem aktuell ca. 450 Vögel existieren.

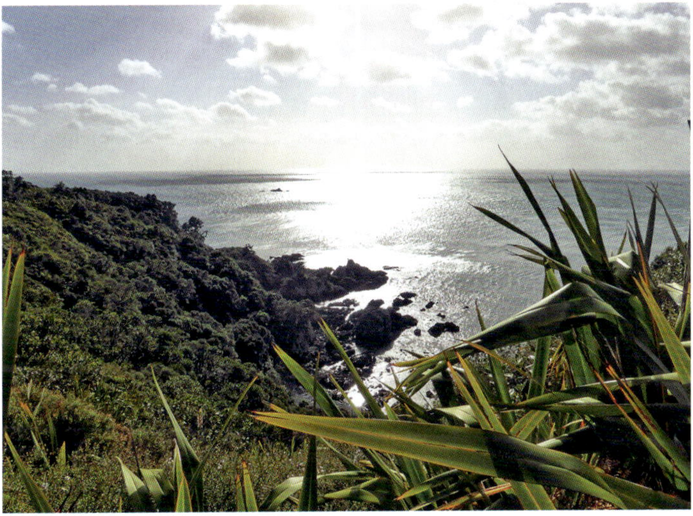

Küstenszenerie im ruhigen Osten der Insel

Am Leuchtturm ❶ vorbei schwenken Sie hinter den letzten Gebäuden nach links und folgen dem Wiesenweg oberhalb der felsig-zerklüfteten Ostküste der Insel. Von nun an führt Sie der wenig belaufene **East Coast Track** über meist einfachen, natürlichen Untergrund. Durch vielfältige Vegetation geht es selten wirklich flach voran, aber das stetige Auf und Ab ist meist moderat in der Steigung oder im Gefälle. Außer ein paar kleineren Abschnitten durch Wald und mannshohe Vegetation verläuft der Track im freien Gelände und immer wieder laden Bänke mit ausgezeichneten Aussichten zu einer Pause ein.

Die vielen Link-Tracks zur Insel-Mitte (Richtung „Ridge Track") lassen Sie links liegen, es sei denn, Sie möchten den Wanderweg variieren oder abkürzen. Entsprechend der guten Beschilderung gelangen Sie nach 1,3 km zur Fishermans Bay. Beim Abstecher hinab zur Bucht erwartet Sie rutschiges Felsgestein – das Ufer ist steinig und nicht zum Baden geeignet. Auf den anschließenden 1,1 km zur Pohutukawa Cove (kein Zugang zur Bucht) begeistern imposante Exemplare des namensgebenden New Zealand Christmas Tree.

Einst war ein Großteil Neuseelands von ursprünglichen Wäldern bedeckt, in denen eine bunte Vielfalt an Vögeln das Bild und die Geräuschkulisse bestimmte. Die Ankunft der Māori und später der Europäer dezimierte die einheimische Vogelwelt stark. Insbesondere die massiven Waldrodungen und eingeführte Feinde wie Ratten und Possums (Fuchskusu) ließen den Bestand der Brutvogelarten einbrechen, mindestens 50 davon sind seither für immer ausgelöscht.

Zum Glück entstanden Inselrefugien wie Tiritiri Matangi Island und Little Barrier Island im Hauraki Gulf bei Auckland und Kapiti Island bei Wellington. Hier konnte die Uhr zwar nicht zurückgedreht werden, aber durch solche Zufluchtsorte wurde zumindest das Aussterben weiterer Vogelarten wie des Hihi (Stichvogel), www.hihiconservation.com oder Kākāpō, www.doc.govt.nz/kakaporecovery verhindert.

Tiritiri Matangi selbst blickt auf eine wechselhafte Geschichte zurück. Bis in die 1980er-Jahre bot sich Besuchern das Bild einer „öden Weidenkoppel". Von der ursprünglich reichhaltigen Vegetation war fast nichts mehr übrig. Nur ein paar unzugängliche Fleckchen und wenige Pōhutukawa-Bäume an den Klippen, unter Schutz seit 1908, hatten zusammen mit einigen unverwüstlichen Vogelarten die Folgen der intensiven Farmwirtschaft überlebt. Doch nachdem die Insel 1971 zum Schutzgebiet erklärt und Mitte der 80er der gemeinnützige Verein „Supporters of Tiritiri Matangi" gegründet wurde, sorgten dessen Mitglieder gemeinsam mit der Naturschutzbehörde Department of Conservation (DOC) für eine umfassende Transformation der Insel.

Alle Vogelfeinde wurden ausgerottet und bis 1994 wurden in einem beispiellosen Aufforstungsprogramm fast 300.000 Bäume auf dem 220 Hektar großen Eiland gepflanzt. Seitdem wurden viele Vögel (wieder-)angesiedelt oder fanden aus eigener Kraft den Weg zurück auf die Insel. Inzwischen nennen elf bedrohte Vogelarten Neuseelands Tiritiri Matangi wieder ihr Zuhause, z. B. der seltene Takahē, der Kōkako (Graulappenvogel), der Zwergkiwi und der Saddleback (Sattelstar), aber auch die seltenen Urreptilien Tuatara (Brückenechsen) sind auf der Insel wieder beheimatet.

Schließlich orientieren Sie sich insgesamt 3 km nach dem Leuchtturm nach rechts zur North East Bay (geradeaus können Sie Richtung „Ridge Track" und „Kawerau Track" um 1 km abkürzen).

Die weite Whangaparaoa Bay im Blick gelangen Sie nach 300 m über flachsgesäumten Wiesenweg an eine Weggabelung. Gehen Sie geradeaus bergab direkt auf die North East Bay zu.

Sie können alternativ nach links auch einen kleinen Umweg über ein angelegtes Feuchtgebiet machen und einheimische Vögel wie Brown Teal (Neuseelandente), www.brownteal.com, oder Fernbird (Farnsteiger) beobachten.

Im Zickzack erreichen Sie den Zugang zum Ufer der North East Bay ❷ kurz vor einer Holzbrücke. Vor der Küste liegt die kleine Insel Wooded Island und im Norden in der Distanz ist Kawau Island zu erkennen. Die kleine „Höhle" am anderen Ende der Bucht wird vor allem bei Kindern für Begeisterung sorgen. Das steinige Ufer ist zum Baden eher ungeeignet.

Zurück auf dem Weiterweg stoßen Sie knapp 300 m später auf den **Ngati Paoa Track**. Die Besiedlung von Tiritiri Matangi reicht wahrscheinlich bis ins 15. Jahrhundert zurück und Ngāti Paoa ist der Name eines der beiden Māori-Stämme (*iwi*) auf der Insel.

Die Mitglieder des Ngāti Paoa errichteten eine Siedlungsanlage (Pā, hier: Papakura-Pā) ganz in der Nähe an der Nordspitze der Insel. In einem Konflikt ca. 1800 wurde das Lager vom zweiten, schon lange vorher ansässigen Stamm der Kawerau zerstört, sodass heute davon leider nichts mehr sichtbar ist.

Der kleine Abstecher nach rechts hinunter belohnt mit schönen Blicken aufs Meer.

Gehen Sie nicht weiter als bis zu den Pōhutukawa-Bäumen, danach wird es stark abschüssig.

Der Weg verläuft von nun an auf der Westküstenseite der Insel. Halten Sie sich auf dem Ngati Paoa Track nach Süden, bis Sie nach 600 m auf die **Ridge Rd** (von links kommend) treffen. Folgen Sie kurz dem Fahrweg und verlassen diesen aber schon wieder nach 200 m nach rechts Richtung Kawerau Track, Tiritiri Matangi Pā und Hobbs Beach.

Die ersten beiden Linksabzweige (Totara Track) nach wenigen Schritten lassen Sie unbeachtet und biegen erst nach guten 100 m nach links in den Kawerau Track ein.

Vorher können Sie noch weiter geradeaus bergab eine Stippvisite zum Plateau des Te Kawerau Pā, auch Tiritiri Matangi Pā genannt, machen. Leider sind auch hier keine Überreste der Māori-Stätte mehr erkennbar.

Die Te Kawerau ā Maki, kurz Kawerau, waren Bewohner der Gegend des Hauraki Gulf und lebten abgesehen von kurzen Unterbrechungen wegen kriegerischer Auseinandersetzungen für mehr als 400 Jahre auch auf der Insel, bis 1856 die ersten Farmaktivitäten der Europäer begannen. Von der Landspitze des sogenannten Pā Point haben Sie eine schöne Aussicht auf die Whangaparaoa Peninsula.

Der **Kawerau Track** quert einen der letzten erhaltenen Flecken dichten, ursprünglichen Waldes, welcher nicht der Weidewirtschaft zum Opfer gefallen ist. Die Holzwege und -stufen wurden von den Freiwilligen der Supporters of Tiritiri Matangi errichtet.

An der nächsten Weggabelung nach 100 m sollten Sie sich den Abstecher nach links zu den 800-1.000 Jahre alten „Tentakeln" eines urigen Pōhutukawa-Baums nicht entgehen lassen, den Sie nach knapp 200 m erreichen. Kehren Sie danach allerdings wieder um und setzen den Kawerau Track Richtung Hobbs Beach weiter fort.

Schon in unmittelbarer Ufernähe beeindrucken weitere mächtige alte Exemplare des Pōhutukawa-Baums – vor allem im Sommer mit ihren kräftig-leuchtenden roten Blüten. Kurz darauf ist **Hobbs Beach ❸** erreicht.

Hobbs Beach ist der beste Strand der Insel für Badelustige und gut geeignet für eine Abkühlung, wenngleich auch hier kein feiner Südseesand erwartet werden sollte.

Für den weiteren Weg bis zum Bootsanleger entlang des **Hobbs Beach Track** bleiben Sie immer in unmittelbarer Nähe zum Ufer, streifen einen weiteren Strand und gelangen schließlich nach 600 m zum Ausgangspunkt Ihrer Wanderung.

❷ Waitākere Ranges Regional Park: Lake Wainamu Track

Tour für Wanderneulinge ohne Wasserscheu

Die abwechslungsreiche Wanderung um den isoliert gelegenen Süßwassersee Lake Wainamu ist ein beliebtes Freizeitziel im Westen Aucklands. Die vorgelagerte riesige Düne aus typisch dunklem Westküstenstrand ist einmalig und sorgt für einen gehörigen Spaßfaktor. Wasserratten kommen ebenso auf ihre Kosten, denn es wartet nicht nur der See mit einem kühlenden Bad, auch der Weg zum See durch das flache Wasser des Waiti Stream ist nichts für Wasserscheue. Die kleine Runde um den See selbst ist abgeschieden und belohnt mit nativem Busch und einem kleinen Wasserfall.

Start/Ziel: Parkplatz Lake Wainamu, GPS S 36°53.018' E 174°27.155'

6,7 km

2 Std. 15 Min.

135 m/135 m

15-55 m

blau-orange Wegweiser und Kartentafeln des Auckland Council, mitunter Stäbe als Markierung entlang des Waiti Stream, orange Dreiecke

km 0,5 – km 2: nasse Füße sind sicher, wasserfeste Schuhe sind empfehlenswert oder einfach barfuß durchs sandige Bachbett laufen; km 2 – km 5,3: der Pfad um den See mit sandigem oder geschottertem Untergrund ist angenehm zu laufen, manchmal schlammig, gelegentlich stellenweise überschwemmt, kurzzeitig Stufen; km 5,3 – km 6,1: der Sand zurück über die Düne wird im Sommer sehr heiß; insgesamt sind mehrere Tore zu passieren, schattige Abschnitte um den See

keine

WC km 5,6

Westufer Lake Wainamu, km 2 (❷) und km 5,3, für Nichtschwimmer ungeeignet, da der Unterwassergrund sofort abfällt, am flachsten ist es am südlichen Bereich der Düne, Handtuch nicht vergessen, der Sand ist sonst ggf. zu heiß

für Kinder sehr gut geeignet, die Riesendüne (Tipp: Sandboarding), das Waten durch den Bach, das Badevergnügen im See (nur Schwimmer!) und der Wasserfall sorgen für Kurzweile, keine gefährlichen Stellen

P Parkplatz Lake Wainamu (kostenfrei, nicht bewacht), 226 Bethells Rd, Te Henga (Bethells Beach). Ein alternativer kleiner Parkplatz befindet sich am Trackstart des Te Henga Walkway direkt nach der Brücke scharf rechts in 200 m. Ist auch dieser voll, bleibt nur noch der große Parkplatz Te Henga (Bethells Beach) am Strand 1 km weiter. Vorsicht auf dem Weg zurück entlang der engen Straße. Nehmen Sie Ihre Wertsachen mit und lassen nichts offen im Auto liegen. In jüngster Vergangenheit ist es zu Autoeinbrüchen gekommen. Anfahrt: Von Auckland Zentrum fahren Sie auf dem SH 16 nach Westen und nehmen nach 12 km die Abfahrt Lincoln Rd, Exit 16 (Richtung Henderson). Folgen Sie der Beschilderung über Ranui und Swanson nach Kumeu und halten Sie sich bei Waitakere links nach Bethells/Te Henga. Der kleine Parkplatz zum Lake Wainamu befindet sich nach 10 km links direkt hinter einer Brücke (insgesamt 35 km).

i Arataki Visitor Centre, 300 Scenic Dr, Waitakere, Anfahrt von Auckland Zentrum, 20 km: hinter Titirangi dem Scenic Drive für 5,5 km folgen, ☏ 09/892 47 77, arataki.centre@aucklandcouncil.govt.nz, ⓕ Arataki Visitor Centre

Am Lake Wainamu kann es an Wochenenden und in den Schulferien geschäftig zugehen und der Parkplatz gelangt schnell an die Kapazitätsgrenze. Ein zeitiger Start ist zu diesen Zeiten sehr empfehlenswert.

Gegenüber dem Parkplatz auf der rechten Seite der Straße beginnt der Te Henga Walkway mit hervorragenden Aussichten auf die ungezähmte Westküste vor Aucklands Toren.

Dünenwall auf dem Weg zum Lake Wainamu, (lr)

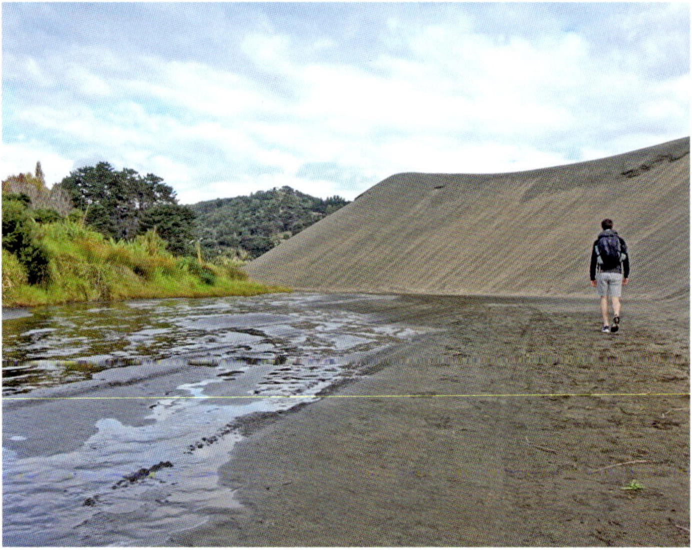

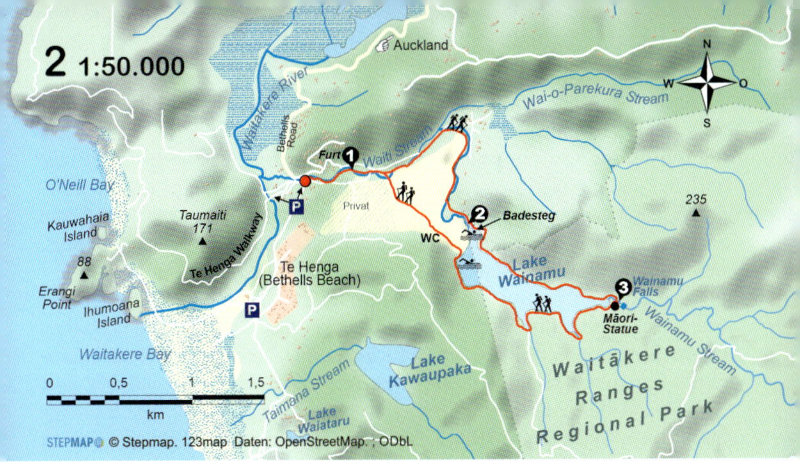

☺ Diese Tour läuft durch mehr oder weniger flaches Gelände ohne nennenswerte Höhenunterschiede. Hier wurde auf die Darstellung eines Höhenprofils verzichtet.

Laufen Sie vom Parkplatz durch den schmalen Durchlass links neben dem Tor und folgen dem Wanderweg über weichen Untergrund. Kurze Zeit später biegen Sie nach links in einen kleinen Fahrweg ab und halten sich anschließend erneut linker Hand (statt durch das Tor auf der rechten Seite, Privatgelände). Etwa 400 m nach dem Start kommt erstmals die beeindruckende riesige Düne aus dunklem Sand ins Blickfeld. Jetzt heißt es besser „Schuhe aus!", denn Sie müssen den meist flachen Waiti Stream zum linken Bachufer furten (Wegweiser am linken Ufer) ❶. Eventuell wird der Holzsteg, welcher bei einer Überschwemmung Anfang 2022 weggespült wurde, neu installiert.

Nach einem kurzen Wiesenweg folgen Sie schließlich dem mal breiten und verflochtenen, mal schmalen Bachlauf des Waiti Stream und umrunden damit die teilweise steil aufragende Düne auf Ihrer rechten Seite. Je nach Vorliebe können Sie fortwährend durch das Wasser waten oder zwischendurch die möglichen Wegabschnitte durch das flache, buschige Gelände nutzen.

↳ Auf direktem Wege zum Lake Wainamu im Südosten können Sie – wie auf dem Rückweg beschrieben – über die beschwerliche Düne abkürzen (minus 0,6 km, ohne Markierung). Die wie eine Mondlandschaft wirkende mächtige und mehrere Tausend Jahre alte Sandformation diente schon für viele Filmaufnahmen als abgeschiedene Kulisse. ✋ Respektieren Sie das Privatgelände und betreten Sie die Düne erst am Ende der Absperrung in 200 m.

Nach einem knappen Kilometer dreht Ihr Weg mit der Bach-Kehre um 180° nach rechts gen Süden. Auf der linken Seite prägen nun Weidehügel einer Farm das Bild und die Sandmassen zur Rechten türmen sich wie eine versteinerte Welle hoch auf. In der Folge passieren Sie eine Dünenschleife, welche als natürlicher Damm das Wasser zum Lake Wainamu aufstaut, und erreichen schließlich das Seeufer ❷. Der sich fortsetzende Dünenrand bildet das Westufer des Sees, welches von vielen Besuchern als Badestelle genutzt wird.

Für den Weg um den Lake Wainamu halten Sie sich kurz vor dem Ufer links und durchlaufen ein Tor. Vom Steg aus sind es ein paar Stufen bergauf und schon können Sie romantische Blicke und je nach Besucherandrang die stille Atmosphäre des von grünen Hängen eingebetteten Sees genießen. Die Wegführung über Wiesen und durch Regenwald vorbei an abwechslungsreicher Vegetation wie Baumfarnen, Nīkaupalmen-Hainen, Tea Trees oder imposanten Cabbage Trees ist nun eindeutig und durch etwas Auf und Ab gekennzeichnet.

An der Ostspitze vom See gelangen Sie zum hübschen Wasserfall und vorgelagerten Bassin der Wainamu Falls, auch als Waitohi Falls bekannt ❸. Nach einer längeren Trockenperiode gleicht der Anblick des Wasserfalls allerdings mehr einem Rinnsal. Hat es hingegen länger geregnet, dann kann die Querung des Wainamu Stream zur Herausforderung werden. Für einen Hauch Spiritualität sorgt die auf der rechten Seite wachende holzgeschnitzte Māori-Statue (Pou Whenua) des Stammes der Te Kawerau ā Maki, die schon vor vielen hundert Jahren in der heutigen Auckland-Region, so auch in den Waitākere Ranges, angesiedelt waren (☞ Wanderung 1 und 3).

Von hier aus geht es für 2 km am Südufer zurück zur Badestelle an der großen Düne. Nach einem erfrischenden Bad im See folgen Sie entweder wieder dem Dünenrand wie vom Hinweg bekannt oder laufen über den weichen Sand direkt nach Nordwesten. Der kurze, anstrengende Anstieg belohnt mit einem surrealen Wüsten-Ambiente und Ausblicken auf eine Fata-Morgana-Umgebung. Noch vor hundert Jahren, zu Zeiten, als die Küstensiedlung Te Henga noch nicht existierte, bedeckte der markante Westküstensand durchgehend das Gebiet vom Strand des Bethells Beach bis zur heutigen isolierten Dünenposition.

✋ Beachten Sie bei der Routenführung die Absperrung beim Abstieg zum Waiti Stream, um nicht über Privatgelände zu laufen (☞ schraffierte Fläche in Karte).

Egal für welche Variante Sie sich entscheiden, der Waiti Stream zeigt Ihnen am Ende den vertrauten Weg bis zum Parkplatz.

③ Waitākere Ranges Regional Park: Mercer Bay Loop (von Karekare)

Tour für Fans hoher Steilküste

Auf der Wanderung am steilen Klippenrand oberhalb der wilden Westküste zwischen Karekare und Piha kommen Panoramahungrige und Freiheitsliebende voll auf ihre Kosten, denn die vielen Aussichten aus der Vogelperspektive auf die höchsten Felsen der Region und die tosende Tasmanische See sind spektakulär. Der Höhepunkt der Wanderung ist für viele die Aussichtsplattform mit atemberaubenden Meeresblicken am Rande der Felsenkanzel des Te Ahua Point, auf der früher wagemutige Māori in einer kleinen Siedlung lebten.

⇆ Start/Ziel: Parkplatz Karekare, GPS S 36°59.181' E 174°28.758'

7,4 km

3 Std. 30 Min.

↑↓ 480 m/480 m

⇧ 5-265 m

✎ an den meisten wichtigen Stellen Wegweiser vorhanden, allerdings fehlt die Wanderbeschilderung für die ersten 400 m, Wegführung eindeutig, vereinzelte Markierungen durch orange Dreiecke

meist bequemer Pfad oder mittelbreiter Weg über einfachen, häufig geschotterten Untergrund, einige Stufen, teilweise sandig und mitunter matschig, an einer Stelle felsig mit Kette zum Festhalten, vor allem im Winter und nach Regen rutschfestes Schuhwerk empfohlen, abschnittsweise Schatten

Parkplatz Karekare (Start/Ziel), Aussicht Tāhoro/Union Bay (km 0,5/km 6,9), 1. Aussichtspunkt Mercer Bay Loop (km 3,8), Te Ahua Point (km 4,3/km 4,5)

WC Parkplatz Karekare (Start/Ziel), Parkplatz Log Race Rd (km 3,2)

für Kinder geeignet ☝ Wegen der steilen Klippen sollten Sie Ihre Kinder stets im Auge behalten, vor allem beim Abstecher zum Te Ahua Point (km 4,2 bis 4,6).

P Parkplatz Karekare (Schild „Karekare main carpark"). Anfahrt: von Auckland Zentrum bis zum Arataki Visitor Centre, ☞ Wanderung 2. Folgen Sie von dort der Beschilderung nach Piha und biegen Sie nach 15 km links in Richtung Karekare ab. In 2,8 km erreichen Sie vor der Brücke den Parkplatz auf der rechten Seite.

i Arataki Visitor Centre, ☞ Wanderung 2

☝ Die Wegführung verläuft zwar teilweise in unmittelbarer Nähe zu den Klippen, ist aber durch vereinzelte Begrenzungen und dichter Vegetation am Wegesrand an sich ungefährlich. Bleiben Sie jedoch stets aufmerksam auf dem Track und lassen Sie sich nicht durch eine trügerische Sicherheit verleiten.

↳ Als weniger anstrengende, kurze und leichte Rundwanderung bietet sich alternativ der eigentliche Mercer Bay Loop mit Start/Ziel am Ende der Te Ahuahu Rd/Log Race Rd an (km 3,2). Sie gelangen mit dem Fahrzeug zum P Parkplatz mit Wendeschleife, indem Sie nach dem Karekare-Abzweig zunächst weiter in Richtung Piha fahren und erst nach weiteren 1,2 km links abbiegen. Der letzte Abschnitt der 1 km langen Zufahrtsstraße ist unbefestigt.

↳ Vom Karekare Parkplatz nach rechts ca. 200 m weiter entlang der Straße beginnt links der nur wenige Meter kurze Taraire „Track" zum Fuße des beeindruckenden Karekare Wasserfalls (Te Ahoaho)

☹ Seit den Jahren 2012 und 2017 werden zwei Frauen vermisst, deren Fahrzeuge auf dem Log Race Parkplatz (km 3,2) gefunden wurden. Die genauen Umstände des spurlosen Verschwindens sind bis heute nicht geklärt.

Vom Parkplatz orientieren Sie sich zunächst nach links, zurück entlang der bereits bekannten Zufahrtsstraße und biegen nach 100 m erneut nach links in die schmale Watchmans Rd. Bleiben Sie nach der kleinen Brücke über den Karekare Stream geradeaus auf dem Fahrweg und ignorieren die Privateinfahrten zu beiden Seiten. Bald endet unter dichter Baumkrone die unbefestigte Straße an einem Holzzaun und geht geradeaus in einen Wanderweg über. Nach knapp 100 m folgen Sie dem **Comans Track** nach links. ✋ Der Ahu Ahu Track rechter Hand war zum Druckzeitpunkt des Buches wie viele andere Tracks im Waitākere-Wald zum Schutz der Kauri-Bäume vor der Krankheit Kauri Dieback gesperrt. Mehr Infos finden Sie unter 💻 waitakererahui.org.nz.

In wenigen Schritten öffnet sich der Blick an einem schönen Aussichtspunkt mit Rastbank. Die Blicke schweifen über den nördlichen Karekare-Strand an der Tāhoro/Union Bay, in dessen Mitte der Felszacken Tokapiri Rock die Aufmerksamkeit auf sich zieht. Zu Ihrer Linken thront der imposante alte Lavadom des sogenannten Watchman und auf der anderen Seite blockt die felsige Landzunge von Farley Point den Blick nach Norden.

Letztere gilt es auf dem Weg zur Mercer Bay zu überwinden. Stoppen Sie dazu zunächst an der Kauri Cleaning Station und beginnen nach dem gründlichen Säubern und Einsprühen Ihrer Schuhe den Aufstieg mit zahlreichen Stufen über einen Felsrücken. Die lichte Vegetation gibt gelegentlich die Blicke auf die Tasmanische See frei und je höher Sie steigen, desto mehr lohnt sich auch ein Blick zurück zum geheimnisvollen Karekare Beach aus vulkanisch-schwarzem Sand. Der volle Māori-Name des Strands „Waikarekare" kann mit „Ort, an dem das Meer tobt" übersetzt werden. Die kleine vorgelagerte, pyramidenförmige Insel von Paratahi Island diente übrigens in einer Musikszene aus dem oskargekrönten Film „Das Piano" als Kontrast zum weiten Strandufer und dem einsamen Klavier.

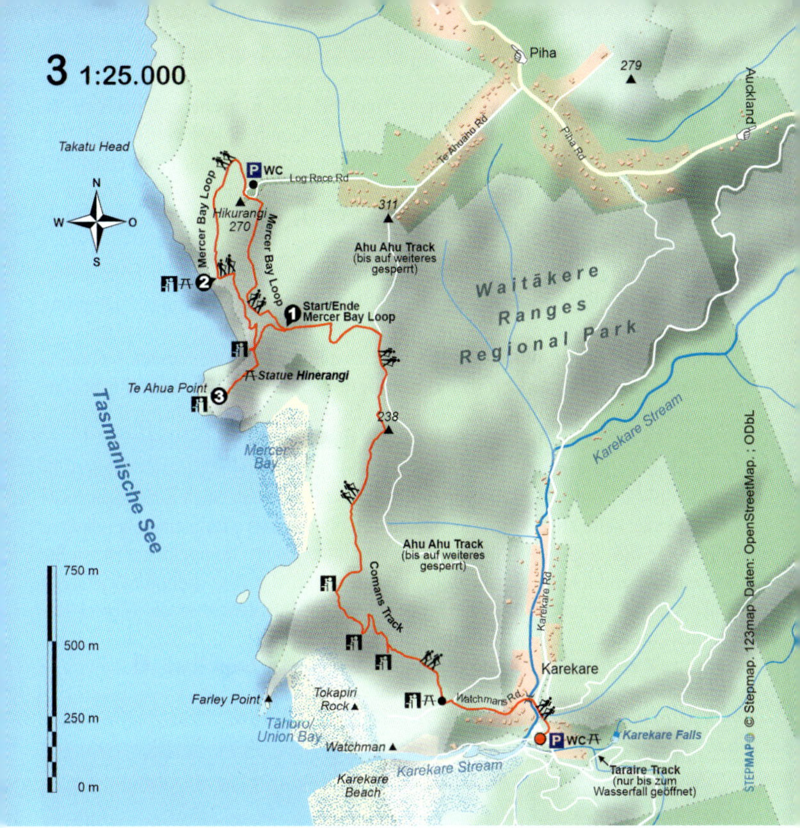
3 1:25.000
Piha
279
Auckland
Te Ahuahu Rd
Piha Rd
Takatu Head
P WC
Log Race Rd
N
W
O
S
Mercer Bay Loop
Hikurangi
270
Mercer Bay Loop
311
Ahu Ahu Track
(bis auf weiteres
gesperrt)
Waitākere
Ranges
Regional Park
2
Start/Ende
Mercer Bay Loop
Statue Hinerangi
Te Ahua Point
3
238
Karekare Stream
Tasmanische See
Mercer Bay
Ahu Ahu Track
(bis auf weiteres
gesperrt)
750 m
500 m
250 m
0 m
Comans Track
Karekare Rd
Karekare
Farley Point
Tokapiri
Rock
Watchmans Rd
Tāhoro/
Union Bay
Watchman
P WC
Karekare Falls
Karekare Stream
Taraire Track
(nur bis zum
Wasserfall geöffnet)
Karekare
Beach
STEPMAP © Stepmap. 123map Daten: OpenStreetMap. ; ODbL

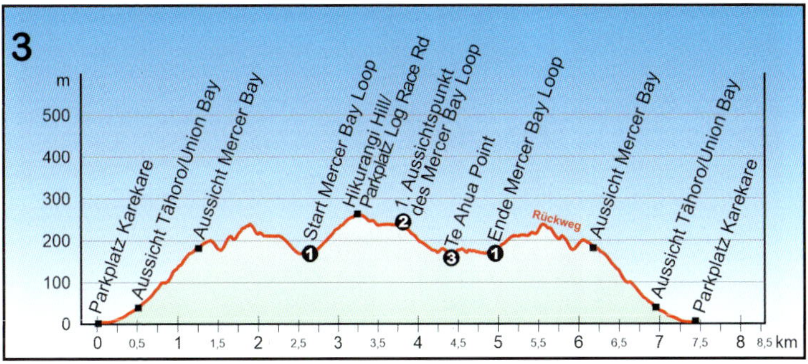
3
m
500
400
300
200
100
0
Parkplatz Karekare
Aussicht Tāhoro/Union Bay
Aussicht Mercer Bay
Start Mercer Bay Loop
Hikurangi Hill/
Parkplatz Log Race Rd
1. Aussichtspunkt
des Mercer Bay Loop
Te Ahua Point
Ende Mercer Bay Loop
Rückweg
Aussicht Mercer Bay
Aussicht Tāhoro/Union Bay
Parkplatz Karekare
0
0,5
1
1,5
2
2,5
3
3,5
4
4,5
5
5,5
6
6,5
7
7,5
8
8,5 km

Nach 700 m entlang des Comans Track bei 185 m Höhe eröffnet sich die Aussicht nach Norden hinunter in die klippengesäumte Bucht von Mercer Bay. Am Nordende der Mercer Bay sind die Felshänge des Te Ahua Point ersichtlich und dahinter ragen am nördlichen Wendepunkt der Wanderung beim Hikurangi Hill die höchsten Senkrechtwände von Aucklands Westküste mit über 200 m Höhe in den Himmel.

Es ist kein Zufall, dass Te Unuhanga-a-Rangitoto (Māoriname für Mercer Bay) annähernd ringförmig von steilen Hängen eingekesselt ist, denn ihren Ursprung hat die abgeschiedene und schwer zugängliche Bucht in einem Seitenkrater am Rande eines riesigen, unterseeischen Vulkans mit 50 km Durchmesser. Vor vielen Millionen Jahren entstanden so die Waitākere Ranges. Die bewaldeten Erhebungen sind heute die letzten Überbleibsel am östlichen Rand des einstigen „Mega"-Kegels. Den Rest hat sich die Tasmanische See wieder zurückerobert.

Auf dem „Kraterrand" oberhalb der Bucht geht es nun mit immer wiederkehrenden Blicken aufs Meer abwechselnd auf und ab. An einer Stelle sind Steinabsätze mit einer Kette abgesichert und lassen sich ohne größere Probleme überwinden. Abzweige des gesperrten Ahu Ahu Tracks und inoffizielle Trampelpfade lassen Sie unbeachtet und folgen der eindeutigen Wegführung. Der Weg dreht für eine Weile nach Westen ab und Sie können weitere herrliche Aussichten in die Mercer Bay zurück zum Farley Point genießen. Wenig später stoßen Sie nach insgesamt 2,6 km an einer Weggabelung auf den eigentlichen **Mercer Bay Loop Track** ❶.

Kauri Dieback Cleaning Station, (lr)

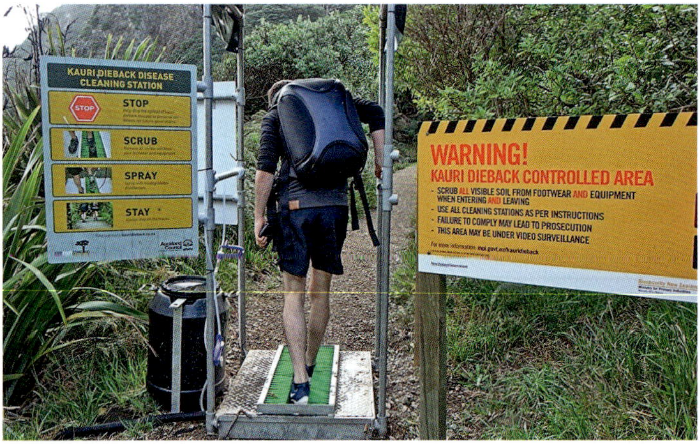

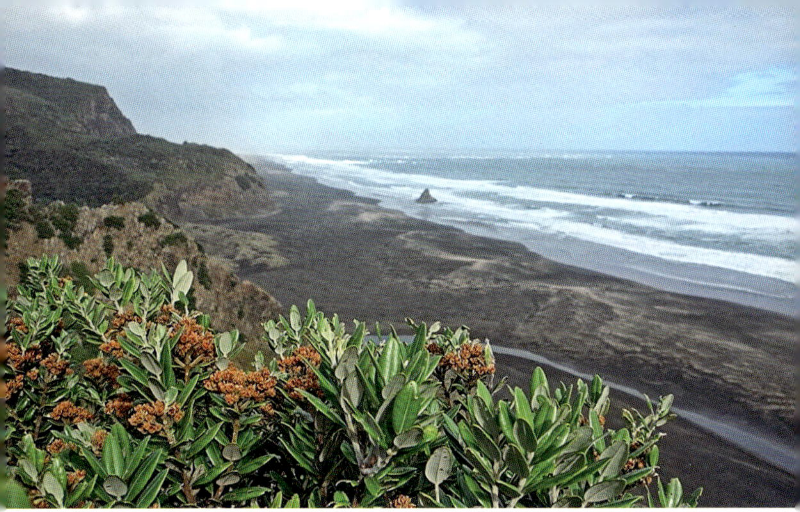

Blick auf Karekare Beach, (lr)

Starten Sie die Runde gegen den Uhrzeigersinn auf dem Weg rechts und wandern an vielen Mānuka-Büschen vorbei hinauf zum Hikurangi Hill beim ausgeschilderten Ende der Log Race Rd, welche Sie nach einem halben Kilometer und 90 Anstiegsmetern an einer Cleaning Station erreichen. Queren Sie den Parkplatz nach links vorbei an einer alten Radarstation mit Infotafeln zur Geschichte, bis Sie durch eine weitere Cleaning Station erneut den durch Küstenbusch gesäumten Weg betreten.

Die Siedlung und der Strand von Piha liegen versteckt im Norden, doch bald ändert der Wanderweg die Laufrichtung zurück in die entgegengesetzte Richtung nach Süden. Über flaches Gelände gelangen Sie zum ersten Aussichtspunkt des Mercer Bay Loop mit berauschender Panoramasicht auf das offene tosende Meer ❷. Ein genialer Platz für eine Pause mit Steinmauern als Sitzgelegenheit.

Im Süden fasziniert der felsige Küstenzug mit den Klippen von Te Ahua Point und Farley Point. Sowohl die dazwischen eingeschlossene Mercer Bay als auch der dahinterliegende Strand von Karekare sind zwar verdeckt, jedoch beeindruckt in der Entfernung der weit ins Meer reichende Whatipu Beach südlich vom mit scharfem Auge erkennbaren Pyramidenfelsen Paratahi Island.

Schauen Sie sich einmal genau die steile Felskanzel Te Ahua an. Können Sie sich vorstellen, dass sich auf dem Plateau – rund 180 m über dem Meer und nur über einen schmalen Sattel mit dem Land verbunden – eine der ältesten Siedlungsanlagen (Pā) der Māori befand? Eine Infotafel veranschaulicht, wie es damals um 1500 beim Stamm (*iwi*) Te Kawerau ā Maki ausgesehen haben könnte.

Der Schutz vor Tsunamis hat für die ungewöhnliche Standortwahl scheinbar eine entscheidende Rolle gespielt und möglicherweise wurden die bis dato in Meeresspiegelhöhe gelegenen Siedlungen durch solch eine Naturkatastrophe zerstört. Die Küstenlinie der Waitākere Ranges war für die Māori von großer Bedeutung, denn insgesamt wurden in der Gegend ca. 500 verschiedene solcher archäologischen Fundorte entdeckt.

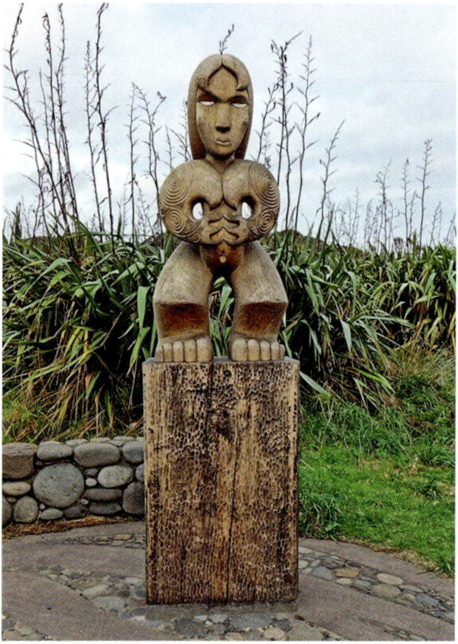

Māori-Statue Hinerangi beim Te Ahua Point,(lr)

Damit Sie nachvollziehen können, wie sich das Leben hoch über den Klippen angefühlt haben könnte, folgen Sie dem Weg bergab bis zum von Flachsbüschen dominierten Verbindungssattel mit der Felsformation des Te Ahua Point. An einer Weggabelung lockt auf der rechten Seite der nächste Aussichtspunkt mit tiefen Blicken auf die Klippenhänge und die Meeresbrandung zum Verweilen.

Bevor Sie den Mercer Bay Loop auf dem scharf nach links abzweigenden Weg vollenden, sollten Sie unbedingt noch geradeaus den Abstecher bis zur Spitze des Te Ahua Point mit der dritten Aussichtsplattform ❸ weiterlaufen! Ungefähr auf halber Strecke zum „Finale Grande" überblickt die weibliche Māori-Statue Hinerangi sehnsüchtig das Meer, denn der Überlieferung nach wartet sie vergebens auf die Rückkehr ihres Mannes. Bleiben Sie aufmerksam, denn der Weg verläuft unmittelbar neben der Klippenkante.

Zurück am Abzweig beim 2. Aussichtspunkt sind es nun auf dem rechter Hand verlaufenden Weg nur noch 150 m bis zur vollständigen Runde des Mercer Bay Loop. Auf bekanntem Terrain geht es nach rechts über den Comans Track zurück zum Ausgangspunkt der Wanderung.

❹ Coromandel Forest Park: Pinnacles (via Kauaeranga Kauri Trail)

Tour für trittsichere Kraxelmeister

Einst waren die Wälder in den nördlichen Gefilden der Nordinsel reich an Exemplaren der mächtigen Kauri-Bäume, so auch im Gebiet um das Flusstal des Kauaeranga River am Südrand der Coromandel-Halbinsel. Doch exzessive Fällungen zwischen 1870 und späten 1920ern dezimierten die Bestände so stark, dass heute nur noch einige wenige Giganten und verstreute kleine Flächen mit Jungbäumen übrig geblieben sind. Entlang des Wanderwegs erinnern verschiedene Zeitzeugen an die ausgeklügelten, aber gleichzeitig häufig destruktiven Methoden der Holzgewinnung von damals im teils schwer zugänglichen Gelände. Der Trumpf der Wanderstrecke ist jedoch zweifelsohne die abschließende Gipfelbesteigung der Pinnacles vulkanischen Ursprungs, die ohne zusätzliche Ausrüstung möglich ist. Von einer Aussichtsplattform am Felsen einer der Zinnen haben Sie einen prächtigen Panoramablick auf die grüne zerklüftete Bergumgebung des Coromandel Forest Park.

⇆ Start/Ziel: Parkplatz am Ende der Kauaeranga Valley Rd, GPS S 37°03.963' E 175°40.067'

➲ 14,1 km

⧖ 7 Std.

↑↓ 810 m/810 m

⇧ 160-790 m

✎ an allen wichtigen Stellen Wegweiser vorhanden, vereinzelt orange Dreiecke als Markierungen

die ersten 1,4 km einfach mit wenig Hindernissen, danach verläuft der Weg zur Pinnacles Hut über einige Stufen und Felsgestein mit teilweise hohen Absätzen, Untergrund kann bei Nässe rutschig und matschig sein, robustes und wasserfestes Schuhwerk ratsam, zahlreiche (Hänge-)Brücken entlang des Weges, einige Bachquerungen, jedoch an kritischen Stellen bei hohem Pegel Umgehungen verfügbar (*flood detour*); der Aufstieg von der Hütte zu den Pinnacles zunächst über viele Stufen und abschließend steile Kletterei ohne Sicherung, aber mit Leitern und Handgriffen, Trittsicherheit und gewisse Schwindelfreiheit erforderlich; die ersten 5 km größtenteils schattiger Wald

keine Rastbänke

WC Parkplatz (Start/Ziel), Pinnacles Hut (↬ 50 m ab km 6,1/km 8,1), Dancing Camp Campsite (↬ 200 m ab km 6,1/km 8,1) mehrere DOC Campsites entlang der Kauaeranga Valley Rd nördlich des Visitor Centre, z. B. Trestle View Campsite direkt beim Trackstart, www.doc.govt.nz/kauaeranga

Pinnacles Hut (50 m ab km 6,1/km 8,1)

Dancing Camp Campsite (200 m ab km 6,1/km 8,1)

Mit Ausnahme der Kletterpassagen auf den letzten 100 m ist der Weg auch für Kinder im Schulalter geeignet – es bietet sich allerdings aufgrund der Distanz und des Höhenunterschieds eine Übernachtung in der Pinnacles Hut an. Für kleinere Kinder sind nur die ersten 1,4 km bis zum Webb Creek Tal empfehlenswert, wenn die Hängebrücke nach 500 m kein Hindernis darstellt.

Parkplatz am Ende der Kauaeranga Valley Rd. Anfahrt: Fahren Sie auf dem SH 25 bis nach Thames, biegen nach der Brücke über den Kauaeranga River nach rechts ab und folgen der Hauptstraße 12 km bis zum Kauaeranga Visitor Centre. Bis zum Straßenende sind es weitere 8,5 km auf unbefestigter Straße. Nach längerem Regen kann die Anfahrtsstraße an Bachquerungen unpassierbar sein.

Intercity verbindet tgl. Auckland mit Thames auf dem Weg nach Tauranga und zurück, von dort zum Trackstart mit Thames Taxis, 07/868 31 00, 027/206 38 87, www.thamestaxis.co.nz, $ 80 p. P. (⇔ $ 150 p. P.) bei zwei Reisenden

Kauaeranga DOC Visitor Centre, 12 km von Thames (☞ Anfahrt), 07/867 90 80, kauaerangavc@doc.govt.nz. Holen Sie sich die aktuellen Infos direkt vor dem Start Ihrer Wanderung ein. Bei widriger Witterung ist der Track nicht zu empfehlen.

Der Billygoat Track bietet bis zum Hydro Camp (km 3,8) einen alternativen Zustieg. Starten Sie unbedingt mit dem Billygoat Track auf dem Hinweg und steigen auf dem Rückweg über die beschriebene Route ab. So können Sie gleich zu Beginn der Wanderung einschätzen, ob die nötige Flussquerung des Kauaeranga River sicher möglich ist.

Die Wanderung beginnt am nördlichen Ende des Parkplatzes. Bitte säubern Sie an der Kauri Cleaning Station hinter dem Tor Ihre Schuhe gründlich und sprühen sie mit Desinfektionsmittel ein. Die jungen Kauri-Bäume des Coromandel Forest Park werden es Ihnen danken, da sie so eine gute Chance haben, von der tödlichen Pilzkrankheit Kauri Dieback verschont zu bleiben.

Für wenige Minuten wandern Sie anfangs entlang eines breiten Waldweges. Nach 400 m müssen Sie in Ufernähe des Kauaeranga River nach anhaltendem Regen ggf. auf einen Alternativpfad nach links ausweichen (*flood detour I*). Eine schmale Hängebrücke führt Sie kurz darauf auf die andere Uferseite (max. 1 Person) und nur wenige Schritte später zu einem Abstecher nach rechts.

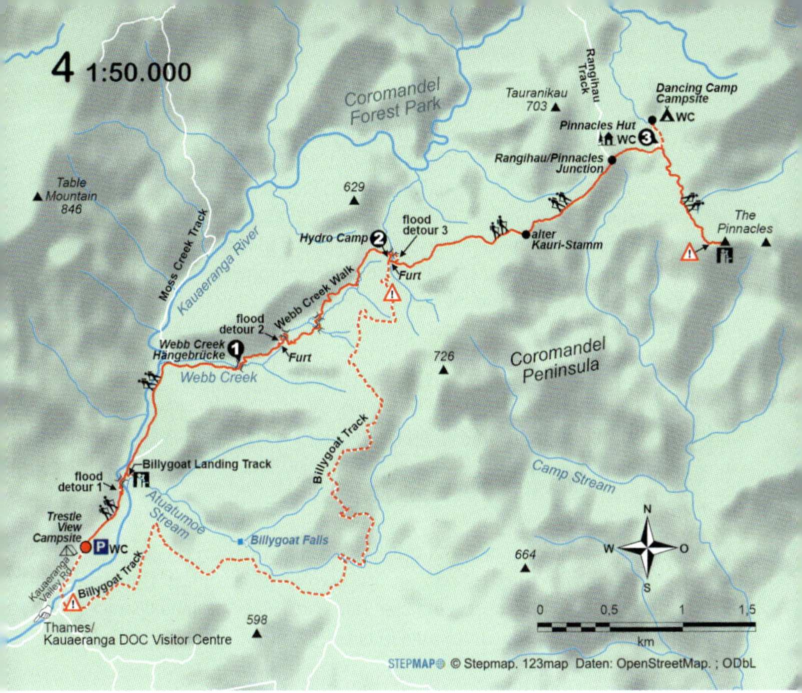
4 1:50.000
Coromandel Forest Park
Rangihau Track
Tauranikau 703
Dancing Camp Campsite
WC
Pinnacles Hut
WC
Rangihau/Pinnacles Junction
Table Mountain 846
629
Moss Creek Track
Kauaeranga River
Hydro Camp
flood detour 3
Furt
alter Kauri-Stamm
The Pinnacles
Webb Creek Walk
flood detour 2
Furt
Webb Creek Hängebrücke
Webb Creek
726
Coromandel Peninsula
Billygoat Track
Billygoat Landing Track
flood detour 1
Trestle View Campsite
P WC
Atuatumoe Stream
Billygoat Falls
Camp Stream
N
W
O
S
664
Kauaeranga Valley Rd
Billygoat Track
Thames/ Kauaeranga DOC Visitor Centre
598
0 0,5 1 1,5
km
STEPMAP © Stepmap. 123map Daten: OpenStreetMap. ; ODbL

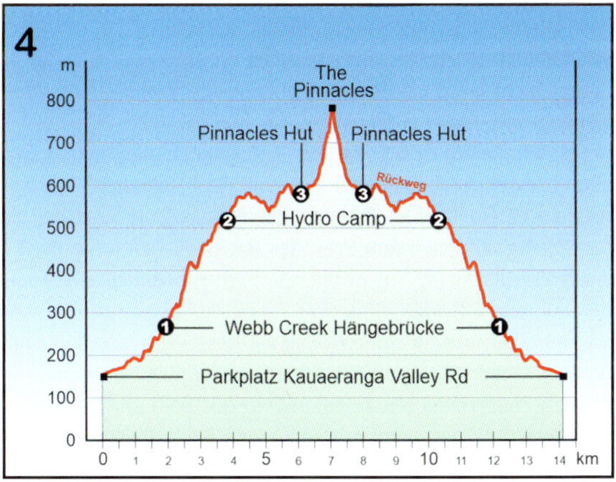
4
m
800
700
600
500
400
300
200
100
0
The Pinnacles
Pinnacles Hut
Pinnacles Hut
Rückweg
Hydro Camp
Webb Creek Hängebrücke
Parkplatz Kauaeranga Valley Rd
0 1 2 3 4 5 6 7 8 9 10 11 12 13 14 km

↳ Auf dem kurzen Billygoat Landing Track (⇆, ➲ 100 m) gelangen Sie zu einer Aussicht auf die Billygoat Falls. In der Entfernung stürzt der Atuatumoe Stream durch den sogenannten Sleeping God Canyon über 180 m in mehreren Kaskaden ins Tal hinunter. Der eigentliche Name „Billygoat Landing" rührt wie viele Bezeichnungen der Gegend aus der Zeit, in der die Kauri-Bäume gefällt wurden, her: Vom oberhalb des Wasserfalls gelegenen Talkessel (Billygoat Basin) wurden die riesigen Stämme zwischen 1921 und 1926 auf Transportwaggons über Schienen entlang des steilen Bergrückens zu Ihrer Rechten mithilfe einer Winde zu Tal befördert (Billygoat Incline) und „landeten" genau an der Stelle des Aussichtspunktes.

Weiter geradeaus verläuft der Weg zunächst parallel zum Kauaeranga River auf der linken Seite. Der Wald wird allmählich dichter und schließlich dreht der Track nach Osten in das Tal des Webb Creek ab. Sie gelangen an eine Weggabelung und halten sich an dieser rechts bergan (Wegweiser „Pinnacles Hut via the Webb Creek Walk").

✋ Der links abzweigende Moss Creek Track zum Moss Creek Campsite wird kaum instand gehalten und ist ein anspruchsvolles Backcountry-Unterfangen. Bitte beachten Sie, dass der extrem nasse und matschige Verbindungstrack vom Campsite bis zum Rangihau Track zum Schutze der Kauri-Bestände bis auf Weiteres gesperrt bleibt.

Entlang eines alten Pferdetracks aus der Kauri-Ära geht es, abgesehen von ein paar kurzen Unterbrechungen, für die nächsten 3 km stetig empor. Die Wegbeschaffenheit ist jetzt steiniger und das Wandern wird spürbar anspruchsvoller. Es dauert nicht lange und Sie überqueren den Webb Creek über die Webb Creek Hängebrücke (max. 10 Personen) ❶. Die Blicke auf den Table Mountain im Westen lassen dessen weites, flaches Gipfelplateau als Ergebnis eines Millionen Jahre alten Lavasees erahnen und im wild mit Baumstämmen, Ästen und Steinen durchsetztem Flussbett unter Ihnen ist eindrucksvoll die Kraft der Natur nachvollziehbar. Weiter auf der linken Seite des Bachs passieren Sie nach ersten Steinstufen einen Erdrutschhang aus der jüngsten Vergangenheit. ✋ Laufen Sie zügig über den kurzen Abschnitt.

Nur 200 m weiter muss der Lauf des Webb Creek erneut gequert werden, diesmal wieder zurück auf die rechte Seite. Entweder nehmen Sie dazu den linken Pfad zu einer Hängebrücke ca. 100 m oberhalb (max. 1 Person, *flood detour 2*) oder furten hier im unteren Bereich den Bach über felsigen, aber einfachen und relativ ebenen Untergrund und folgen dann dem Pfad auf der rechten Bachseite hinauf. Außer nach starkem Regen ist das Furten problemlos möglich.

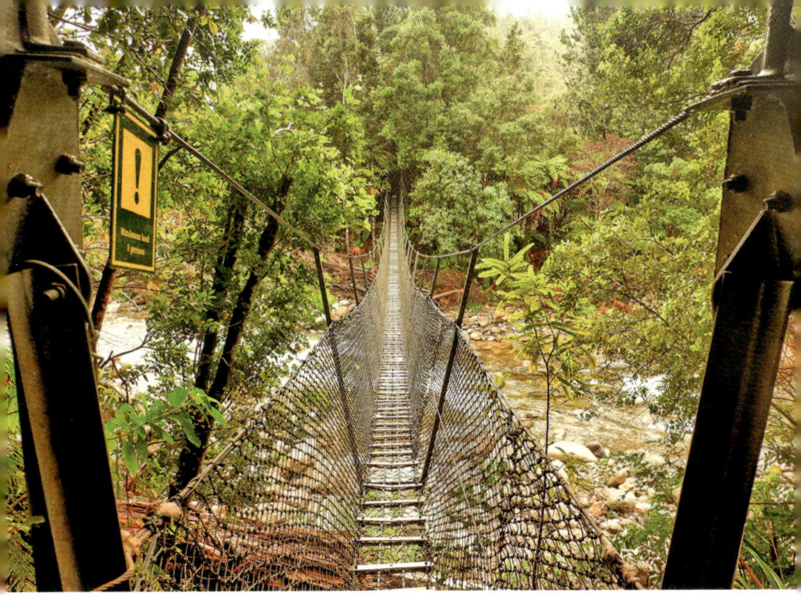

Hängebrücke über den Kauaeranga River

☺ Mitten im Grünen befindet sich an der Furtstelle ein romantischer Platz für eine Pause: Links rieselt der Webb Creek als breit gefächerter Wasserfall in ein Bassin, das für alle Kälteunempfindlichen eine Abkühlung parat hält. Rechts weiter unten entlang des Bachlaufs wartet bei einem schattigen Plätzchen ein weiterer, jedoch flacherer Pool auf seine Gäste.

Unabhängig von der gewählten Route über den Bach halten Sie sich für den Weiterweg am Wegweiser in Höhe der Hängebrücke Richtung „Hydro Camp, Pinnacles Hut". Ab und zu wird in der Folge der Blick in den zurückliegenden, bewaldeten Taleinschnitt des Webb Creek frei und Sie steigen über hundert Jahre alte, in Felsen geschlagene Stufen bergauf (Webb Creek Staircase). Später nach einer zweiten längeren, schmalen Hängebrücke über den Webb Creek (dritte Querung, max. 1 Person) überwinden Sie beim Aufstieg alte querliegende Baumstämme, welche von den Kauri-Männern als sogenannte *skidded road* zum leichteren Transport der kolossalen Stämme über „Gleitkufen" genutzt wurden.

Schließlich erreichen Sie nach einem Rechtsabzweig an einer Weggabelung – Wegweiser „Pinnacles Hut (via Hydro Camp) 1 hr" – das Hydro Camp (km 3,8) ❷, ein altes Basislager für Arbeiter im abgelegenen Coromandel Forest Park. ✋ Das Zelten ist hier heutzutage nicht mehr erlaubt.

↳ Hier zweigt geradeaus in Richtung Süden der Billygoat Track ab. Das Wandern entlang des Billygoat Track auf dem Rückweg zurück zum Parkplatz ist nicht zu empfehlen, da nicht klar ist, ob das Furten des Kauaeranga River kurz vor dem Ende sicher möglich sein wird. Wenn Sie die Rundwanderung in Verbindung mit dem Billygoat Track in Betracht ziehen, dann starten Sie beim Aufstieg mit diesem Track.

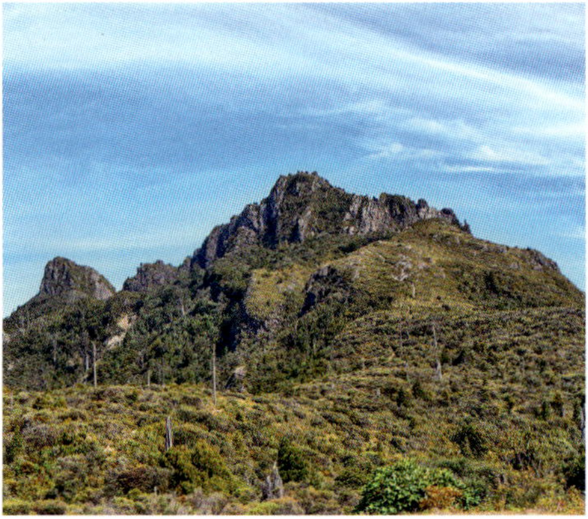

Pinnacles, (lr)

Sie drehen auf Ihrem Weg zu den Pinnacles nach links gen Osten – lassen damit das Hydro Camp rechter Hand liegen – und queren einen Bachlauf. Ist dieser wegen hohen Pegels unpassierbar, dann laufen Sie zurück zur Weggabelung und nutzen die nach links ausgeschilderte Umgehung über eine Holzbrücke (*flood detour 3*, Wegweiser „Pinnacles Hut (via flood route) 1 hr").

Beim weiteren Aufstieg sind jetzt lose und grob als Stufen zusammengesetzte Steinbrocken mit hohen Absätzen zu überwinden und zurückblickend kommt noch mal der Tafelberg des Table Mountain zum Vorschein. Nach dem Anstieg von insgesamt fast 400 m seit dem Webb Creek haben Sie etwa die Höhe der Pinnacles Hut erreicht, welche noch knapp 2 km entfernt gelegen ist. Im Norden können Sie den markanten Lavapfropfen Tauranikau bewundern, welcher genau wie die Pinnacles als markantes Überbleibsel aus dem Inneren eines Vulkankraters von der brodelnden Vergangenheit der Gegend zeugt.

Über einen Bergrücken wandern Sie durch eine Senke und nach einem alten, hohlen Kauri-Stamm am Wegesrand werden die Aussichten in die Umgebung der Coromandel Range vermehrt freier. Zwar gesellen sich kurzzeitig auch Stromleitungen nach Whitianga an der Ostküste der Coromandel Peninsula hinzu, diese stören jedoch kaum die ersten Blicke nach Osten auf die schroffen Felszacken der Pinnacles.

Auf der folgenden Anhöhe gelangen Sie an eine Weggabelung (Rangihau/Pinnacles Junction).

Halten Sie sich hier rechts zur Pinnacles Hut, der größten DOC-Hütte Neuseelands, welche Sie zügig über einfachen Untergrund nach 350 m linker Hand erreichen ❸.

Pinnacles Hut, 80 Schlafplätze, $ 25 p. P., Buchung unter www.doc.govt.nz [Suchbegriff: Pinnacles Hut], an Wochenenden und zur Hochsaison im Dez und Jan oft voll, sehr gutes Preis-Leistungs-Verhältnis: Solarbeleuchtung, kalte Duschen, Küche mit Gaskochern, vereinzelt auch Geschirr, Besteck und Geschirrtücher, Hüttenwart im Sommer

Nur wenige Schritte weiter geradeaus auf dem Haupttrack zweigt nach links ein weiterer Seitenweg zu einem sehenswerten restaurierten Kauri-Damm aus dem Jahr 1921 ab (⇆, ➲ 400 m). Dutzende Dämme wurden während der Kauri-Zeit gebaut, um das Wasser kleiner Bäche anzustauen und dann die riesigen Baumstämme mit geballter und zerstörerischer Wucht gen Tal zu befördern. Das Donnern war damals bis nach Thames zu hören. ☺ Neben dem Dancing-Camp-Damm befinden sich auch ein Campsite und das Quartier des Hüttenwarts.

Dancing Camp Campsite, 4 Zeltplätze, $ 12,50 p. P., Vorabbuchung notwendig, ebene Stellflächen im Wald mit Wasseranschluss und Bänken

Den Blick nach rechts auf die Pinnacles gerichtet wartet der spannendste, aber auch gleichzeitig der anspruchsvollste Abschnitt der Wanderung auf Sie. Zunächst laufen Sie gemütlich nur leicht bergan, doch nach einem halben Kilometer wird es anstrengend. Über unzählige holzeingerahmte Stufen steigen Sie steil 100 Höhenmeter bis zum Fuße der Pinnacles-Felszacken hinauf. Die Aussichten auf die umliegende Hügellandschaft werden immer überwältigender.

Mit Erreichen einer ersten nahezu vertikalen Metallleiter (mit Geländer zum Festhalten) wird es knifflig und eine leichte Kletterei zum Felsgipfel beginnt. Der stark gestufte Felsaufbau sowie Baumstämme und Wurzeln bieten ausreichend Tritt- und Griffmöglichkeiten und neben einer weiteren Leiter geben fest im Fels verankerte Eisenklammern den notwendigen Halt. Häufiges Buschwerk hinterlässt ein sicheres Gefühl beim Aufstieg und die Routenführung ist eindeutig, selbst bei schlechten Sichtbedingungen. Bei Nässe ist besondere Vorsicht geboten.

An einer Plattform erreichen Sie schließlich das Ziel der Wanderung. Die Blicke reichen in den Coromandel Forest Park und über zerklüftete Felsen und schroffe Kammlinien hinweg zur Westküste, zum Table Mountain und Tauranikau bis nach Osten zum Küstenstreifen von Tairua am Rande der Bay of Plenty.

Der Abstieg erfolgt auf der vom Hinweg bekannten Route.

5 Kaimai Mamaku Conservation Park: Wairere Falls Track

Tour für Anbeter tosender Wasserfälle

Satte 153 m stürzt das Wasser des Wairere Stream von der natürlichen Felsterrasse nahezu senkrecht gen Tal und gehört damit zu den höchsten Wasserfällen Neuseelands. Folgen Sie durch zauberhaften Wald über natürlichen Pfad, Stufen und Brücken dem abwechslungsreichen Lauf des in Kaskaden fließenden Baches vorbei an riesigen bemoosten Steinen und steigen nach dem Lower Lookout auf die Wairere Falls hinauf bis zur Aussichtskanzel an der oberen Fallkante und genießen die weiten Blicke in die Waikato Plains.

- Start/Ziel: Wairere Falls Carpark, GPS S 37°44.230' E 175°51.760'
- 5,5 km
- 3 Std.
- ↑↓ 435 m/435 m
- 40-425 m
- Wegführung durchweg eindeutig, an allen wichtigen Stellen Wegweiser vorhanden, orange Dreiecke als Markierungen
- schmaler Waldweg mit wechselndem Anspruch, viele Steine und Wurzeln erfordern gewisse Trittsicherheit, bei Nässe rutschiger Untergrund und ggf. matschig, viele Treppen und Stufen, teilweise steiler Anstieg, angenehmer Schatten im Sommer auf dem gesamten Weg
- Parkplatz (Start/Ziel), untere Aussichtsplattform (km 1,6/km 3,9)
- WC Parkplatz (Start/Ziel)
- für Kinder mit Trittsicherheit geeignet
- P Parkplatz am Ende der Goodwin Rd. Anfahrt: Biegen Sie in Matamata in die Tower Rd ein und folgen Sie der Beschilderung zu den Wairere Falls für 14,5 km.
- i Matamata i-SITE Visitor Centre, 45 Broadway, ☏ 07/888 72 60, info@matamatanz.co.nz, matamatanz.co.nz
- Der Track erfreut sich zunehmender Beliebtheit, rechnen Sie mit vielen Mitwanderern.

Am Ende des Parkplatzes starten Sie die Waldwanderung und passieren einen Zaundurchgang. Der Track schwenkt nach links gen Osten und steigt die nächste Zeit sanft bergan. Der natürliche Untergrund mit abwechselnd ebenem Waldboden und häufig steinigen Passagen ist insgesamt einfach zu wandern. Erste beachtliche bemooste Steinbrocken am Wegesrand geben den schlängelnden Naturparcours vor.

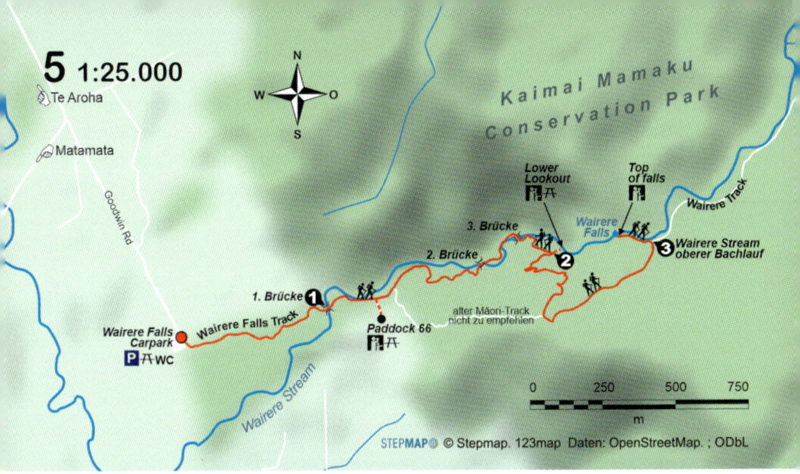

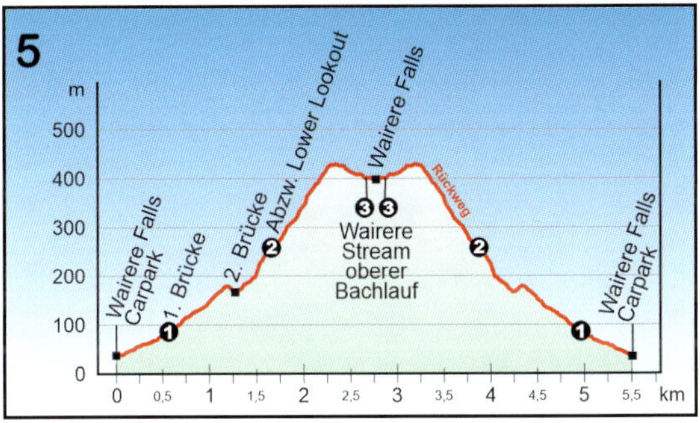

Nach 600 m überqueren Sie mithilfe einer stabilen Holzbrücke das von massiven Gesteinsbrocken übersäte Bachbett des Wairere Stream ❶, welcher je nach vergangenen Regenfällen gemächlich hindurch plätschert oder aufbrausend hinunterrauscht. Auf der anderen Bachseite gesellen sich entlang des Pfades nun zu den Steinen auch einige querliegende Wurzeln als weitere Stolperfallen hinzu.

↳ 200 m nach der Brücke können Sie in wenigen Schritten rechts die Weidewiese hinaufsteigen zum sogenannten Paddock 66. Von einer Bank oben („International Seat of Peace") haben Sie gute Blicke auf die Farmebene rund um Matamata sowie auf die sich im Hintergrund befindenden alten Andesitkegel des Maungatautari (heute Mainland-Island-Schutzgebiet, 💻 www.sanctuarymountain.co.nz) und der Vulkane Te Tapui und Maungakawa.

Nach etwa der gleichen Distanz wie bis zur ersten Brücke queren Sie den Wairere Stream wieder über eine Holzbrücke auf die linke Talseite. Die Wanderung verläuft nun für kurze Zeit am Rande des Bachbetts mitten durch ein moos- und farngrünes Stein- und Felsenmeer und die Umgebung überwältigt mit einem Urwaldgefühl.

Der Weg ist holprig oder durch elegant in die felsige Umgebung eingebaute Stufen, Holzbohlen und -geländer entschärft.

Nach der dritten und letzten Brücke über den Bach geht es nach wenigen Metern im Busch über lange, steile Holztreppen und Stufenfluchten bergauf. Danach müssen Sie nur noch ein wenig Steinehüpfen, bevor Sie nach insgesamt 1,6 km an eine Weggabelung ❷ gelangen.

Urwaldgefühl am Wairere Stream

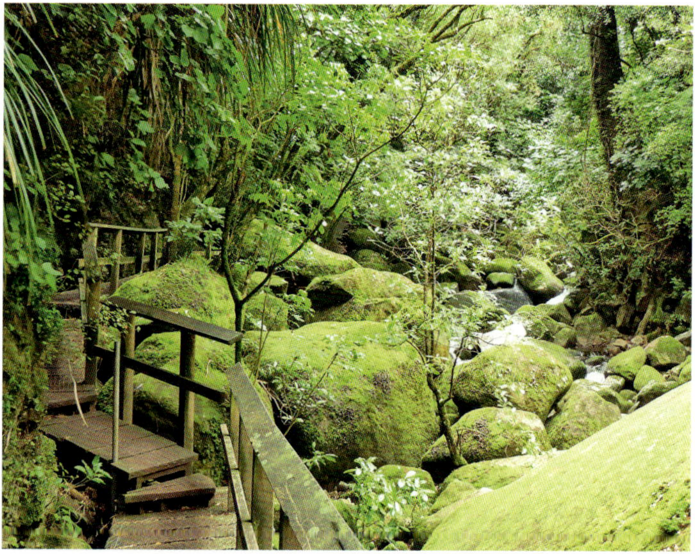

↳ Linker Hand gelangen Sie im Handumdrehen zu einer kleinen Aussichtsplattform (Lower Lookout) mit leicht verdecktem Blick auf die zwei langen Kaskaden der Wairere Falls. Bei windigen Verhältnissen ist der entstehende Gischtschleier an den hohen Klippen sehr beeindruckend.

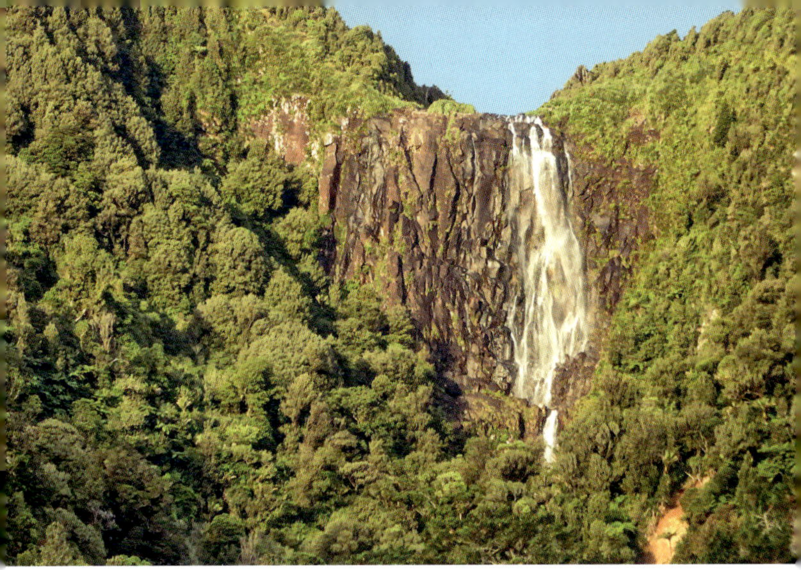

Wairere Falls aus der Ferne

Nach rechts setzen Sie Ihre Wanderung zur oberen Fallkante des Wasserfalls fort (Wegweiser „Top of falls, 45 min"). Über meist anspruchsvolles steiniges Terrain geht es entlang des schmalen Pfades für gute 150 Höhenmeter straffer bergauf als noch zu Beginn der Tour. Vereinzelt sind hohe Absätze zu überwinden und mitunter helfen Stufen oder Treppen beim Aufstieg.

Kurze Zeit nach einem ausgeschilderten Abzweig nach rechts (alter Māori-Track, nicht zu empfehlen) flacht der Track ab und die Wegbeschaffenheit wird insgesamt einfacher, allerdings können schlammige Bedingungen das Vorwärtskommen beeinträchtigen.

Genau einen Kilometer nach dem unteren Aussichtspunkt treffen Sie an einer weiteren Weggabelung schließlich wieder auf den idyllischen Wairere Stream ❸, dessen ruhiges Wasser nichts ahnend gen bevorstehenden 153 m freien Fall sanft dahingleitet. Folgen Sie dem Bach nach links am Ufer entlang, bis Sie nach 100 m die Aussichtskanzel an der Fallkante des Wasserfalls erreichen. Der Wind wirbelt hier häufig eine erfrischende Wasserbrise auf. Von oben sind die Wairere Falls selbst leider kaum einzusehen und nur zu erahnen, so steil stürzt das Wasser zum Fuße des Falls. Der Blick in die bewaldete Schlucht und auf die weite Ebene der Waikato Plains entschädigt aber für den anstrengenden Weg hierher.

Der Rückweg erfolgt entlang der bekannten Strecke.

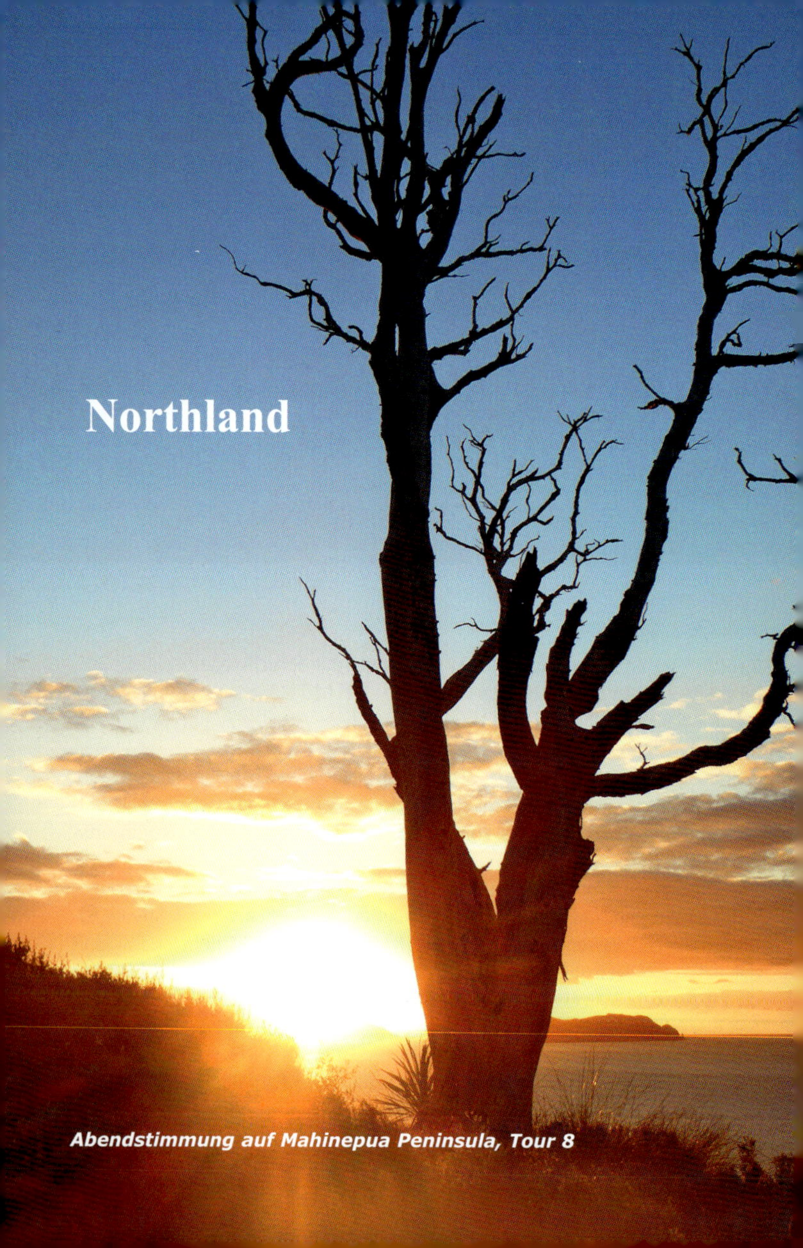

Abendstimmung auf Mahinepua Peninsula, Tour 8

⑥ Waipu: Mangawhai Cliffs Walkway

Tour für Bewunderer wunderschöner Küstenstreifen

Der Mangawhai Cliffs Walkway gehört seit einigen Jahren zur offiziell gekürten Auswahl der schönsten Kurzwanderungen Neuseelands (Short Walks). Der Wanderweg schlängelt sich mit ununterbrochenen Küstenblicken auf das smaragdgrüne Meer am Hang entlang und bietet zahlreiche Möglichkeiten zum Fotostopp und Innehalten. Nīkau-Palmen, Pōhutukawa-Bäume und andere einheimische Vertreter trotzen den schwierigen Bedingungen an den Klippen, welche aber wegen des eher sanften Gefälles und dem grünen Teppich aus Küstengras und -büschen ein sicheres Gefühl geben. Wer die Wanderung zeitlich auf den Niedrigwasserstand bei Ebbe abstimmt, kann den Rückweg nach dem Durchschreiten eines imposanten Felsentores am Strand zurücklegen und weitere geologische Meisterwerke von Mutter Natur erkunden.

- Start/Ziel: Mangawhai Heads Carpark, GPS S 36°04.870' E 174°35.822'
- 8 km
- 3 Std.
- ↑↓ 170 m/170 m
- ⇧ 0-125 m
- Wegführung eindeutig, an wichtigen Stellen Wegweiser oder Schilder vorhanden, keine Markierungen
- anfangs leichte Strandwanderung, danach für die erste Hälfte der Wanderung mittelbreiter, meist begradigter Weg, teilweise leicht abschüssig, bei Auf- und Abstieg viele Stufen, steiler Abstieg, Strandabschnitt beginnt mit vielen großen Steinen, jedoch wird der Anspruch zunehmend einfacher, ab und zu Schatten
- Start/Ziel, km 1,7
- WC Start/Ziel
- Mangawhai Heads Beach, www.findabeach.co.nz/beaches/mangawhai-heads, teilweise im Sommer bewacht, mitunter starke Rippströmung (*rip currents*); Picnic Bay – südlich des Parkplatzes – wegen Bootsverkehr und Strömung zum Schwimmen weniger ratsam. ☺ Hingegen bietet das Strandufer am lagunenähnlichen Mangawhai Harbour ruhiges Wasser und eignet sich besonders für Familien, z. B. am Mangawhai Heads Holiday Park (s. u.) oder Findlay Beach (Ende Findlay St).
- Mangawhai Heads Holiday Park, ca. 1,2 km zu Fuß zum Start/Ziel, ☏ 09/431 46 75, ab $ 24 p. P.
- für Kinder gut geeignet, Vorsicht: an einigen Stellen leicht abschüssige Passagen, aber ausreichend breiter Weg, große Steine am Anfang des Strandabschnitts stellen ggf. für Kleinkinder eine Herausforderung dar

P Mangawhai Heads Carpark (Mangawhai Heads Reserve). Anfahrt: Verlassen Sie in Kaiwaka den SH 1 und folgen Sie der Beschilderung in Richtung Mangawhai Heads. Nach 19 km halten Sie sich am Kreisverkehr zum Surf Beach nach rechts und erreichen knapp 2 km später das Straßenende mit Parkplatz.

Intercity stoppt auf dem Weg von Auckland nach Kerikeri in Kaiwaka, mehrfach tgl. Verbindungen; von Kaiwaka zum Start-/Zielpunkt: **Mangawhai Taxis Ltd**, ☏ 022/626 42 95, 💻 mangawhaitaxis.com, $ 65 oder **Leabourn**, ☏ 09/423 74 16 o. 08 00/99 44 04, $ 40 p. P.; außerdem 1x wöch. Do nach Fahrplan von Kaiwaka nach Mangawhai Heads und weiter entlang des Twin Coast Discovery Highway bis nach Whangārei und zurück), ab $ 7 einfache Fahrt, 💻 buslink.co.nz

i Mangawhai Information Centre, 219 Molesworth Drive, Mangawhai Heads, ☏ 09/431 50 90, 💻 www.mangawhaiinfo.co.nz; alternativ für aktuelle Infos wie Tracksperrungen etc. 💻 www.doc.govt.nz [Suchbegriff: Mangawhai Cliffs Walkway]

Der Strandabschnitt auf dem Rückweg zwischen km 4,3 und km 6,4 ist nur bei Ebbe sicher passierbar (+/- ca. 2 Std.). Die aktuellen Niedrigwasserzeiten finden Sie online z. B. unter 💻 tides.niwa.co.nz (Location: Mangawhai Heads). Als grobe Daumenregel: Ist der Felstorbogen zu Beginn des Strandabschnitts vom Wasser umspült, kehren Sie bei einsetzender Flut bitte um bzw. warten noch auf niedrigere Ebbe-Wasserstände.

Auch eine Laufrichtung gegen den Uhrzeigersinn hat seine Vorteile: Die Wanderzeiten am Strand können genau auf Ebbe abgestimmt werden und um die Mittagszeit herum haben Sie beim oberen Cliff Walk die Sonne im Rücken.

Starten Sie Ihre Wanderung vom Parkplatz aus Richtung Strand, indem Sie zunächst dem Fußweg entlang der Straße in bisheriger Fahrtrichtung folgen. In der Verlängerung ist vor dem Ufer am Ende der Molenüberreste aus dem Jahr 1860 die kleine Felseninsel des Sentinel Rock zu sehen.

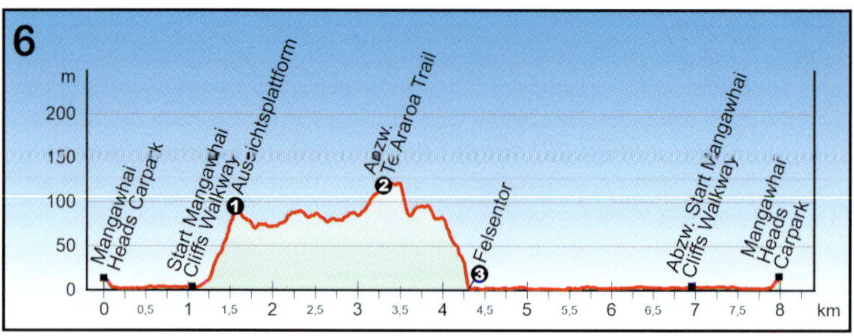

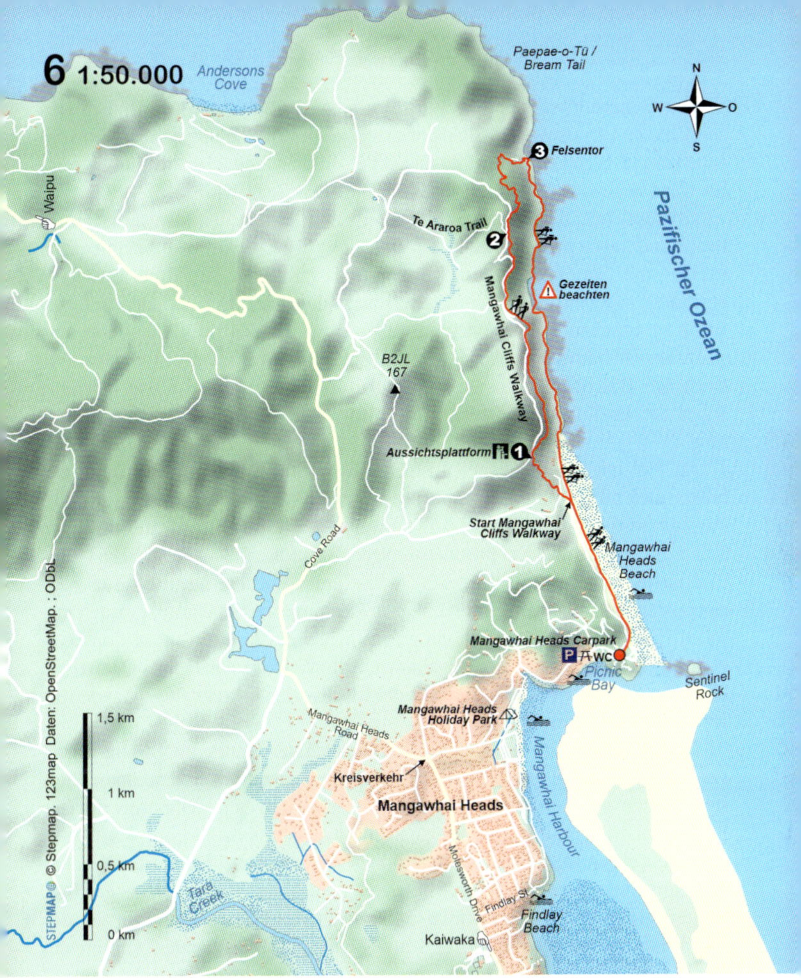

Bei guter Sicht können Sie auf gleicher Linie in 40 km Entfernung auch das Naturreservat von Little Barrier Island erkennen und mit ganz scharfem Auge dahinter sogar Great Barrier Island erspähen. Nutzen Sie nach wenigen Schritten etwa in Höhe des weißen Felsens gegenüber dem roten Sanitärgebäude einen der Zugänge zum Strand nach links durch die Düne hinunter.

Eine weitere Inselgruppe liegt jetzt in Ihrem Blickfeld: die sogenannten Hen and Chicken Islands werden Sie die meiste Zeit der Wanderung beobachten können. Taranga Island ist das größte Eiland der Ansammlung („Henne") und die linker Hand liegenden Marotere Islands stellen die „Küken" dar.

Über weichen, tiefen Sand erreichen Sie schnell den weiten Mangawhai Heads Beach und folgen dem angenehm zu laufenden Ufer nach links. Im Sommer kann es hier mit Surfern, Anglern, Gleitschirmfliegern und Strandspaziergängern geschäftig zugehen. Bei hohem Wasserstand werden Sie kurz nacheinander zwei flache Felsabschnitte überwinden müssen, welche aber selbst für Kleinkinder kein wirkliches Hindernis darstellen. An den Hängen linker Hand begeistern Hunderte flauschige Büschel des Toetoe-Grases und eine ausgedehnte Düne lädt zum Toben ein. Im Norden ist die Landzunge von Bream Head sichtbar (☞ Wanderung 7).

Nach einem halben Kilometer öffnet sich der Strand und auf der linken Seite breiten sich saftig grüne Wiesenhügel gesprenkelt mit ein paar Bäumen aus. Die Privatgrundstücke im Hinterland mit vereinzelten Luxus-Strandhäusern betten sich je nach Geschmack mehr oder weniger dezent in die Küstenlandschaft ein.

Laufen Sie noch für weitere 500 m am Strand entlang, bevor Sie sich nach einem kleinen querlaufenden Rinnsal links Richtung eines schmalen, grasbewachsenen Hügelrückens halten und ein großes Schild des Department of Conservation den offiziellen Start des Mangawhai Cliffs Walkway ankündigt. Queren Sie kurz danach einen privaten Fahrweg und laufen den mittelbreiten Wanderweg geradeaus leicht bergan.

Es beginnt der einzige nennenswerte Anstieg der Wanderung. Mithilfe einiger Stufen gewinnen Sie schnell an Höhe und haben zurückblickend immer bessere Sichten auf den Mangawhai Heads Beach mit seinen weißen bis dunklen Sandschattierungen und darüber hinaus nach Süden bis zum Cape Rodney. Es geht an üppigen Küstenbüschen und hohen Wiesen vorbei und an den Hängen der Umgebung klammern sich knorrige Pōhutukawa-Bäume. Nach etwa 50 Höhenmetern säumen eindrucksvolle Exemplare des Lorbeerbaums Taraire den Weg, teilweise eingehüllt von den im Sommer weiß blühenden Ranken des White Rātā.

Nach insgesamt 1,6 km gelangen Sie zu einer Aussichtsplattform ❶. Ein guter Platz, um eine kleine Verschnaufpause einzulegen. Aus der Vogelperspektive schimmert der Ozean in verschiedenen Grün- und Blautönen und ist eingerahmt im schäumenden Weiß der Gischt durch die brechenden Wellen. Halten Sie Ausschau nach Delfinen oder anderen Walen, die mitunter im Gebiet von Mangawhai Heads gesichtet werden.

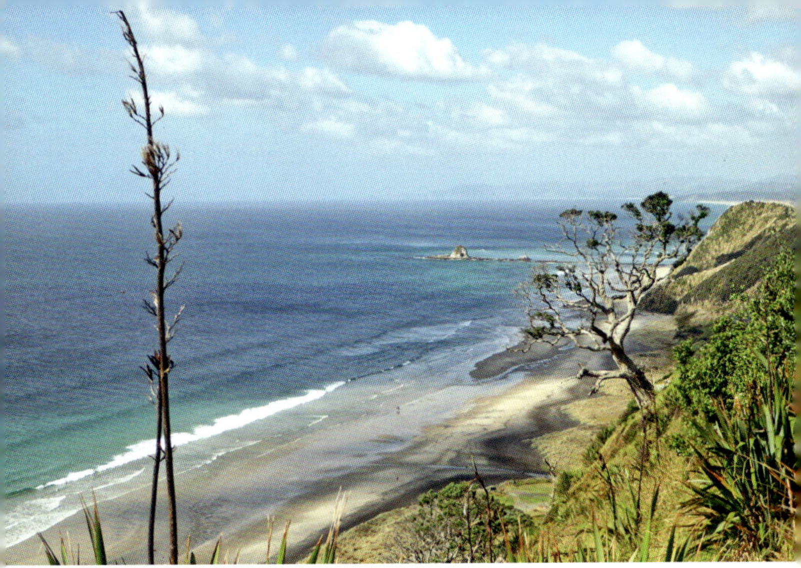

Blick zurück auf Mangawhai Heads Beach

Der Weg von hier aus ist für die nächste Zeit eher flach und einfach zu gehen. Ab und zu tangieren Sie einen privaten Fahrtweg auf der linken Seite: Bleiben Sie bitte auf dem klar erkennbaren Wanderweg. Die Pflanzenwelt entlang des Cliff Walks ist vielfältig mit verstreut vorkommenden einheimischen Bäumen wie den Koniferen Kahikatea und Tōtara, den Laubvertretern Pūriri und Māhoe, tropisch anmutenden Nīkau-Palmen und den waghalsigen Pōhutukawa-Bäumen, die jeden Moment den Hang herunterzupurzeln drohen. Im freien Gelände können Sie geniale Ausblicke auf die umgebende Küstenszenerie genießen.

Etwa 1 km nach der Aussichtsplattform sehen Sie den zunehmend felsigen Strand im Norden und erkennen, wie hoch aktuell das Meereswasser bis zum Ufer heran ragt – eine wichtige Info für den späteren Rückweg am Fuße der Klippen. Kurz darauf wird die Vegetation für die nächsten 500 m dichter.

Sie erreichen den ausgeschilderten Abzweig des Te Araroa, des 3.000 km langen Fernwanderweg Neuseelands ❷. Sie bleiben jedoch auf dem Weg geradeaus und schon bald beginnt bei km 3,5 der Abstieg hinunter zum Wasser. Die vielen Stufen sind teilweise steil und der Wald gleicht zwischendurch einem dschungelähnlichen Dickicht. Nahe der Meeresspiegelhöhe wird die Umgebung bezaubernd: Zahlreiche Nīkau-Palmen, Toetoe-Gräser und Flachsbüsche versprühen ein Hauch Exotik inmitten eines prächtigen Wiesenhangs.

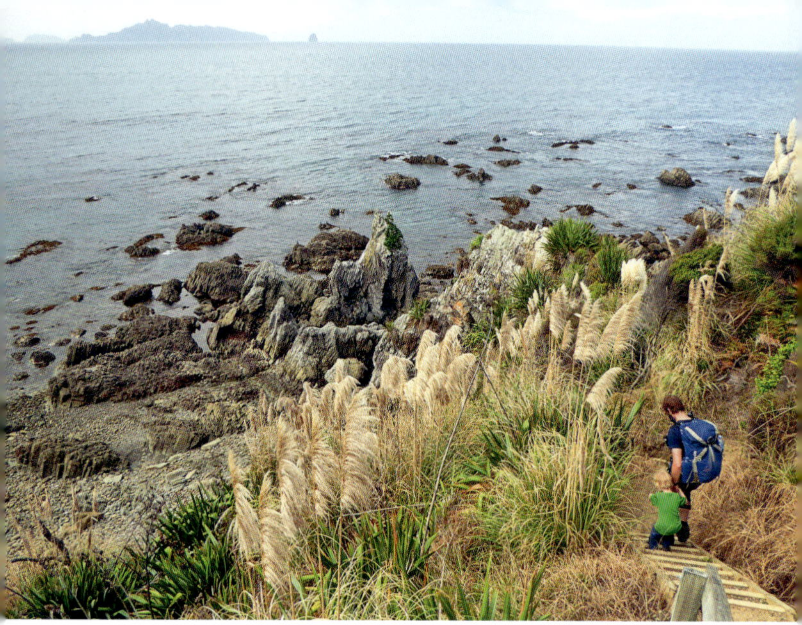

Abstieg zum Felsentor bei Ebbe

Idealerweise erreichen Sie das Ufer mit großen Steinen und Felsbrocken im Zeitfenster rund um Ebbe (☞ siehe Warnhinweis Seite 56). Dann können Sie von der kleinen Bucht den Rundweg nach rechts durch das imposante Felsentor fortsetzen ❸. Kehren Sie im Zweifel um, insbesondere bei rauer See. Im Anschluss manövrieren Sie über größere Steinbrocken hinweg, was aber mit etwas Konzentration problemlos möglich ist. Kinder und weniger trittsichere Personen benötigen ggf. hin und wieder eine helfende Hand. Doch schon nach guten 100 m wird der Weiterweg einfacher. Jetzt bestimmt loser Steinschutt den Untergrund und tendenziell wird das Vorankommen entlang der vielen kleinen Buchten immer zügiger. Das Felsgestein am Wegesrand ist zerklüftet und die interessanten Musterungen und Formen wie z. B. sechseckige Säulen aus vulkanischem Gestein oder wabenverwitterter Sandstein werden gelegentlich durch knorrige alte Bäume interessant in Szene gesetzt.

Gegen Ende der Wanderung wandern Sie vermehrt über den Sandstrand, bis Sie schließlich 2 km nach dem Felsbogen den bekannten Mangawhai Heads Beach erreichen. Gemütlich können Sie die letzten 1,6 km bis zum Parkplatz schlendern.

❼ Bream Head Scenic Reserve: Te Whara Loop

Tour für Wagemutige ohne Höhenangst

Der 700 Jahre alte Māori-Pfad des Te Whara Track verläuft eigentlich als Streckenwanderung über den gesamten Bergkamm des Bream Head im Süden der Whangārei Heads Halbinsel. Als Alternative dazu wird hier ein Teilabschnitt als kürzere, aber anspruchsvolle Runde im Osten des Küstenwald-Bergzugs hinauf zum höchsten Punkt und mit sensationellen Aussichten auf den lang gezogenen Ocean Beach beim Abstieg vorgestellt. Für die Besteigung des Gipfels von Te Whara brauchen Sie allerdings starke Nerven, denn das letzte Stück zum kleinen Felsplateau ist stark ausgesetzt und ungesichert. Wer sich die kurze Kletterpartie traut, wird mit unvergesslichen 360-Grad-Blicken belohnt.

↻ Start/Ziel: Ocean Beach Carpark, GPS S 35°50.380' E 174°34.343'

➲ 6,1 km

⌛ 3 Std. 45 Min.

↑↓ 545 m/545 m

⇧ 5-475 m

✎ an wichtigen Stellen Wegweiser oder Schilder vorhanden, orange Dreiecke als Markierungen, die Passage zum felsigen Gipfel ist nicht ausgeschildert

die ersten 2,3 km (bis zum Abzweig Ocean Beach vom Peach Cove Track) und die letzten 1,8 km (ab Radarstation) einfaches Terrain mit geschotterten Wegen, Wiesenabschnitten, ein paar Stufen sowie ein kurzer Straßenabschnitt; die mittleren 2 km hingegen sind anspruchsvolles, teilweise steiles Gelände, über natürlichen, schmalen Weg und abgesehen von anfangs einigen Stufen ist der Untergrund mit vielen Wurzeln und Steinen durchzogen, Pfad kann mitunter matschig und durch Laub oder bei Nässe rutschig werden; überwiegend Schatten

Die Besteigung des gänzlich ungesicherten Felsgipfels von Te Whara/Bream Head Summit (km 3,3) ist nur absolut schwindelfreien und trittsicheren Wanderern an Tagen mit trockenen Witterungsbedingungen ohne stärkeren Wind vorbehalten. Obwohl die steile Kletterei über 15 Anstiegsmeter hinauf zum kleinen Gipfelplateau eindeutig und unter Einsatz der Hände technisch einfach ist (viele Möglichkeiten zum Festhalten), ist dennoch äußerste Vorsicht wegen starker Ausgesetztheit am Rand der senkrechten Steilwände geboten!

Radarstation (km 4,3)

WC Start/Ziel

Ocean Beach ist Whangārei's populärer Surf- und Badestrand, Sicherheitsinfos unter www.findabeach.co.nz/beaches/ocean-beach-whangarei, teilweise im Sommer bewacht

freedom camping am Ocean Beach Carpark möglich, www.wdc.govt.nz [Suchbegriff: „Freedom Camping"]

Peach Cove Hut (1,1 km ab km 2,3)

für Kinder nur eingeschränkt geeignet, der Aufstieg zum Gipfel ist für Kinder nicht zu empfehlen; eine Alternative ist der Peach Cove Track zur gleichnamigen Hütte mit einfacher Wegbeschaffenheit (km 1 bis km 2,3 sowie beschriebener Abstecher), Vorsicht jedoch bei den steilen Stufen hinunter zur Peach Cove Hut, Kleinkinder benötigen eine sichernde Hand

P Ocean Beach Carpark. Anfahrt: Folgen Sie von Whangārei der Beschilderung nach Whangārei Heads bzw. später nach Ocean Beach, dann immer auf der Hauptstraße. Der ausgeschilderte Parkplatz befindet sich nach 37 km rechts in der Ranui Rd.

i Whangārei i-SITE Visitor Centre, 92 Otaika Rd, 09/438 10 79, info@whangareinz.com, whangareinz.com

Wanderer mit Höhenangst laufen besser direkt vom Ocean Beach zur Radarstation und wieder zurück.

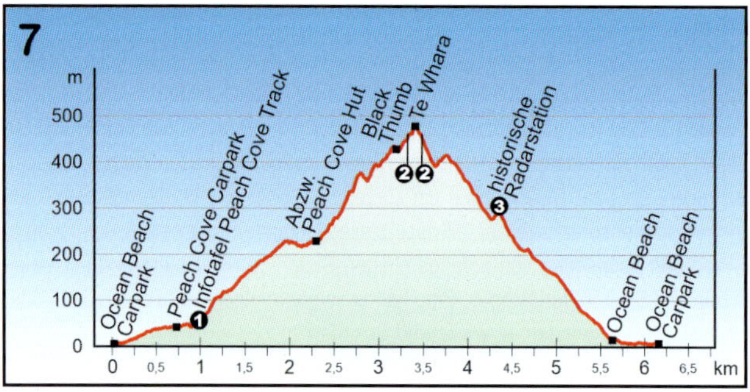

Vom Ocean Beach Carpark laufen Sie entlang der Ranui Rd zurück zur Hauptstraße und biegen nach 250 m nach links in die Ocean Beach Rd. Folgen Sie dieser für 500 m und zweigen dann in einer Rechtskurve erneut nach links in den mit „Peach Cove Track" ausgeschilderten geschotterten Fahrweg ab. Der vor Ihnen liegende Bergzug im Süden der Halbinsel Whangārei Heads ist mit üppigem, subtropischem Wald übersät und weithin als Te Whara oder Bream Head bekannt. Vorbei am Peach-Cove-Parkplatz können Sie auf der linken Seite den von hier aus unscheinbar wirkenden Gipfel des Te Whara als höchste Erhebung

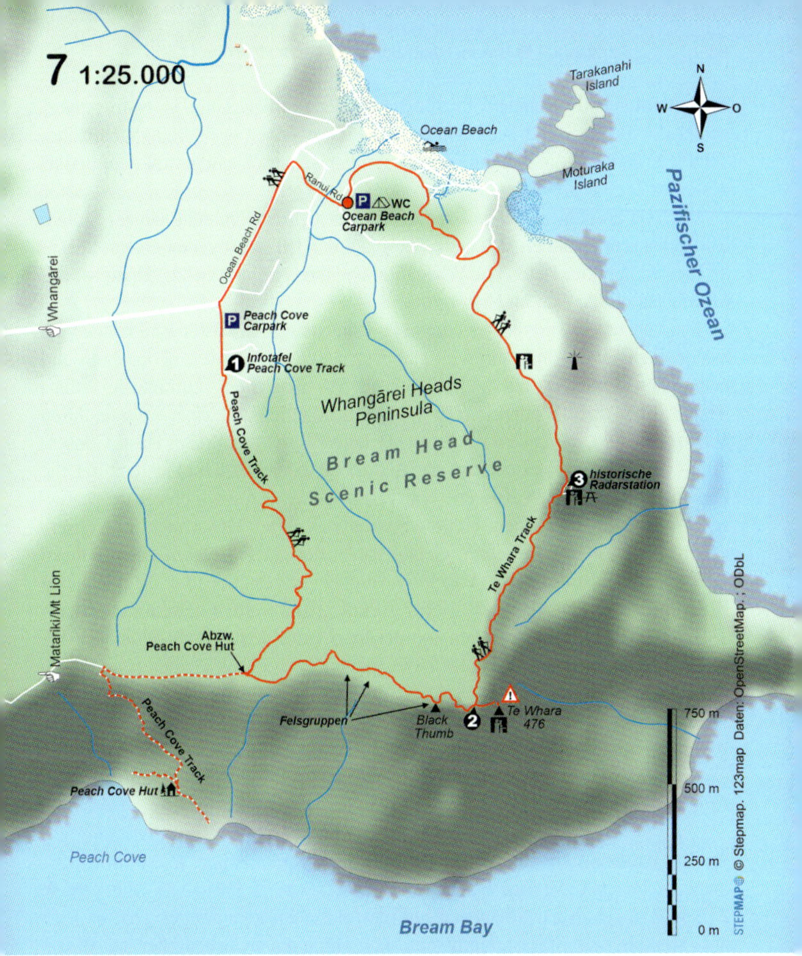

der Peninsula und Ziel der Wanderung bereits erkennen. Rechts davon ragen der markante Black Thumb („schwarzer Daumen") sowie weitere Felsen in den Himmel. Die bewaldete, rasierklingenscharfe Kammlinie setzt sich über einen Sattel bis zum Matariki/Mt Lion im Südwesten fort. Der gesamte Grat ist aus der Erosion eines früheren Schichtvulkans vor etwa 20 Millionen Jahren entstanden.

Sie gelangen zu einer Kauri Cleaning Station und statt dem Fahrweg nach links zu folgen halten Sie sich nun weiter geradeaus auf dem beginnenden **Peach Cove**

Track (Infotafel) ❶. Nehmen Sie zum Schutz der Kauri-Bestände im Naturschutzgebiet des Bream Head Scenic Reserve die Gelegenheit wahr und säubern Ihre Schuhe gründlich vom Schmutz und besprühen sie abschließend mit dem bereitgestellten Desinfektionsmittel.

Von nun an geht es bergauf, anfangs sogar recht steil mithilfe einiger Stufen. Zurückblickend eröffnen sich erste Blicke auf den lang gezogenen Ocean Beach. Im Westen liegt der Hafen von Whangārei und die kronengezackte „Festung" des Mt Manaia erhebt sich im Hintergrund.

Die Vegetation wird dichter und im zunehmend wilden Küstenwald können Sie hier je nach Tages- und Jahreszeit eine faszinierende Vogelwelt beobachten und belauschen. Das hier Tūī und Whitehead (Weißköpfchen), zutrauliche Robins (Langbeinschnäpper) oder Kererū (Maorifruchttaube) und viele weitere Arten anzutreffen sind, verdanken die Besucher dem Wirken des Bream Head Conservation Trust, 💻 breamheadtrust.nz. Seit 2001 beeinflusst und unterstützt die Organisation mit festen Rangern und vielen Freiwilligen maßgeblich die Naturschutzarbeit des staatlichen, chronisch unterfinanzierten Department of Conservation. Das fast vogelfeindfreie Gebiet hat in den letzten Jahren einen nahezu explodierenden Anstieg der Vogelpopulationen verzeichnet und die Vielfalt in Flora und Fauna kehrt langsam wieder zurück. 2017 wurden beispielsweise nach 140 Jahren Pause Weißköpfchen von der Insel Tiritiri Matangi wiederangesiedelt (☞ Wanderung 1) und heute findet auch der Streifenkiwi hier wieder sein Zuhause.

Nach insgesamt erklommenen 220 Anstiegsmetern verläuft der Wanderweg vorübergehend flach in Richtung Sattel zwischen dem Gipfel des Te Whara im Osten und Mt Lion im Westen und 400 m später kennzeichnet ein Wegweiser den Abzweig zum Ocean Beach, dem Sie nach links hinauf folgen.

↳ Geradeaus können Sie einen Abstecher vorbei an imposanten Pūriri-Bäumen zur Peach Cove Hut machen (⇆, ⮌ 2,2 km, ⧖ 1 Std. 15 Min., ↑↓ 215 m/215 m). Nach 500 m entlang des einfachen Kammweges geht es nach links steil über ca. 800 Stufen hinunter zur Hütte am südlichen Ufer von Bream Head. Die kleine Behausung in gutem Zustand liegt im Wald geschützt und bietet eine abgeschiedene Übernachtungsmöglichkeit in der Wildnis (8 Schlafplätze, $ 20-25 p. P., Buchung unter 💻 www.doc.govt.nz [Suchbegriff: „Peach Cove Hut"]). Vielleicht können Sie in der Nacht Kiwis oder Kuckuckskauze (Morepork, ruru) hören oder gar sehen. Direkt neben der Hütte hat ein alter Pōhutukawa-Baum auf einem großen Felsbrocken Halt gefunden. Von der Hütte sind in jeweils 150 m zwei kleinere Buchten erreichbar. Der hübsche Strand der namensgebenden Peach Cove im Westen eignet sich zum Baden.

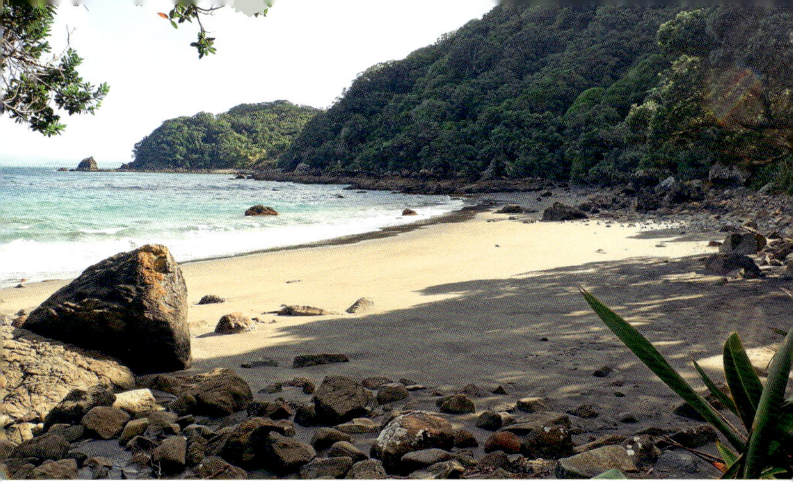

Malerische Bucht von Peach Cove

Sie sind jetzt auf dem **Te Whara Track** unterwegs und die Wegbeschaffenheit wird abrupt deutlich anspruchsvoller als bisher. Zu Beginn helfen noch Holzstufen beim Aufstieg, doch spätestens, nachdem Sie einen Felsen durch eine kleine Öffnung passiert haben, bestimmt ein Wirrwarr an dichtem Wurzelwerk den Untergrund. Der Wald gleicht einem ursprünglichen Dschungel, in dem die Pflanzen auf unterschiedlichste Art und Weise um ihren Fortbestand kämpfen.

Schweißtreibende 600 m weiter bzw. nach gut 100 m Anstieg nach dem Felsentor heißt es an einer Schlüsselstelle aufgepasst ❷: Dort, wo der Weg wieder anfängt abzufallen, befinden sich rechter Hand ein größerer Felsbrocken und ein Warnschild „Steep drop-offs beyond this point. No formed or marked track.“. Am kleinen Felsen können Sie sich zum „Aufwärmen“ an Wurzeln hochziehen und von oben eine etwas verdeckte, aber dennoch grandiose Aussicht auf das Meer im Süden an der großen Bream Bay genießen. Wanderer mit Höhenangst können es sich hier bequem machen – Unerschrockene werden jedoch vom nahen Bream-Head-Gipfelfelsen im Osten in Bann gezogen sein und weiterziehen wollen. Nehmen Sie dazu den kleinen Trampelpfad hinter dem Warnschild durch dichtes Gebüsch, bis Sie nach 50 m an einer bedrohlich wirkenden Senkrechtwand geradeaus nicht mehr weiterkommen. Je nach persönlicher Risikoeinschätzung werden Sie freiwillig an diesem Punkt wieder umkehren oder die Kletterpartie zum Gipfelfelsen wagen. Viele klettern nur die ersten Meter am Felsen linker Hand hinauf und genießen bereits von dort weitreichende Blicke. ✋ Gehen Sie kein unnötiges Risiko ein und kehren im Zweifel um. Beachten Sie die Warnhinweise auf Seite 61. Die Besteigung erfolgt auf eigene Gefahr.

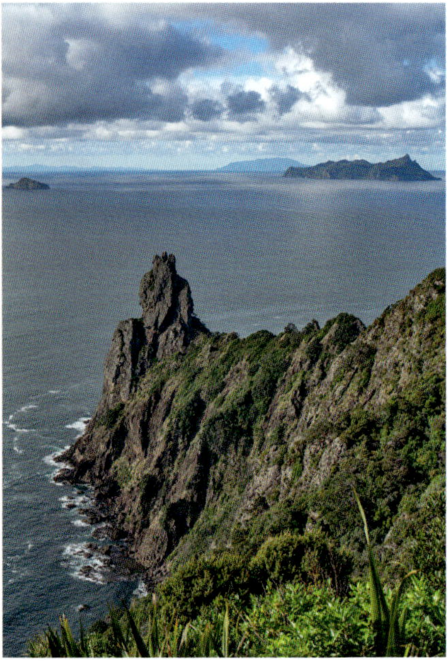

Küstenfelsen, (tl)

Die 360-Grad-Aussicht vom nur wenige Personen fassenden Gipfelplateau ist wahrlich spektakulär. Die Vogelperspektive ist vom Kontrast des weiten azurblauen Meeres mit verstreut gelegenen Inseln, den üppig grünen Gratlinien und schroffen Felstürmen wie dem Black Thumb im Vordergrund geprägt, eingerahmt vom romantischen Strand des Ocean Beach und dem Whangārei Harbour an den Flanken der Halbinsel Whangārei Heads.

Nach einer ausgedehnten Pause führt Sie der weitere Wanderpfad nun bergab in Richtung Ocean Beach. Unter dichter Waldkrone und bekannten Wegbedingungen, mitunter recht matschig, erreichen Sie nach einem knappen Kilometer auf einem Grashügel die Überreste eines Radarkomplexes aus dem 2. Weltkrieg ❸. Drehen Sie die kleine Extrarunde zum alten Radargebäude mit Antennenmast und fantastischen Blicken auf den westlichen Landzipfel von Bream Head und den Hen and Chicken Islands.

Im Anschluss an das historische Zeugnis vergangener Tage ändert sich das Landschaftsbild komplett, denn nun kann über die sanft geschwungenen, saftig grünen Wiesenhügel die Traumkulisse um den Ocean Beach in seiner vollen Pracht bewundert werden. Über einen breiten Kamm geht es auf einfachen Untergrund zügig voran. Sie werden sich jedoch kaum sattsehen können und immer wieder stoppen wollen.

Folgen Sie dem Wegverlauf hinunter bis zum Ocean Beach, der mit einer verdienten Abkühlung auf Sie wartet (Hinweise zum Baden). Kurz vor dem Strand queren Sie noch einen kleinen Nadelwald. Der Ausgangsparkplatz befindet sich am Südende des Ocean Beach nur ca. 200 m im Landesinneren vorbei am Surf Life Saving Club.

⑧ Mahinepua Bay: Mahinepua Peninsula Track

Tour für freiheitsliebende Genießer

Die Kurzwanderung über die schmale Hügelkette der Mahinepua-Halbinsel mit stetigem Auf und Ab bietet auf kleinem Gebiet ein abwechslungsreiches Mikroabenteuer abseits der Touristenströme. Vorbei an zahlreichen einsamen Buchten gibt die niedrige Vegetation fast die gesamte Zeit Meeresblicke frei, entweder auf das ruhige türkisblaue Wasser in Richtung Cavalli Islands oder auf die wildere, felsige Küste an der weiten Whangaroa Bay. Auch die Mahinepua Halbinsel war wie viele Gegenden der Nordinsel schon seit Jahrhunderten vor der Ankunft der Europäer durch die Māori bewohnt. An einer Stelle können Sie Spuren der früheren Besiedlung deutlich erkennen.

⇆ Start/Ziel: Mahinepua Bay, am Ende der Mahinepua Rd, Abzweig Omiru Rd, GPS S 34°59.943' E 173°50.606'

⮌ 4,7 km

⌛ 2 Std.

↑↓ 305 m/305 m

⇧ 5-80 m

✎ an allen wichtigen Stellen Wegweiser vorhanden, kaum Markierungen vorhanden, vereinzelt grüne Holzpfähle mit gelben Streifen

sehr einfache, natürliche Wiesenwege, kaum Wegunebenheiten, viel Auf und Ab, im mittleren Teil der Halbinsel einige teils steile Stufen, kaum Schatten

zwei Bänke beim Coastal Loop an der Spitze der Halbinsel: km 1,8 und km 2,4/km 2,6

WC 150 m vor dem Start/Ziel

Mahinepua Bay (Start/Ziel), Sandbucht (km 1,1/km 3,6

Māori Whānau Campground am südlichen Ende der Mahinepua Bay, sehr schön auf einer Landspitze gelegen, kein öffentlicher Campingplatz, Genehmigung zur Übernachtung muss vor Ort beim Kaitiaki (Guardian des Māori-Stammes) eingeholt werden (nicht garantiert), nur Self-contained-Campervans, als Infrastruktur nur ein paar Bänke und eine Toilette vorhanden, Koha (Spende) wird angeraten

für Kinder gut geeignet: keine gefährlichen Stellen (solange sie auf dem Weg bleiben!), einzig wegen abschüssiger Stellen bei km 1,3 am linken Wegesrand sowie beim Omiru Trig (km 2,5) etwas Obacht notwendig

P Parkplatz Mahinepua Bay, auf der Rasenfläche zu beiden Seiten der Straße. Anfahrt: Folgen Sie von der Bay of Islands dem SH 10 nach Norden in Richtung Kaitaia und orientieren Sie sich 2,5 km nördlich von Kaeo geradeaus entlang des mit braunen

Schildern gekennzeichneten „Tourist Drive". Nach 17,5 km zweigen Sie von der Wanui Rd nach links in die Mahinepua Rd ab und erreichen über Schotterstraße in 1 km die Bucht von Mahinepua.

☺ Halten Sie Ausschau nach vorbeiziehenden Meeresbewohnern: Delfine, Wale oder Rochenschwärme sind häufige Gäste an der Küste.

Um zur Mahinepua-Halbinsel zu gelangen, ist zunächst ein Stück zu Fuß durch privates Gelände notwendig. Ein Zugang entlang des südlichen Ufers ist nicht möglich. Biegen Sie stattdessen mit Blickrichtung gen Norden durch das Tor nach links in die private Straße ab oder Sie übersteigen alternativ die Zauntrittstufen, sollte das Tor geschlossen sein. Der Startpunkt wird auch durch ein großes DOC-Schild und einen grünen Pfahl mit gelben Streifen gekennzeichnet. Nach 250 m bergauf über die Schotterstraße halten Sie sich in der Linkskurve geradeaus durch das Tor zum rechten Fahrweg (ggf. wieder über Zaunstieg). Den Fahrweg verlassen Sie schon nach wenigen Schritten und gesäumt von vielen Toetoe-Büscheln folgen Sie nun dem breiten Wiesenweg rechts davon. Nach 150 m heißt es aufgepasst: Orientieren Sie sich nach links und nehmen den schmalen Wiesenpfad. Der Weg dreht nach Osten und kurze Zeit danach gelangen Sie zum Schutzgebiet des Mahinepua Peninsula Scenic Reserve.

Die hügelige Topografie der Halbinsel sorgt für häufiges Auf und Ab und so geht es wieder kurz bergan. Von oben haben Sie schöne Blicke zurück auf die Mahinepua Bay und junge, überhängende Pōhutukawa-Bäume sind mit märchenhaften Bartflechten übersät. Sie stehen übrigens am südlichen Rand einer von insgesamt 14 alten Māori-Siedlungsflächen über die gesamte Peninsula verteilt. Die Ureinwohner fanden hier seit dem 14. Jahrhundert mit warmem Klima, reichen Fischbeständen, zahlreichen geschützten Buchten zum Anlegen für ihre Wakas (Kanus) und strategischen Aussichten in alle Richtungen ideale Siedlungsbedingungen.

Auf der anderen Seite des Hügels haben Sie im Osten erste herrliche Blicke auf die Hauptinsel der Cavalli-Islands-Gruppe. Rechts davon ragt die Landspitze von Opounui Point ins Wasser. Vor Ihnen liegt am Fuße einer Senke aus dichtem, saftig grünem Kikuyu-Gras eine liebliche kleine Sandbucht, welche Sie nach 1,1 km erreichen ❶. Der Strand fasziniert zu beiden Seiten mit schönen Pōhutukawa-Bäumen und ist bei schönem Wetter einen Sprung ins kühle Nass wert.

Nach Nordwesten verläuft ein zugewachsener, nicht ausgeschilderter Weg durch das dichte Gras zu einer kleinen felsigen Bucht. Archäologische Erkundungen haben ergeben, dass die erkennbare Einkerbung von den Māori als Kanu-Portage zwischen den beiden Buchten genutzt wurde, um den Seeweg um die Halbinsel abzukürzen. Die flache Landverbindung wurde auch für den Gartenanbau genutzt.

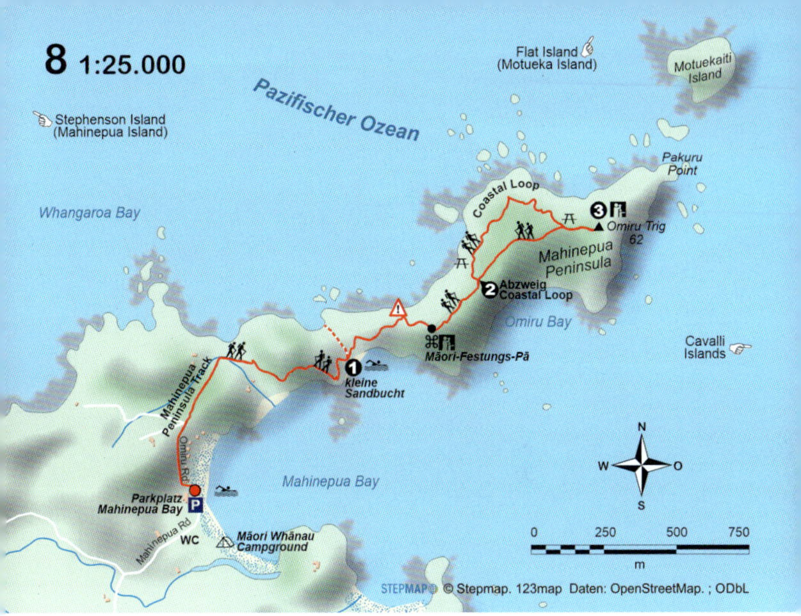

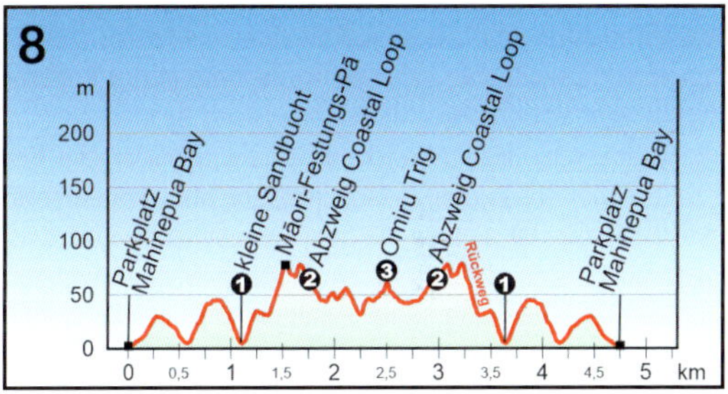

Das nächste Zwischenziel ist der höchste Punkt der Mahinepua Peninsula. Erste Stufen helfen Ihnen beim Anstieg und die Wiesen machen dichtem, aber niedrigem Mānuka-Küstenbusch Platz. 250 m nach der Sandbucht ist es zur linken Seite abschüssig. Behalten Sie hier Ihre Kinder im Auge. Anschließend geht es noch mal ein ganzes Stück über Stufen hinauf, bis Sie bei einer Höhe von 80 m einen ausgedehnten alten Verteidigungs-Pā der Māoris erreichen. Zwar sind die Spuren nicht mehr sichtbar, aber es wird klar, warum diese Stelle in der Vergangenheit als Wachposten genutzt wurde: Die Rundumaussichten aufs Meer und Küste sind weitreichend und nun sind alle Inseln der Cavalli Islands zu sehen. Im

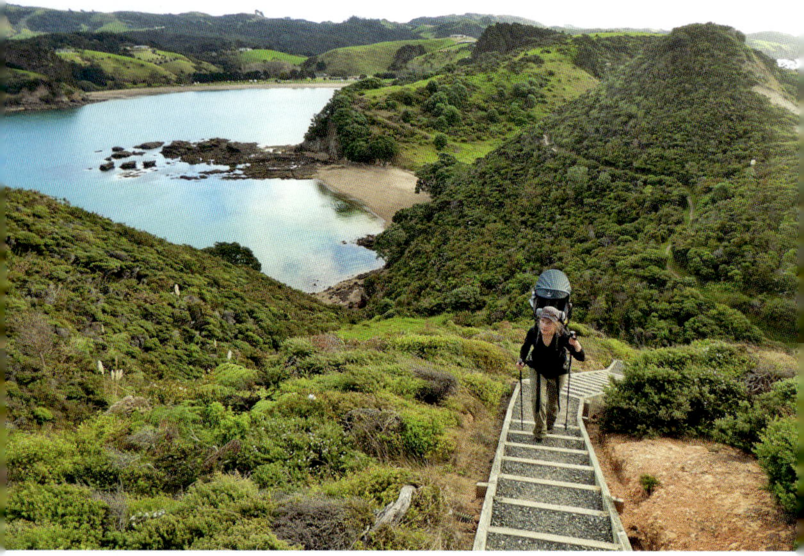

Stufen helfen beim Aufstieg zum höchsten Punkt

Rücken Richtung Nordwesten baut sich eine felsige, zerklüftete Uferlinie auf. Sie sehen die ausgedehnte Whangaroa Bay und in der Entfernung liegt die Insel von Stephenson Island, auch Mahinepua Island genannt.

Nach einem kleinen Sattel mit zahlreichen Mamaku-Baumfarnen an den Hängen und dem folgenden Zwischenanstieg über Stufen gelangen Sie schließlich an einen Abzweig ❷. Folgen Sie dem ausgeschilderten Coastal Loop nach links. Die Bank kurze Zeit danach ist ein romantisches Plätzchen für eine ausgedehnte Pause. Die Umgebung wird zunehmend buschiger und die Pflanzenwelt wirft noch mal alles Bisherige in die Waagschale. Allmählich nähern Sie sich der östlichen Spitze der Halbinsel mit ihrer steinigen Küste aus Klippen und ein paar Felsnadeln. Jetzt sind auch Motueka Island (Flat Island) und Motuekaiti Island sowie die rostrot getönte Erhebung des Omiru Trig gut zu sehen. Die Anhöhe erreichen Sie, indem Sie sich an der nächsten Weggabelung zunächst für einen kurzen Abstecher nach links halten. Vom Trig ❸ sind die Aussichten noch einmal fantastisch.

Zurück an der Weggabelung geht es nun nach links und nach 350 m ist der kleine Küstenrundweg vollendet. Ab hier wandern Sie den bekannten Weg zurück zum Ausgangspunkt und können die Szenerie noch einmal aus der anderen Richtung genießen.

9 Whangaroa Harbour: Wairakau Stream Track und Duke's Nose

Tour für Ruhe suchende und schwindelfreie Panoramafans

Nur wenige kennen die versteckte Wanderroute durch das geschichtsträchtige Tal des Wairakau Stream hin zur Lane Cove Hut an der gleichnamigen Bucht im Whangaroa Harbour. Entsprechend vereint der Track die Sehnsucht nach Ruhe und Abgeschiedenheit einzigartig mit natürlicher Schönheit und Wildnis der subtropischen Flora Northlands. Der Wanderweg ist streckenweise anspruchsvoll und ohnehin wartet am Ende der Tour das größte Abenteuer: Der Aufstieg zum Felsen von Duke's Nose (Kaiaraara Rock) mit kleiner Kraxelei kurz vor dem Gipfelplateau. Die unvergleichlichen Traumblicke auf die vielen zauberhaften Buchten umgarnt von den felsigen, üppig grünen Landarmen vulkanischen Ursprungs lassen die Zeit komplett vergessen. Eine Bootsfahrt zurück zum Ausgangspunkt rundet die Wanderung zum Abschluss perfekt ab.

→ Start: Bootsanleger Totara North, GPS S 35°02.454' E 173°43.769', Ziel: Lane Cove Hut, GPS S 35°00.736' E 173°43.859'; ⇆ Duke's Nose, GPS S 35°00.795' E 173°44.130'

6,5 km

3 Std.

↑↓ 220 m/220 m

5-180 m

an allen wichtigen Stellen Wegweiser vorhanden, orange Dreiecke als Markierung

die ersten 5 km einfacher Weg, bei Nässe jedoch zeitweise rutschig und matschig, zwei Bachquerungen (einfach unter trockenen Wetterbedingungen); die letzten 1,5 km bis zur Lane Cove Hut mit vielen Wurzeln sowie stetigem Auf und Ab, dadurch Wandertempo langsamer; Aufstieg zu Duke's Nose steil, letzter Abschnitt zum Aussichtsfelsen mit kurzer, sehr steiler Kletterpassage mithilfe von Haltestangen, nur für Schwindelfreie, keine Begrenzung auf dem Plateau; größtenteils schattig

Lane Cove Hut (Ziel)

WC Bootsanleger Totara North (Start), Lane Cove Hut (Ziel)

tiefere Stellen zum Baden im Wairakau Stream bei den Bachquerungen (3), Lane Cove (Ziel, bei Flut)

Lane Cove Hut (Ziel)

wegen Bachquerungen und der Wegbeschaffenheit der letzten 1,5 km bis zur Lane Cove Hut für Kleinkinder nur eingeschränkt geeignet – Kindertrage empfehlenswert; Aufstieg mit Kletterpassage zu Duke's Nose für Kinder/Kindertrage nicht geeignet

P Parkplatz am Hafen von Totara North. Anfahrt: Folgen Sie von der Bay of Islands dem SH 10 nach Norden in Richtung Kaitaia und biegen Sie 10,5 km nördlich von Kaeo direkt nach der Brücke rechts in die Totara North Rd ab. In 4,2 km erreichen Sie den Bootsanleger. Tipp: Wanderer, die nicht mit dem Boot zum Ausgangspunkt zurückkehren und stattdessen den Weg wieder zurücklaufen möchten, können alternativ am Ende der Campbell Rd/Wairakau Rd parken (steile Hanglage), GPS S 35°02.000' E 173°43.162' (km 1,7 der Wegbeschreibung).

Intercity fährt Mo, Mi, Fr und So zwischen Kerikeri und Kaitaia und stoppt am Abzweig SH 10/Totara North Rd (Kahoe Bridge, auch Totara North Bridge genannt).

Whangaroa Water Taxi, 027/680 55 88, whangaroaharbouradventures.nz, bietet für $ 50 pro Person eine Bootsfahrt von der Lane Cove Hut zurück zum Anleger in Totara North (Minimum 2 Personen).

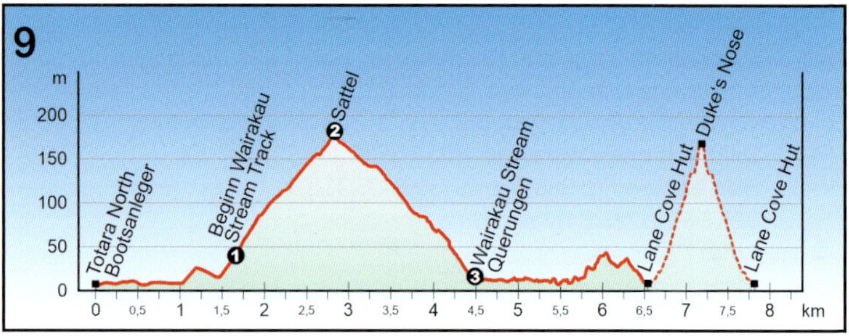

An der Okura Bay, einer der unzähligen Buchten des verschlafenen Naturhafens von Whangaroa Harbour, beginnt die Wanderung. Vom Bootsanleger von Totara North laufen Sie zunächst die Okura Bay Rd zurück, die Straße kennen Sie schon von der Anfahrt zum Startpunkt. Die ersten Meter zur linken Seite noch das ruhige Wasser (oder bei Ebbe den Mündungsschlamm) mit den vor Anker liegenden Booten im Blick, sehen Sie nach 500 m mehrere alte Holzbauten, welche offensichtlich ihre besten Zeiten hinter sich haben. Zwischen 1870 und 1905 gab es hier ein geschäftiges Treiben in der zu jener Zeit größten Schiffswerft Neuseelands. Über 70 Schiffe mit bis zu 320 Tonnen wurden von 100 Arbeitern unter dem Namen Lane & Brown gebaut und fanden Abnehmer bis nach Australien und Neuguinea. Später wurde das Gelände bis 2004 als Sägewerk genutzt, verfällt seitdem aber immer mehr.

Nach einem Kilometer entlang der Hauptstraße biegen Sie nach rechts in die geschotterte Campbell Rd ab. Folgen Sie dieser für 500 m und halten sich dann erneut rechts bergan in die Wairakau Rd.

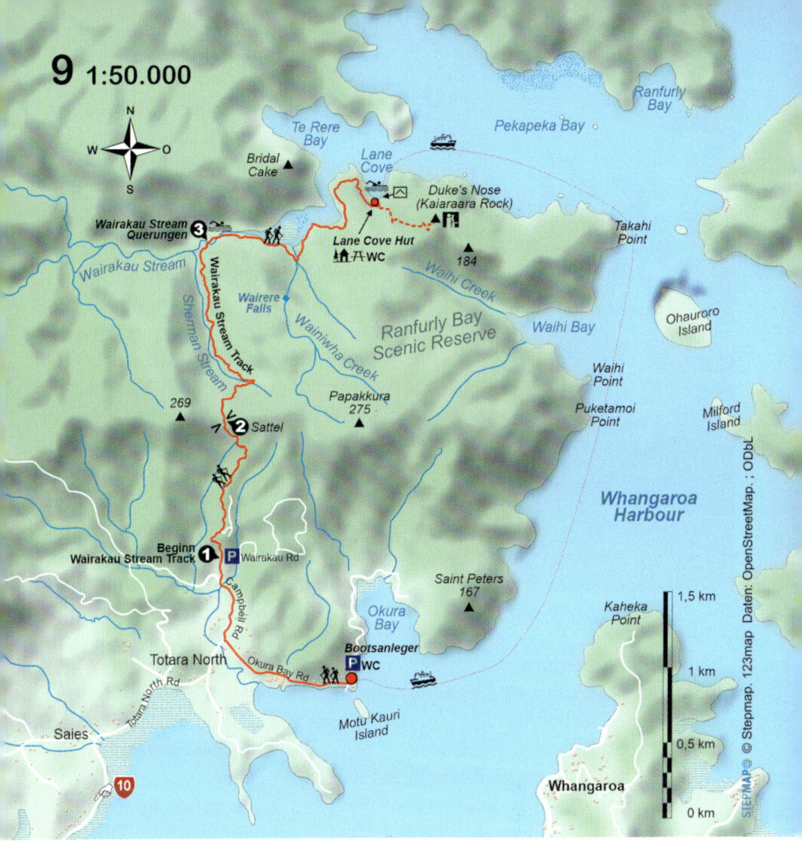

Für die nächste Zeit geht es nun stetig bergauf. Sie passieren die Einfahrt zum Gelände der Kauri Hill Lodge und erreichen direkt danach ein Tor, welches mit Trittstufen überwunden werden kann. Vor dem Tor bietet sich am steilen Hang für ein paar wenige Autos die Möglichkeit zum Parken.

Die Umgebung des beginnenden **Wairakau Stream Track ❶** wird zunehmend waldiger. Nur 100 m später geht es vorbei am Grundstück mit der Nummer 37 erneut nach rechts und nach ungefähr noch einmal derselben Distanz treffen Sie kurz hinter einer Weggabelung (hier links halten) auf ein weiteres Tor mit Trittstufen. Nehmen Sie an der Kauri Cleaning Station die Gelegenheit wahr und säubern und besprühen Ihre Schuhe zum Schutze der Kauri-Bestände auf Ihrer Wanderung.

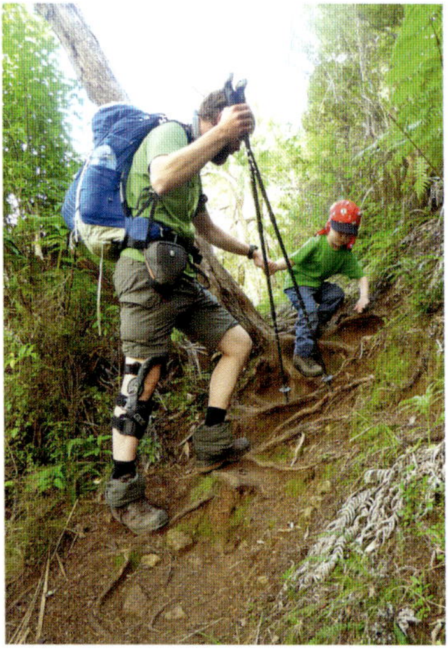

Auf und ab, auf und ab, ...

Der nun lehmige Allradfahrweg kann bei Nässe sehr rutschig und matschig sein. Unbemerkt betreten Sie während des Anstiegs das Gebiet des vor einhundert Jahren eingeweihten Ranfurly Bay Scenic Reserve, nur ein altes Holzschild am Rand des Weges macht noch darauf aufmerksam. Das Reservat umspannt mit einer Ausdehnung von 1.800 ha Küstenwälder und Felsen rund um die Bucht von Pekapeka Bay, auch als West Arm bekannt, am nordwestlichen Ausläufer des Whangaroa Harbours – dem Ziel der Wanderung. Ranfurly Bay ist eine kleine Nebenbucht in unmittelbarer Nachbarschaft zum nur 200 Meter schmalen Hafenausgangs zum Pazifik. Einst lebten die Ureinwohner der Māori in großer Zahl in der Nähe des Hafenufers. Zahlreiche archäologische Spuren früherer Besiedlung wie z. B. die für Northland typischen Pā – Verteidigungs- und Siedlungsanlagen verschiedener Māoristämme (iwi) auf Anhöhen – oder Überreste von Gärten für den Anbau der Süßkartoffel Kūmara wurden gefunden. Außerdem hatten später mehrere europäische Walfängerschiffe in der Pekapeka Bay ihre Landestation.

Nach insgesamt 2,8 km sind mit Erreichen eines Sattels ❷ bereits die letzten nennenswerten Höhenmeter bis zum Ziel der Lane Cove Hut geschafft. Der Fahrweg endet und an einem Schild halten Sie sich rechter Hand weiter Richtung Norden, wo ein schmalerer Wanderweg durch dichten Zauberwald gespickt mit Podocarp-Koniferen, Baumfarnen und gelegentlichen Nīkau-Palmen beginnt. Der abfallende Track in das Tal des namensgebenden Wairakau Streams ist bei gutem Wetter einfach zu begehen und verläuft größtenteils oberhalb einer Senke mit einem zu erahnenden kleinen Bachlauf.

Wieder fast auf Meeresspiegelhöhe gelangen Sie schließlich zu zwei kurz aufeinander folgenden jeweils ca. 5 m breiten Bachquerungen über den Wairakau Stream ❸. Wairakau bedeutet *timber water* und deutet darauf hin, dass der Bachlauf früher zum Transport gefällter Bäume in den Hafen genutzt wurde. Der Weg wechselt wegen eines Felsvorsprungs von der rechten Uferseite zur linken und nach einem kleinen Wiesenabschnitt anschließend wieder zum rechten Ufer (in Fließrichtung gesehen). Unter normalen Wetterbedingungen ohne Niederschläge in den letzten Stunden und Tagen ist dies durch Balancieren über querliegende Baumstämme, Steinehüpfen oder Waten durch den Bach ohne größere Probleme möglich. ✋ Sollte das Wasser schnellfließend und höher als knietief sein, kehren Sie bitte um oder warten auf das Absinken des Wasserstandes.

Der Wanderweg verläuft nun dauerhaft in der Nähe des rechten Ufers durch das Wairakau-Tal und hat inzwischen in Richtung Osten gedreht. In Abgeschiedenheit durchqueren Sie offene, saftig grüne Wiesen einer ehemaligen Farm, links und rechts eingerahmt von vielfältigen Bäumen wie imposanten Exemplaren des Pōhutukawa. An den Hängen in Blickrichtung weckt ein beeindruckender „Wald-Teppich" die Vorfreude auf die nächsten Wanderabschnitte und in der Entfernung haben Sie einen ersten freien Blick auf den Felsen von Duke's Nose (Kaiaraara Rock). Nach kurzer Genusswanderung ändert sich das Bild abermals und von einem Moment auf den andern sind Sie von beeindruckendem, ungezähmtem Wald umgeben. Sträucher und knorrige Bäume sprießen um die Wette und ab und zu sehen Sie links die Mangroven am sumpfigen Ufer des Wairakau Stream. Sie kommen ab hier deutlich langsamer voran, zum einen aus Faszination über die wilde Umgebung, zum anderen aber auch weil nun Steine und Wurzeln den Grund unter den Füßen entlang des schmalen Tracks bestimmen.

Ursprünglicher Wald

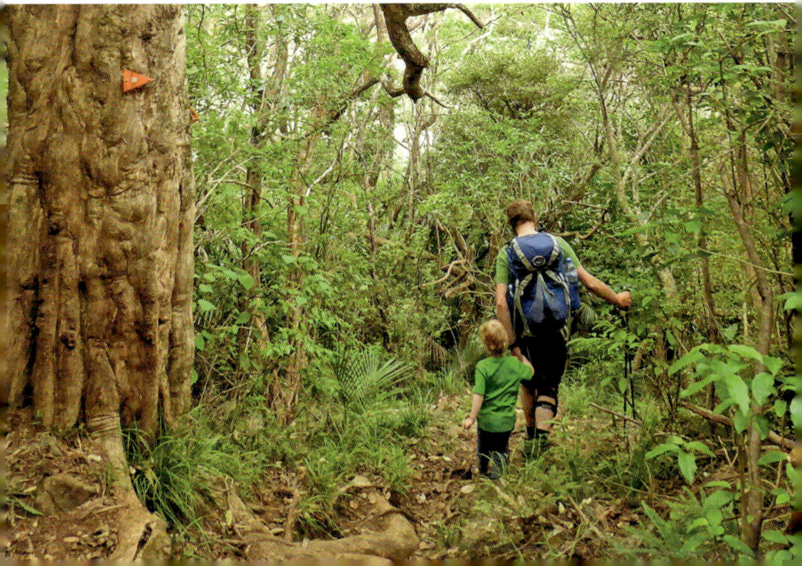

Nach 300 m hüpfen Sie kurz nacheinander problemlos über zwei kleine Bachläufe. Große, knorrige Bäume mit ihren Wurzel-Tentakeln, umgarnt von Farnen und Palmen, machen die mystische Stimmung perfekt. ☺ Vor dem ersten Bächlein läuft nach rechts ein unmarkierter Trampelpfad für ca. 15 m zu einem kleinen süßen Wasserfall mitten im Busch.

Der Wald öffnet sich kurzzeitig und macht den Blick frei auf die Gezeitenmündung des Wairakau Stream und bei km 5,4 wartet ein herrlicher, natürlicher Rastplatz auf Sie (keine Bänke). Zahlreiche Mangroven (*mānawa*) haben das Mündungsinnere vereinnahmt. Davor thront ein vergangener, ausladender Pōhutukawa-Baum mit Bartflechten und in Richtung Süden hinter Ihnen ragt eine steil aufragende Felswand mit einem hohen Wasserfall in den Himmel. Der unter der lokalen Bevölkerung als Wairere Falls bekannte Wasserfall kann je nach Niederschlagsmenge der vergangenen Stunden imposant im freien Fall herunterprasseln.

Der Weg folgt weiter der Uferlinie des Ästuars, es geht auf und ab und die Wegbeschaffenheit ist wechselnd geprägt von anspruchsvollem Gelände über Stock und Stein, rutschigen Abschnitten und kurzen einfachen Passagen. ✋ Bei km 5,5 ist Vorsicht geboten, da ein schmaler Fels – abschüssig zur Seite – überwunden werden muss. Achtung bei Nässe!

Bridal-Cake-Felsen

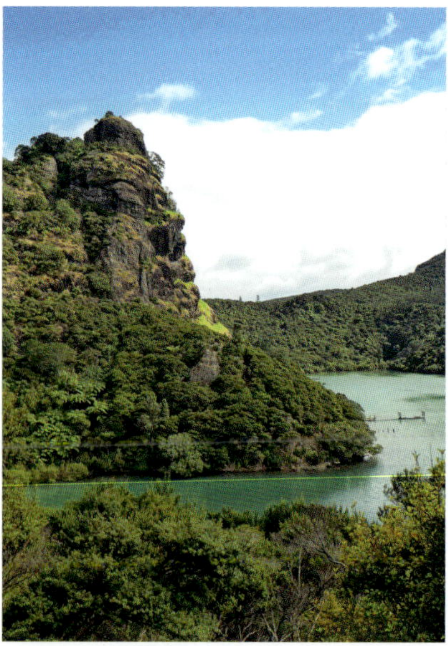

Sie passieren alte Pūriri-Bäume und schließlich trennt Sie nur noch eine Landzunge mit kleinem Hügel vom Zwischenziel der Lane Cove. Das Bachbett des Wairakau Stream wird immer tiefer und mündet in der großen Pekapeka Bay, dem Nordwestarm des Whangaroa Harbour. Auf der anderen Seite der Wairakau-Mündung ist der Felsen des Bridal Cake zu sehen. Achten Sie später bei der Bootsfahrt auf den Anblick zurück, welcher an eine übergroße Hochzeitstorte erinnert.

Nach dem Umrunden der Landspitze können Sie erste Blicke der romantischen, abgeschiedenen Bucht von Lane Cove mit dem smaragdgrünen Wasser und der dichten Vegetation bis ans Ufer erhaschen und erreichen schließlich auf einfachem Untergrund nach insgesamt 6,5 km die Lane Cove Hut. Sie wurde 1922 von Nachfahren der Lane Familie erbaut, den Besitzern der großen Schiffswerft im Hafen von Totara North. Die urig eingerichtete Hütte ist heute unter der Verwaltung des DOC und bietet auch eine Holzterrasse mit Bänken und Tischen – ein traumhafter Blick auf die Bucht inklusive. Sogar eine „Dschungel-Dusche" mitten im Wald steht den Unerschrockenen zur Verfügung. Eine Übernachtung in der Lane Cove Hut ist ein einmaliges Erlebnis, mit Glück können Sie in der Nacht die Rufe von Kiwis hören.

Lane Cove Hut, 16 Schlafplätze, $ 15 p. P., Buchung unter www.doc.govt.nz [Suchbegriff: „Lane Cove Hut"] oder beim Bay of Islands DOC Office, Kerikeri, ☏ 09/407 03 00, bayofislandsbooking@doc.govt.nz. Bei Belegung der Hütte ist die Nutzung der traumhaften Terrasse den Gästen vorbehalten – dann ist ein Ausweichen zum Day Shelter möglich, direkt beim Bootsanleger ca. 30 m von der Hütte entfernt.

Von der Hütte können Sie auf demselben Weg wieder zurücklaufen oder – empfehlenswerter – bei einer Fahrt mit dem Boot zurück nach Totara North den Hafen von Whangaroa Harbour vom Wasser aus bewundern. Stehen die Sterne auf Ihrer Seite, dann begegnen Ihnen auf der Bootsfahrt vielleicht Delfine oder gar Orcas.

Schwindelfreie sollten den Aufstieg zum Felsen von Duke's Nose (Kaiaraara Rock) nicht verpassen (⇆, ➲ 1,3 km, ⧗ 1 Std. 15 Min., ↑↓ 160 m/160 m)! Hinter der Lane Cove Hut startet ein kleiner Pfad hinauf zum Felsen, dessen Form stark „an den Kopf mit aristokratischer Nase" (ebenfalls vom Wasser aus zu sehen) erinnert – eine Anspielung auf die vermeintliche Hochnäsigkeit des Adels und die Ähnlichkeit mit dem Aussehen des Duke of Wellington, nach dem übrigens auch die Hauptstadt Neuseelands benannt wurde. Der Anstieg durch Mānuka-Gebüsch über etwas Wurzelwerk ist teilweise ziemlich steil und rutschig. Nach 500 m geht es vom Fuße des Felsens kletternd mit Hilfe von zwei längeren Haltestangen teilweise fast senkrecht hinauf. Die Rundumaussicht oben vom großflächigen Plateau ist atemberaubend und außerweltlich. Das Panorama reicht bis über die Hafenenge hinaus zur weiten Whangaroa Bay am Rande des Pazifiks. In die andere Richtung imponieren die vom Küstenwald bedeckten Felshänge und im Westen der eingeschnittene Mündungsbereich des Wairakau Stream vom Hinweg.

10 Cape Reinga: Te Paki Track (Tapotupotu Bay – Cape Reinga)

Tour für Weitblickbegeisterte mit Lust auf Meer

Der berühmte Leuchtturm an der Nordspitze Neuseelands bei Cape Reinga, verewigt auf zahllosen Kalendern und Briefmarken, ist auch bei dieser Wanderung das Ziel. Der nordwestlichste Punkt ist legendär und kulturell bedeutend unter den Māori. Hier treffen Pazifik und Tasmanische See eindrucksvoll aufeinander. Statt dem einfachen, kurzen Spaziergang zum Kap bei direkter Anfahrt machen Sie sich auf den schweißtreibenden Weg von der östlich gelegenen Tapotupotu Bay. Erkunden Sie hautnah, warum dieser „Umweg" eine gute Wahl ist, und erleben Sie auf einer der schönsten Wanderungen Neuseelands eine grandiose Küstenlandschaft, die sich steil aus dem Meer erhebt.

⇆ Start/Ziel: Tapotupotu DOC Campsite, GPS S 34°26.250' E 172°42.970'

11 km

4 Std. 30 Min.

↑↓ 620 m/620 m

⇧ 0-200 m

an allen wichtigen Stellen Wegweiser vorhanden, Wegführung meist eindeutig, mitunter orange Stäbe als Markierung

mit Ausnahme der letzten Meter zum Leuchtturm Cape Reinga natürliche, einfache Wegbeschaffenheit ohne größere Hindernisse, teilweise steil mit einzelnen Stufen, kaum Schatten

Tapotupotu DOC Campsite (Start/Ziel), Cape Reinga (km 5,5)

WC Tapotupotu DOC Campsite (Start/Ziel), Cape Reinga Parkplatz (200 m ab km 4,9/km 6,1)

Tapotupotu Bay (Start/Ziel): Das Meer ist wegen gefährlicher Strömung und fehlender Patrouillen zum Schwimmen ungeeignet, www.findabeach.co.nz/beaches/tapotupotu-bay. ☺ Die östlich gelegene Lagune ist hingegen als Badestelle tauglich (ausreichend südlich des Mündungsbereichs); Sandy Bay (km 3,6/km 7,4) wegen starker Strömung nicht zu empfehlen

Tapotupotu DOC Campsite (Start/Ziel), Neuseelands nördlichster Campsite, $ 15 p. P.

für konditionsstarke Kinder gut geeignet, keine gefährlichen Stellen, solange dem Weg gefolgt wird.

☺ Wer noch mehr Abgeschiedenheit sucht, dem sei der Spirits Bay DOC Campsite als Ausflugsziel und Übernachtungsoption zu empfehlen. Allerdings sind hier 16 km entlang einer Schotterstraße zurückzulegen, mehr Infos unter www.doc.govt.nz [Suchbegriff: „Kapowairua"].

P Tapotupotu DOC Campsite. Anfahrt: Der SH 1 führt nach Norden direkt bis Cape Reinga. Der Abzweig zur Tapotupotu Bay ist 2 km vor dem Straßenende nach rechts ausgeschildert (3 km unbefestigte Straße).

Intercity fährt mehrmals wöchentlich zwischen Kerikeri und Kaitaia, als Anschluss an den Morgen-Bus aus Auckland. Um von Kaitaia nach Cape Reinga zu gelangen, können Sie entweder bei einem Touranbieter buchen (stoppen häufig direkt an der Tapotupotu Bay, Start/Ziel) oder einen privaten Shuttle nutzen. Eine gute Übersicht aller Anbieter finden Sie unter teararoa.org.nz/the-trail/northland/northland-trail-notes, Section „Cape Reinga to Ahipara".

i Kaitaia i-SITE Visitor Centre, South Rd Ecke Matthews Av, im Te Ahu Gebäude von Kaitaia, ☏ 09/408 94 50, kaitaia@i-SITE.org, www.kaitaianz.co.nz/i-site

Von dem Tapotupotu Campsite halten Sie sich zum Strand und laufen nach links bis zu dessen westlichem Ende. Hier kündigt ein Schild sowie ein oranger Stab den Beginn des Wanderabschnitts vom Te Paki Coastal Track bis nach Cape Reinga (und darüber hinaus) an. Für den ersten Teil des Tracks geht es nun für knapp 200 Höhenmeter über einen Hügelrücken bergauf.

Blick zurück auf Tapotupotu Bay

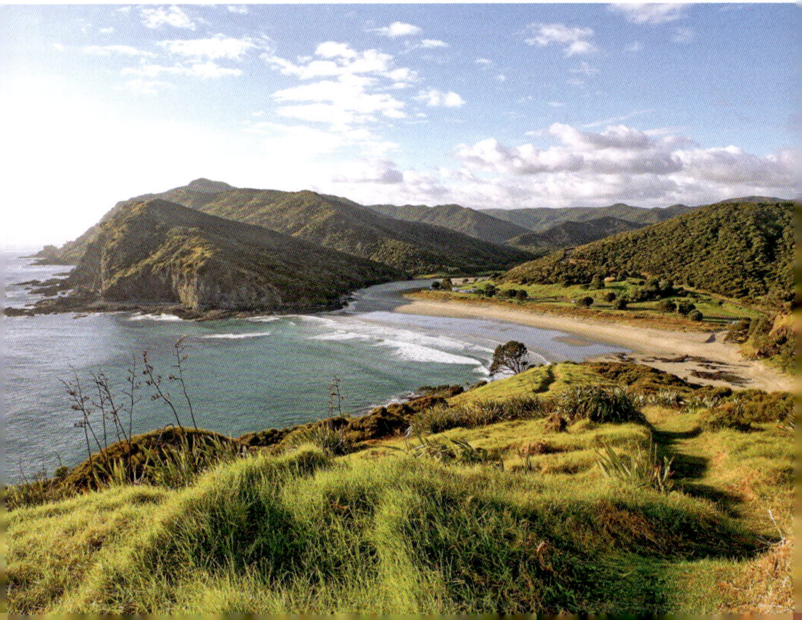

Nach einer kurzen Passage durch dichteren Küstenbusch haben Sie erste schöne Blicke zurück zur bezaubernden Bucht und auf den blauen Pazifik, welche mit jedem Höhenmeter über den lieblichen Wiesenweg beeindruckender werden. Saftiges Kikuyu-Gras, niedrige Mānuka-Büsche und Flachs erlauben eine herrliche Rundumperspektive. Schon bald ist im Osten der entfernte, lang gezogene weiße Strand von Spirits Bay (Piwhane) zu sehen. Dahinter versteckt sich bescheiden das North Cape als nördlichster Punkt von Neuseelands Festland.

Der Track dreht Richtung Westen und verläuft nun relativ steil bergauf oberhalb der zerklüfteten Küstenlinie entlang. Aber keine Bange, solange Sie auf dem Weg bleiben, besteht keine Gefahr. Später verlässt der Wegverlauf mit einem Schwenk gen Landesinnere die unmittelbare Küstennähe und zu beiden Seiten säumen nun mittelhohe Büsche den breiteren Wanderweg. Bei 185 m Höhe und 1 km nach dem Strandende erreichen Sie einen nicht ausgeschilderten Abzweig nach rechts. In der Distanz ist schon der Leuchtturm von Cape Reinga zu sehen.

Nach rechts können Sie einen kleinen Abstecher für 300 m bis zu einem weiteren Aussichtspunkt hinaus auf das weite Meer unternehmen. Wagemutige mögen dem schmalen grasbewachsenen Grat danach für weitere 100 m folgen. Achten Sie auf den steilen Klippenbereich an dessen Nordende!

Für den eigentlichen Weiterweg halten Sie sich jedoch linker Hand noch ein kurzes Stückchen bergan, bevor Sie nach rechts über einen samtig anmutenden Buschteppich flach entlang eines breiten Bergrückens in Richtung Meer abbiegen (statt geradeaus) ❶. Zügig gelangen Sie nach 700 m wieder zur steilen Küstenlinie. Vor Ihnen offenbart sich nun der eindrucksvolle weitere Wegverlauf hinunter zur noch versteckt liegenden Sandy Bay und dann wieder einen klar erkennbaren Ost-West-Kamm hinauf und die felsige, nördliche Landspitze von Cape Reinga ist vollständig sichtbar.

Die felsige Steilküste erzeugt bei Wanderern mit ausgeprägter Höhenangst für eine Weile möglicherweise schwummrige Gefühle und im Anschluss geht es im Zickzack über Stufen steil bergab. Die Aussichten sind atemberaubend. Die letzten 100 m Abstieg verlaufen im Bogen erneut durch das buschige Hinterland bis zur traumhaften Sandy Bay (Otangawhiti) auf Meeresspiegelhöhe, deren Strand Sie nach einer Bachquerung – meist nicht mehr als ein kleines Rinnsal – erreichen ❷.

Sandy Bay mit ihrem jadegrünen Wasser lädt an sonnigen Tagen zum längeren Verbleib ein. ☞ Warnhinweis Baden.

Für den zweiten Anstieg auf dem Hinweg zu Cape Reinga orientieren Sie sich Richtung Strandende im Westen. Ggf. kann das Hochwasser zum Flutzeitpunkt den Weg für kurze Zeit abschneiden, in der Regel können Sie aber ohne nasse

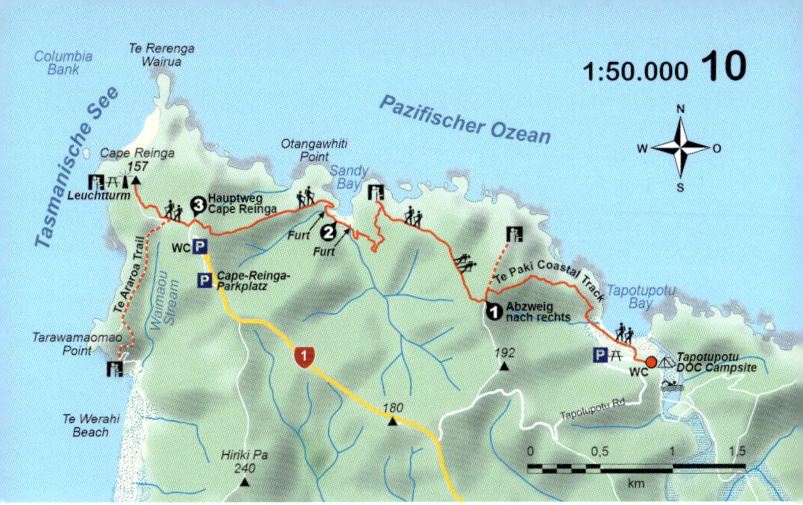

Füße oder kleine Kraxelei den kurzen steinigen Abschnitt passieren. Halten Sie Ausschau nach einem orangen Stab in ca. 50 m auf der anderen Seite eines kaum wahrnehmbaren Bachlaufs, wo der Track in den dichten Busch hineinführt.

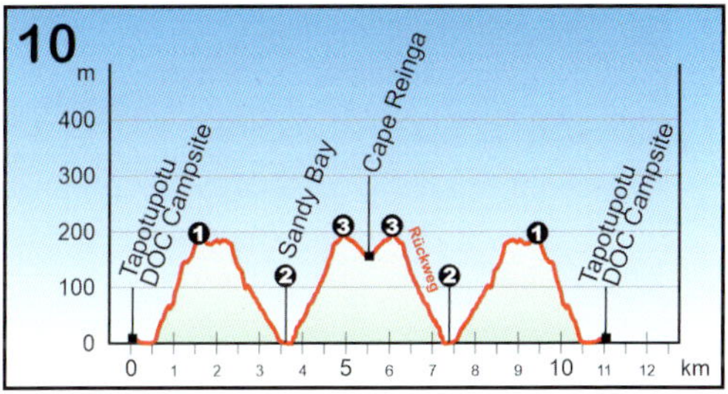

Kurz wird es etwas anspruchsvoller, bevor direkt oberhalb der Sandy Bay wieder freies Gelände erreicht wird. Über einen wunderschönen Wiesenkamm und später durch typische Mānuka- und Flachs-Buschvegetation erklimmen Sie gen Westen relativ gemütlich 200 m, bis Sie schließlich auf den Hauptweg vom Cape-Reinga-Parkplatz zum Leuchtturm stoßen ❸.

Nehmen Sie den Weg nach rechts. Der Untergrund ist nun befestigt, schließlich muss er die Tausenden Besucher im Jahr schultern können. Rechnen Sie also damit, dass ab hier abrupt ein hohes Aufkommen an anderen „Wanderern" zu verzeichnen sein wird. Schon nach wenigen Schritten können Sie im Süden die ausgeprägte Dünenlandschaft um den Te Werahi Beach, den enormen Sandhügel Herangi Hill und die sandigen Ausläufer bis zum Cape Maria van Diemen bewundern. Vorgelagert ist die Insel von Motuopao Island, wo bis 1941 der Vorgänger-Leuchtturm von Cape Reinga betrieben wurde.

Nach 200 m zweigt nach links der 1 km lange Abstecher zum Tarawamaomao Point mit genialer Aussicht auf die Sandwelt aus näherer Distanz ab (Schild „Te Paki Coastal Track"). Bleiben Sie unbedingt auf dem Weg, auf der rechten Seite befinden sich steile Klippen. Diese Strecke ist übrigens der erste Kilometer von 3.000, welche die Te-Araroa-Fernwanderer auf ihrem Weg durch ganz Neuseeland durchlaufen.

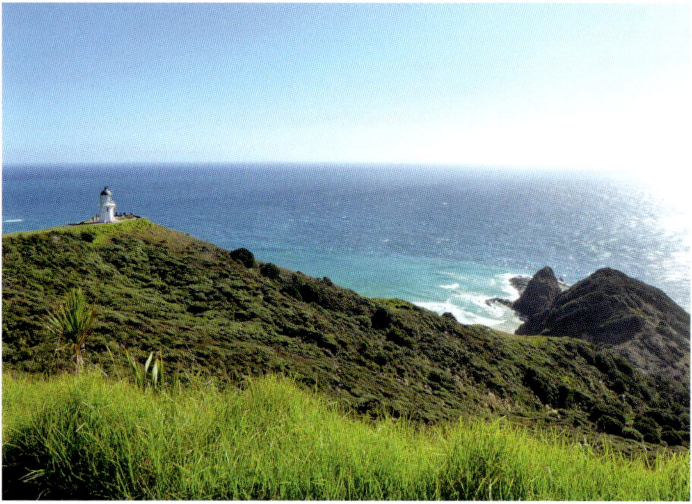

Cape Reinga Leuchtturm, rechts Te Rerenga Wairua

Vom Te-Werahi-Abzweig sind es noch 400 m hinunter bis zum Cape Reinga Lighthouse, welches seit 1987 vollautomatisch seinen allnächtlichen Dienst leistet. Von der Besucherplattform um den Leuchtturm herum haben Sie freie Blicke auf das Meer. Im Nordwesten treffen in den Tiefen der sogenannten Columbia Bank die Wellen vom Pazifik zur Rechten und der Tasmanischen See zur Linken mit schäumender Gischt aufeinander und im Norden ist das eigentliche Kap zu sehen. Für die Māori hat der nordwestlichste Punkt der Nordinsel – Te Rerenga Wairua – eine hohe spirituelle Bedeutung. Der einsame Pōhutukawa-Baum namens Te Aroha am letzten Felsen ist der Ort, wo die Seelen der verstorbenen Māori auf ihrer Heimreise über die Wurzeln des Baumes ins Wasser hinabsteigen und zum Land der Ahnen nach Hawaiki zurückkehren.

Die Wanderung zum Ausgangspunkt erfolgt über die Strecke des Hinwegs.

Zentrale Nordinsel und Taranaki

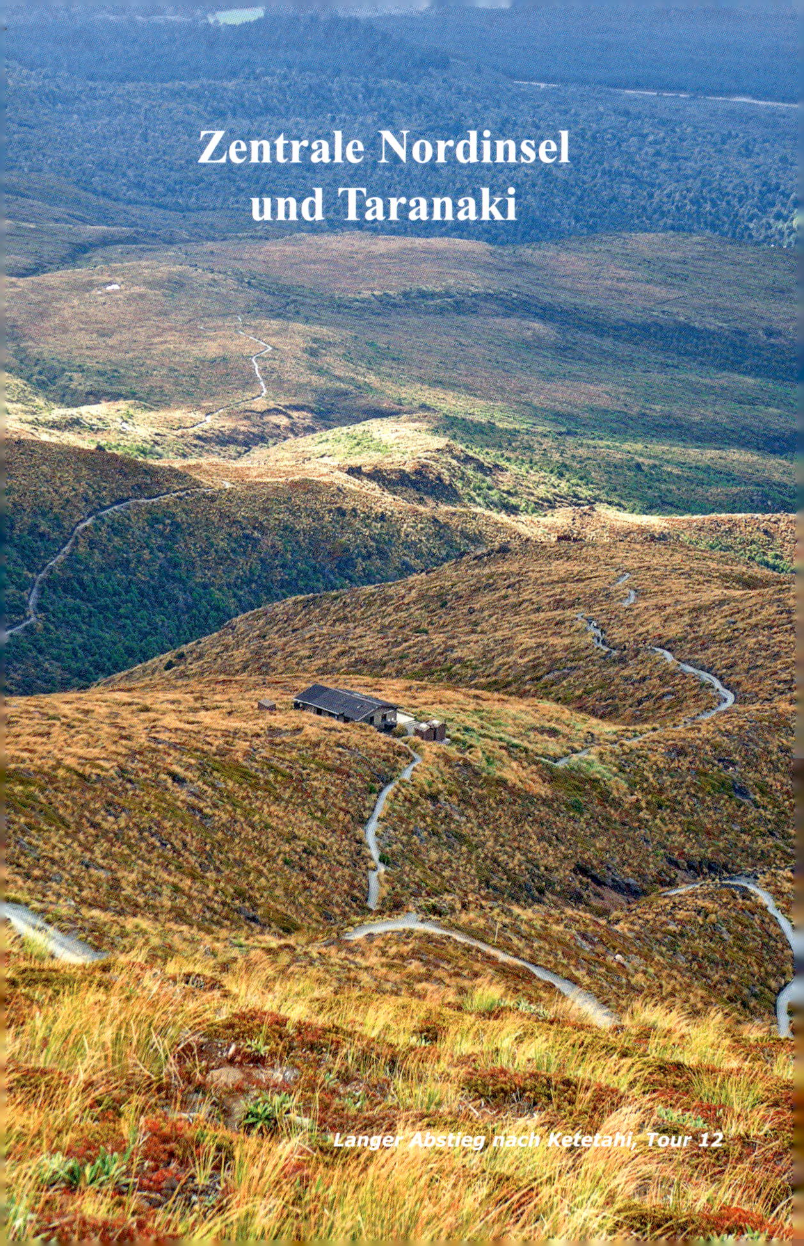

Langer Abstieg nach Ketetahi, Tour 12

11 Lake Tarawera Scenic Reserve: Tarawera Trail

Tour für Genießer idyllischer Seenlandschaften

Das Gebiet um den Lake Tarawera am Fuße des gleichnamigen Vulkans erlebte 1886 einen der heftigsten Ausbrüche der jüngsten Vergangenheit. Die Folgen waren nicht nur der Verlust vieler Menschenleben, auch die Landschaft wurde dabei dramatisch verändert. Mehr als 100 Jahre später symbolisiert seit 2013 der neu geschaffene Tarawera Trail die Rückkehr der lokalen Māori in das Land, in dem sie seit Generationen gelebt hatten. Der Wanderweg unweit vom thermalen Rotorua schlängelt sich durch üppige, im Sommer angenehmen Schatten spendende Wälder meist oberhalb der südlichen Uferlinie des Sees. Durch das Blätterdach von Pōhutukawa- und Rātā-Bäumen und riesigen Mamaku-Baumfarnen bezaubern wiederkehrende Blicke auf den kristallklaren See und dem Mt Tarawera in der Distanz und gelegentlich laden charmante Plätze auf Wasserhöhe zum Verweilen und Baden ein. Durch das fortwährende Hoch und Runter ist die Wanderung anstrengender als auf den ersten Blick zu vermuten, doch der Einsatz lohnt sich: Gegen Ende der Wanderstrecke können Sie Ihre müden Muskeln in zwei natürlichen heißen Quellen entspannen, bevor Sie ein Boot wieder zurück zum Ausgangspunkt bringt.

→ Start: Tarawera Trail Carpark, GPS S 38°12.803' E 176°21.445';
Ziel: Hot Water Beach, GPS S 38°14.627' E 176°26.026'

⮌ 14,6 km

⌛ 5 Std.

↑ ↓ 590 m/670 m

⇧ 295-480 m

✎ meist eindeutige Wegführung und Beschilderung mit km-Angaben, Markierung mit orangen Dreiecken (✋ nicht den pinken Dreiecken folgen)

einfacher „Bushwalk“ mit schmalen bis mittelbreiten Wegen über natürlichen und überwiegend trockenen Untergrund, kaum Hindernisse wie Steine und Wurzeln, vereinzelte kurze Stufenabschnitte, Windbruch möglich, häufiges Auf und Ab verlangt Kondition, viel Schatten. ✋ Starke Regenfälle verursachen häufig Erdrutsche oder Auswaschungen in den teilweise unstabilen Gesteinsschichten vulkanischen Ursprungs.

Hawaiki Bay (km 4,9), Oneroa Lookout (km 8), Te Wairua Stream (km 10,8), Rotomahana Lookout (km 11,9)

WC Te Wairoa Carpark (Start), Hawaiki Bay (km 4,9), Te Wairua Stream (km 10,8), Hot Water Beach (Ziel)

Hawaiki Bay (km 4,9), Te Hīnau Bay (km 6,2), Te Wairua Hot Pool (400 m ab km 10,8), Te Rātā Bay (ab km 14,2) mit Hot Water Beach (Ziel) In den Hot Pools sollten Sie zur Vermeidung einer sehr seltenen, aber fast immer tödlich endenden Hirnhautentzündung durch Amöben den Kopf nicht ins Wasser tauchen!

Hot Water Beach Campground (Ziel), exklusives Glamping ist alternativ möglich: Oneroa Bay, Campsite Kanuka (km 7,4), detaillierte Infos unter www.totallytarawera.com/glamping

für Kinder mit entsprechender Kondition gut geeignet, Verbrühungen am Hot Water Beach (Ziel) möglich! Lassen Sie dort Ihre Kinder nicht unbeaufsichtigt.

Parkplatz Tarawera Trail (Te Wairoa). Nur bei Tageslicht. Anfahrt: in Rotorua in Richtung Flughafen/Whakatane halten und später vom SH 30 nach rechts auf die Tarawera Rd abbiegen. Folgen Sie danach der braunen Wegbeschilderung zum „Buried Village" für 11 km. Die Einfahrt zum Parkplatz befindet sich auf der rechten Seite.

„Captain David" von Totally Tarawera, 07/362 80 80, info@totallytarawera.com, www.totallytarawera.com, tgl. 9:30, 12:30 und 15:30 in den Sommermonaten, bringt Sie vom Hot Water Beach wieder zurück zum Ausgangspunkt. $ 30 p. P., Buchung notwendig. Zunächst fahren Sie mit dem Boot bis The Landing und steigen dort in den Shuttle zum Tarawera-Trail-Parkplatz um (Shuttle nur zum Nachmittagstermin 15:30, ggf. nur für den Fahrer möglich). Keine Wegverbindung von The Landing zum Tarawera Trail. Möchten Sie am Hot Water Beach übernachten, dann transportiert der Anbieter auf Wunsch Ihre Camping-Ausrüstung zum Zeltplatz, $ 5 - $ 15.

Rotorua i-SITE Visitor Centre, 1167 Fenton St, Rotorua, 07/348 51 79, rotoruavisitor@doc.govt.nz

Auch wenn es auf den ersten Blick nicht offensichtlich ist: Die gesamte Wanderung verläuft am Kraterrand der sogenannten Okataina Vulkancaldera entlang, die zuletzt vor ca. 60.000 Jahren durch entleerte Magmakammern im Kesselinneren in sich zusammengebrochen ist. Seitdem ist das Gebiet weiterhin vulkanisch aktiv und verändert sich geologisch gesehen permanent. Mehrere neue Vulkankegel wie Mt Tarawera oder der Makatiti Dome und auch Seen wie z. B. Lake Tarawera sind entstanden. Die zeitlichen Abstände von Ausbrüchen auf dem Gebiet der Caldera lagen in der Vergangenheit zwischen 700 und 3.000 Jahren (zuletzt 1886), allerdings schätzt das Department of Conservation die Wahrscheinlichkeit für eine erneute Eruption bereits in den nächsten 150 Jahren auf 50 %. Kommt es zu dem bezogen auf die Lebensspanne eines Menschen raren Ereignis, dann können die Auswirkungen sehr zerstörerisch sein. Informationen zum aktuellen vulkanischen Risiko finden Sie unter www.geonet.org.nz/about/volcano/okataina,

Nehmen Sie genügend Trinkwasservorrat mit.

Starten Sie die Wandertour durch den kleinen Unterstand am Rande des Parkplatzes und folgen dem gemütlichen Weg nach Osten. Zunächst wandern Sie durch offenes Gelände und nach knapp 400 m hilft eine Brücke über den hübschen Te Wairoa Stream, welcher vom Lake Rotokakahi (Green Lake) in den Lake Tarawera abfließt. Doch schon bald wird die umgebende Pflanzenwelt üppiger und nach einem knappen Kilometer begeistert ein Ausblick auf den grünen „Dschungel" des vor Ihnen liegenden Te-Wairoa-Tals ❶. Der regenerierende Wald wird von einem Meer stattlicher Baumfarne dominiert und zeigt eindrucksvoll die Fruchtbarkeit vulkanischer Böden.

Im Jahr 1886 wurde beim stärksten Vulkanausbruch Neuseelands der letzten 500 Jahre in weitem Umkreis vom Mt Tarawera alles zerstört. Insgesamt verloren bei der Naturkatastrophe über 100 Menschen ihr Leben und auch das Dorf Te Wairoa zu Ihrer linken Seite wurde durch Asche, Schlamm und Gesteinsbrocken verschüttet. Heute trägt es aus diesem Grund den Namen Buried Village und das wiederfreigelegte Areal beherbergt ein Museum und eine große Freilichtausstellung. Neben einigen ausgegrabenen Behausungen können auch die von Ihrer Position hörbaren, vom Wanderweg aber nicht erkennbaren Te Wairere Falls besichtigt werden. Der Zugang zum Gelände ist nur von der Tarawera Rd möglich.

www.buriedvillage.co.nz

Abgesehen von ein paar kurzen Zwischenanstiegen steigen Sie nun steil ins Tal hinab und können später flüchtige Blicke auf die erste Bucht des Lake Tarawera, die Kōtukutuku Bay, erhaschen. Etwa 2 km nach dem Start ist schließlich die dicht bewachsene Uferlinie des Sees erreicht.

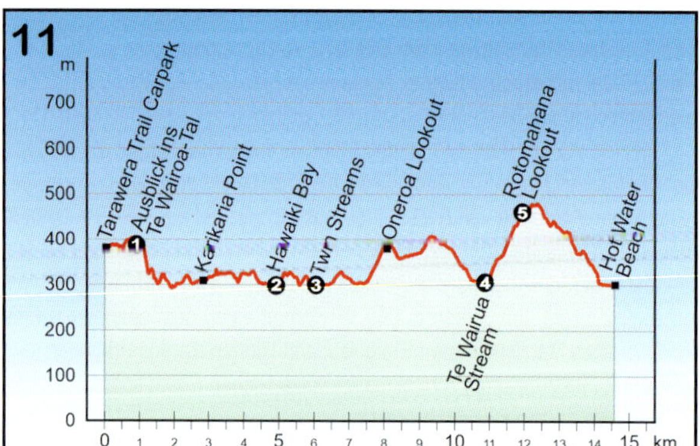

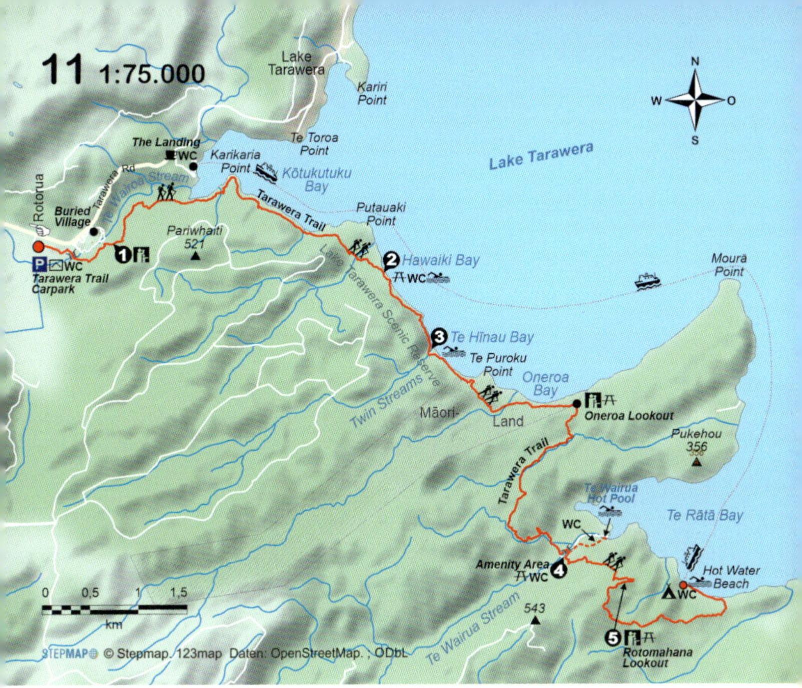

Überwiegend verläuft der Trail für die nächsten 5,5 km nahe, jedoch selten direkt am Wasser und häufig etwas oberhalb des Seepegels entlang. Dennoch ergeben sich hin und wieder romantische, durch die Vegetation eingerahmte Aussichten auf den Lake Tarawera, denn es geht in Achterbahn-Manier immer wieder hoch und runter (Neuseeländer bezeichnen das als *undulating*).

Nach einem kurzen Abschnitt durchs Landesinnere erreichen Sie bei km 4,9 eine Picknickstelle an der Hawaiki Bay ❷.

Der Strand der Bucht ist direkt zugänglich und lädt bei warmen Temperaturen zu einem ersten Sprung ins Nass ein. Vom Ufer können Sie den massiven 1.111 m hohen Vulkan des Mt Tarawera und links davon in Richtung Nordostufer den flachen Makatiti Dome sehen.

An der nächsten Bucht, der Te Hīnau Bay, geht es 1 km nach dem Rastplatz über Holztreppen hinunter und unterhalb steiler Felswände zu den kristallklaren Twin Streams (auch Twin Creeks genannt) ❸. Manchmal können die teilweise von unterirdischen Quellen gespeisten Bachläufe allerdings trocken liegen und trotz Überschwemmungen und Erdrutschen in jüngster Vergangenheit erwartet Sie hier noch immer eine entspannte Oase.

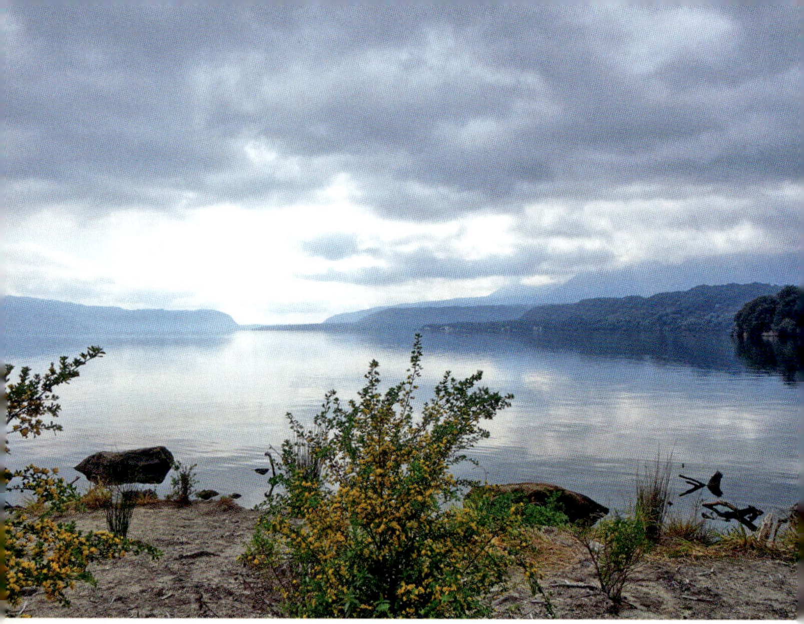

Te Hīnau Bay, (lr)

Für die nächsten 1,5 km heißt es Kräfte sparen, denn danach sind die beiden längeren Anstiege des Tages zu meistern. Vorab besteht gleich zu Beginn erneut die Möglichkeit des Zugangs zum Seeufer rund 200 m nach den Twin Streams. Kurz darauf queren Sie für einige Zeit Māori-Land. Sehen Sie daher von einem inoffiziellen Abstecher zum Strand an der Oneroa-Bucht ab und ignorieren die pinken Dreiecke.

Die Wegführung verabschiedet sich schließlich vom nahen See und führt über die Höhenzüge einer Landspitze, welche den Lake Tarawera von seinem großen Nebenarm an der Te Rātā Bay trennt. Manche kennen den Ableger auch unter der Bezeichnung Te Ariki Arm, benannt nach der früheren Siedlung am Südostufer, welche genauso wie die anderen sechs Dörfer der Gegend bei der Tarawera-Eruption begraben wurde. Nach 500 m können Sie am Oneroa Lookout eine Pause einlegen und die letzten Blicke auf den Hauptsee des Lake Tarawera genießen. Entlang schattiger Senken von Bächen schlängeln Sie sich für die nächsten 2,5 km bis zur Mündungsebene des Te Wairua Stream. Dort gelangen Sie über eine nach links versetzte Brücke zur „Amenity Area“ mit Tischen und Bänken für ein Picknick ❹.

Halten Sie nach der Überquerung der Brücke auf der Südseite des Te Wairua Streams (in Fließrichtung rechts vom Bach) Ausschau nach einem unbeschilderten Pfad, welcher nach links abzweigt. Folgen Sie diesem für ca. 400 m bis zur privaten Wairua Hut und den idyllisch gelegenen Wairua Stream Hot Pool kurz vor dem Seeufer. Die romantische Umgebung ist perfekt mit einer Holzbank sowie einer Terrasse mit wenigen Stufen in Szene gesetzt. Das Wasser ist meist angenehm warm über 30 °C. Alles in allem wird ein Bad im Hot Pool zum unvergesslichen Erlebnis. Kein Wunder also, dass das Kleinod unter der lokalen Bevölkerung sehr beliebt ist und auch eine geführte Tour hier Halt macht (nachmittags ca. 14:00 bis 15:00). Manchmal werden Sie jedoch die traumhafte Umgebung für sich allein genießen können. Eine öffentliche Toilette finden Sie in der Nähe der Hütte. Hinweis: Der Hot Pool befindet sich auf öffentlichem Gebiet des Lake Tarawera Scenic Reserve und ist somit für jeden frei zugänglich, auch wenn er nicht offiziell in Broschüren oder mit Wegweisern ausgewiesen wird.

Nur wenige Schritte nach dem Rastplatz beginnt der anstrengendste Teil der Wanderung mit fast 200 Höhenmetern Aufstieg, zunächst entlang einer bröckeligen Felswand. In der Folge ist der Weg teilweise schmal und abschüssig und vereinzelte kleine Erdrutschhänge machen das Weiterkommen kniffliger.

Kurz vor dem höchsten Punkt gelangen Sie schließlich auf der rechten Seite zu einer Aussichtsbank ❺. Neben dem Blick auf Lake Tarawera und Makatiti Dome ist im Rücken gen Süden nun auch verdeckt Lake Rotomahana zu sehen.

Der Lake Rotomahana war bis 1886 Schauplatz des „achten Weltwunders“: Zwei mit heißem Wasser gefüllte Sinterterrassen der Pink and White Terraces am Rande des Nachbarsees von Tarawera waren seit 1840 ein Touristenmagnet gewesen, das seinesgleichen suchte. Doch auch jene ereilte 1886 das gleiche Schicksal wie der gesamten Umgebung, gerade in so unmittelbarer Nähe zum Vulkan Tarawera. Noch heute sind sich Forscher uneinig, wo die Überreste der Terrassen verschüttet liegen. Sicher ist hingegen das Ausmaß des Ausbruchs: Am Mt Tarawera entstand ein riesiger Riss, bis zu fünf Vulkanschlote spuckten gleichzeitig Feuer in den Nachthimmel und das Grollen in den frühen Morgenstunden des 10. Juni war bis zur Südinsel wahrnehmbar. An der Stelle der Terrassen klaffte im Nachgang ein 100 m tiefer Krater, der im Laufe der Jahre mit Wasser gefüllt und den Lake Rotomahana in völlig neuer Form, 60 m höher und um ein Vielfaches größer, entstehen ließ.

Unter gelegentlichen Blicken auf die beiden Seen Rotomahana und Tarawera wandern Sie zu guter Letzt etwa 2 km bis zum Ufer an der Te Rātā Bay hinab. Dort angelangt sind es noch 300 m nach links bis zum Hot Water Beach. Nach dem obligatorischen Bad im von heißen Quellen gespeisten Wasser (Achtung: Teilweise sehr heiße Stellen) können Sie hier – wenn Sie wünschen – Ihr Zelt aufschlagen.

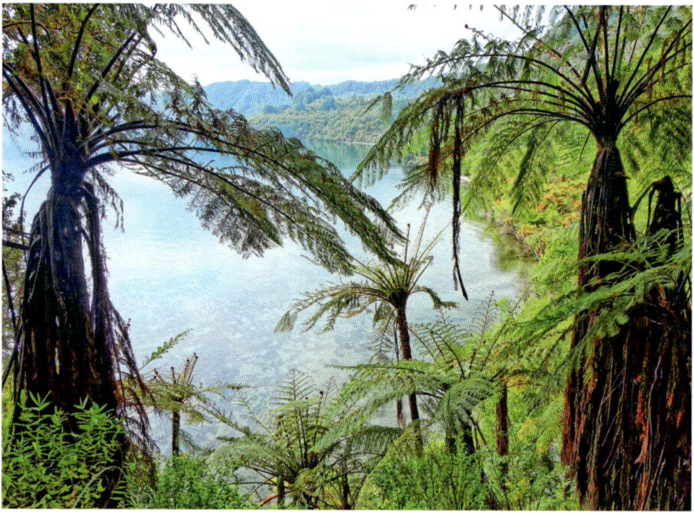

Idylle am Lake Tarawera, (lr)

Hot Water Beach Campground, 30 Zeltplätze, $ 15 p. P., in den Sommermonaten populär, Vorausbuchung erforderlich unter 07/349 34 63 oder online whakarewarewa.com. Kein Trinkwasser verfügbar! Das Wasser aus dem See beim Hot Water Beach ist nicht zum Trinken geeignet.

Für den Rückweg können Sie sich mit dem Boot abholen lassen oder die gleiche Strecke zurückwandern.

⓬ Tongariro Nationalpark: Tongariro Alpine Crossing

Tour für Aktive, die Einmaliges erleben wollen

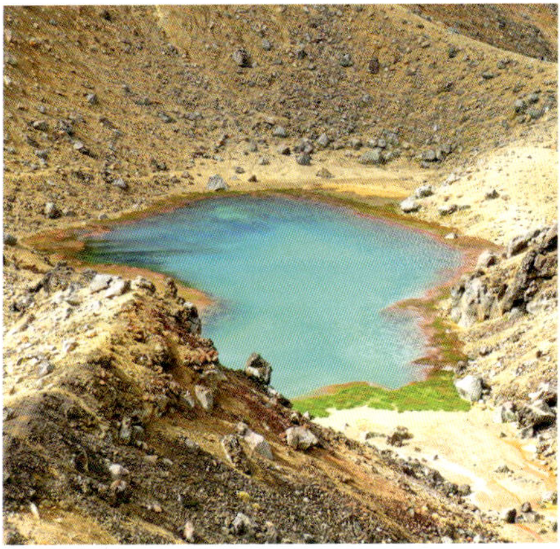

Nicht von dieser Welt: die Emerald Lakes

Die weltweit bekannte und anspruchsvolle Wanderung des Tongariro Alpine Crossing ist der Wanderklassiker Neuseelands schlechthin. Wandern Sie im ältesten Nationalpark Neuseelands durch eine spektakuläre Vulkanlandschaft mit dramatischen Kontrasten – vorbei an beeindruckenden Vulkanschloten, dampfenden Fumarolen, farbenfrohen Kraterseen und bizarren Formen erkalteter Lava- und pyroklastischer Ströme.

→ Start: Mangatepopo Carpark, GPS S 39°08.662' E 175°34.853';
Ziel: Ketetahi Carpark, GPS S 39°04.421' E 175°39.832'

19,5 km

7 Std. 30 Min.

↑↓ 865 m/1.225 m

⇧ 760-1.875 m

Wegführung eindeutig, großzügig mit Wegweisern beschildert, wenn notwendig eng gesetzte Stäbe als Markierungen

Begradigter, mittelbreiter Weg auf festem Untergrund, häufig geschottert und mit Bodengittern oder Bohlen stabilisiert, einige Stufen. Der Aufstieg vom South Crater zum Red Crater und der folgende Abstieg zum Central Crater (km 7,3 bis 9) verläuft über anspruchsvollen, losen vulkanischen Untergrund und Steine. Der Track ist sehr wetterexponiert, insbesondere im Abschnitt vom South Crater bis zum Blue Lake (km 6,3 bis 10,3); kein Schatten abgesehen von den letzten 3 km durch Wald.

km 16,7

WC Etwa alle 3 km befinden sich Toiletten am Wegesrand (☞ Karte).

Aus Rücksicht auf die kulturelle Bedeutung der Tongariro-Landschaft für die Māori sollten Sie das Wasser der Seen nicht berühren oder gar in ihnen schwimmen. Die Ketetahi Hot Springs befinden sich auf privatem Gelände und sind nicht zugänglich.

Für ältere Kinder mit ausgeprägter Kondition geeignet. Beim Red Crater gibt es abschüssige Stellen, die bei starkem Wind erhöhte Vorsicht erfordern.

Mangatepopo Hut (150 m ab km 1,6)

Mangatepopo Campsite (150 m ab km 1,6)

Folgende Campsites sind über das ausgedehnte Shuttle-Netz privater Anbieter an die Wanderung angebunden, Transport ab ⇔ $ 45: Discovery Lodge, www.discoverynz.com, $ 40, bietet zeitigsten Bus 4:50; Mangahuia DOC Campsite, www.doc.govt.nz [Suchbegriff: Mangahuia], $ 15 p. P., Transport mit Ruapehu Scenic Shuttles, 020/41 11 46 48 oder National Park Shuttles, 027/394 14 98, Zustieg am Straßenrand des SH 47, 500 m Fußweg; Whakapapa Holiday Park, www.whakapapa.net.nz, $ 23 p. P., Transport z. B. mit Dempsey Buses, dempseybuses.co.nz

P An beiden Enden des Tracks beträgt von Ende Oktober bis Ende April die maximale Parkdauer 4 Stunden. Nutzen Sie daher eine der vielen Shuttleoptionen (☞ Bus). Einige Transportanbieter stoppen am Parkplatz gegenüber der Zufahrt zur Ketetahi Rd (Ende der Wanderung). Außerdem ist Park & Ride in National Park Village möglich, www.kiwicamp.nz.

Eine große Fülle von Shuttleunternehmen bietet Fahrten von den umliegenden Ortschaften – neben National Park Village und Whakapapa Village auch Taupō, Tūrangi und Ohakune – zum Wanderstart und vom Ziel zurück zum Ausgangsort. Den besten Überblick haben die Besucherzentren der Umgebung, dort können Sie die Fahrt auch gleich buchen (☞ i). Kurzfristige wetterbedingte Ausfälle sind häufig. Fahrgästen mit offensichtlich unzureichender Ausrüstung (z. B. Sandalen) wird die Fahrt ggf. verwehrt.

i Tongariro National Park DOC Visitor Centre, Whakapapa Village, ☏ 07/892 37 29, tongarirovc@doc.govt.nz, für wanderspezifische Fragen; außerdem: Whakapapa i-SITE, Whakapapa Village, 07/892 30 75; Ohakune i-SITE, 54 Clyde Street, ☏ 06/385 84 27, beide isite@ruapehudc.govt.nz; oder Tūrangi Visitor Centre, Ngawaka Place, ☏ 07/386 89 99, info@taupo.govt.nz

Auch wenn zum Start die Bedingungen perfekt aussehen: Rechnen Sie immer mit Wetterumschwüngen und prüfen Sie vorab die aktuelle Wettervorhersage.
Unter weather.niwa.co.nz/parks/Tongariro National Park/Red Crater erhalten Sie Prognosen für den Red Crater, die höchste Stelle der Wanderung. Ist die offizielle Warnung „Not recommended today“, sollten Sie sich daran orientieren und die Wanderung verschieben.

Denken Sie an ausreichend Wasservorräte. Entlang des Tracks gibt es außer anfangs an der Mangatepopo Hut keine Auffüllmöglichkeiten. Das Wasser aus den Bächen oder Seen ist kein Trinkwasser.

Ein sehr informatives Sicherheitsvideo vom Mountain Safety Council zur Wanderung finden Sie unter www.doc.govt.nz [Suchbegriff: Tongariro crossing]

Der größte Teil der Wanderung befindet sich in der Gefahrenzone des Vulkankomplexes Mt Tongariro. Der letzte Ausbruch ereignete sich 2012 am Te-Māri-Krater, wobei unter anderem die Ketetahi Hut zerstört wurde. Die anderen beiden aktiven Schlote sind der Mt Ngāuruhoe (1975) und Red Crater (1926). Bei steigender vulkanischer Aktivität in der Umgebung werden Warnschilder und Ampelsignale als Gradmesser des Risikos installiert. Am Ende der Wanderung zwischen km 18,1 und 18,4 kreuzen Sie eine Lahar-Gefahrenzone. Ein Lahar ist eine durch Lava ausgelöste zerstörerische Schlammlawine. Laufen Sie zügig durch diesen Bereich und betreten Sie ihn nicht, sollte es Hinweise eines bevorstehenden Vulkanausbruchs geben. (www.doc.govt.nz/volcanicrisk, ☞ Reise-Infos/Weitere (Natur-)Gefahren).

☺ Die beste Wanderzeit für diese Tour ist November bis April.

Blick ins Oturere Tal vom Red Crater

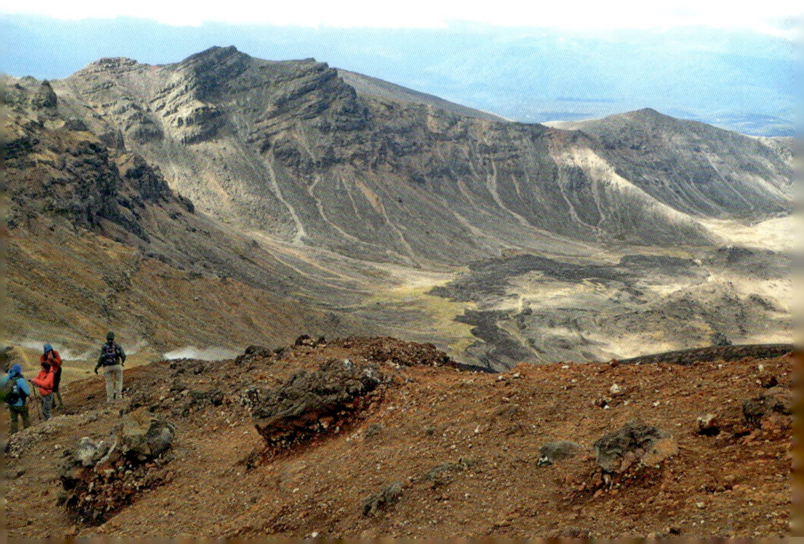

In den anderen Monaten behindert häufig Schnee und Eis das Vorankommen und Winterausrüstung sowie Erfahrungen beim Winterwandern sind erforderlich. Grundsätzlich kann es aber zu jeder Jahreszeit in den höheren Lagen der Wanderung schneien. Unter winterlichen Bedingungen besteht Lawinengefahr, die aktuelle Warnstufe finden Sie unter 💻 www.avalanche.net.nz/region/1. Das Gelände weist ein niedriges bis hohes Lawinenrisiko auf (ATES: Simple bis Complex, ☞ Reise-Infos/Weitere (Natur-)Gefahren). Stellen Sie sicher, dass Sie in den Wintermonaten vorab unbedingt den Artikel „Be avalanche alert in Tongariro National Park“, 💻 www.doc.govt.nz [Suchbegriff: be avalanche alert Tongariro] sowie die ausführlichen Informationen zum Winter-Crossing auf 💻 www.doc.govt.nz [Suchbegriff: Tongariro crossing] lesen.

Allgemein kann es sehr voll werden, vor allem aber an Wochenenden und in der Hochsaison von Dezember bis Anfang Februar. ☺ Um dem Ansturm etwas aus dem Weg zu gehen, lohnt ein zeitiger Transfer zum Start (Ankunft bis ca. 6:30). Nach einer Übernachtung in der Mangatepopo Hut ist ein Aufbruch in den frühen Morgenstunden ebenso möglich.

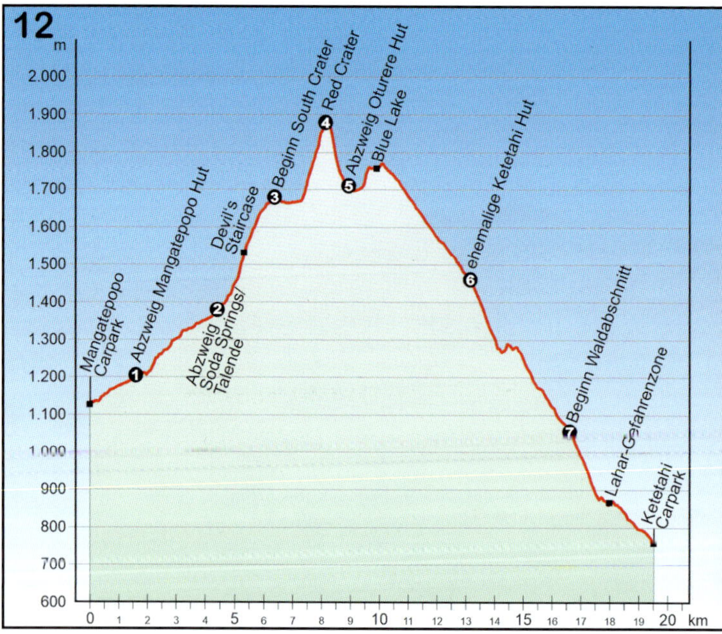

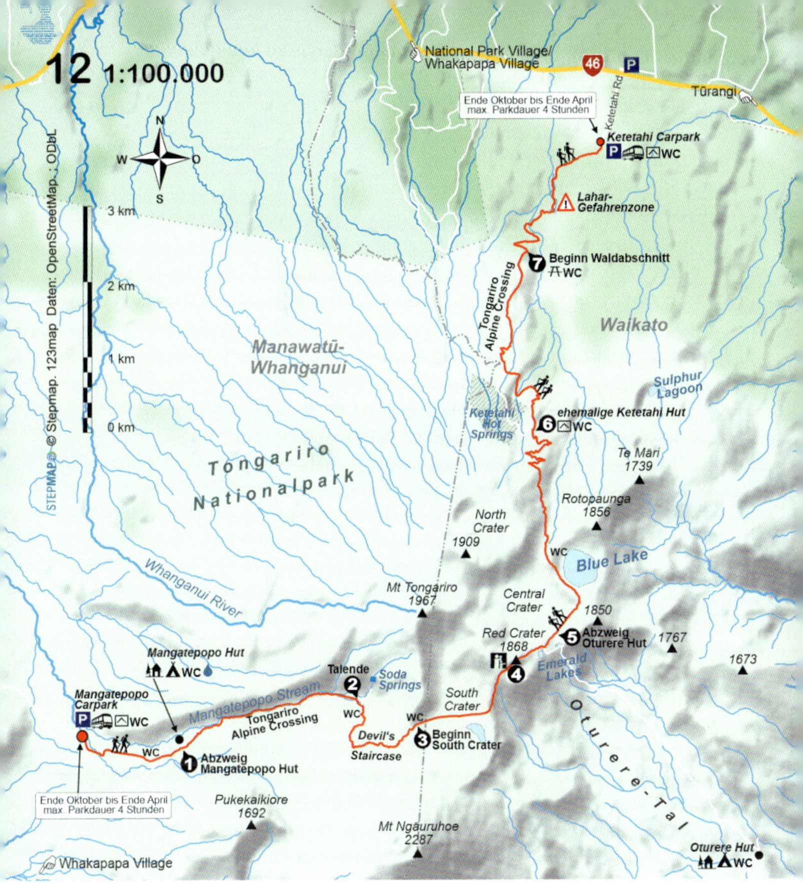

Ab Saison 2022/23 ist eine Obergrenze an Wanderern pro Tag im Gespräch. Voraussichtlich wird ein Buchungssystem zur Wanderung eingeführt.

Beim ⌂ Unterstand am Parkplatz starten Sie die Wanderung. Hier geben sogenannte Kaitiaki-Ranger (*guardians*, Hüter) aktuelle Infos zum Track und beantworten Ihre letzten Fragen, behalten aber auch eine angemessene Ausrüstung und die Einhaltung des Parklimits im Auge. Die ersten Kilometer verläuft der Wanderweg gemütlich und leicht ansteigend durch das Mangatepopo-Tal mit einem Mix aus Tussockterrain und Vulkangestein alter Lavaströme gen Talschluss.

Anfangs ist auf der rechten Seite noch Mt Ruapehu zu sehen, doch in Laufrichtung gen Osten ziehen die zwei Hauptakteure des Tages die Aufmerksamkeit bereits auf sich. In der Entfernung ist der Mangatepopo-Sattel vom perfekten Kegel des Mt Ngāuruhoe auf der rechten Seite (2.287 m), dem Schicksalsberg aus der Herr-der-Ringe-Trilogie, und dem Kraterrand hinauf zum unscheinbaren Mt Tongariro links (1.967 m) eingerahmt.

Nach 1,3 km stößt der Mangatepopo Track aus Richtung Whakapapa Village von rechts dazu und nach weiteren 300 m führt ein Abzweig nach links in wenigen Schritten zur einzigen Übernachtungshütte entlang des Tracks ❶. Hier können Sie Ihren Wasservorrat letztmalig für die bevorstehende lange Wanderung auffüllen.

Mangatepopo Hut, 20 Schlafplätze, $ 56 p. P., Great-Walks-Hütte
Mangatepopo Campsite, max. 17 Personen, $ 24 p. P., Great-Walks-Campsite, Buchung für beide Übernachtungsmöglichkeiten von Ende Oktober bis April erforderlich unter bookings.doc.govt.nz

Bald schon gesellt sich der plätschernde Mangatepopo Stream am Wegesrand hinzu und die Vegetation wird nach und nach karger. Die ersten 4,3 km des Tages sind zügig gewandert und Sie gelangen an das obere Talende ❷.

Nach links können Sie einen kurzen Abstecher zum kleinen, hübschen Wasserfall Soda Springs machen (➲ 300 m).

Auf dem Hauptweg nach rechts wartet die erste konditionelle Herausforderung des Tages auf Sie. Der bevorstehende Aufstieg über die „Devil's Staircase" („Teufelstufen") mag einschüchternd klingen, ist aber von einfacher Wegbeschaffenheit und ohne gefährliche Stellen. Die Wegführung ist eindeutig und Stäbe mit blauer Markierung helfen bei schlechter Sicht. Eine Portion Respekt gegenüber dem knapp 300 Höhenmeter steilen Anstieg hinauf bis zum Sattel ist dennoch angebracht, vor allem wenn die Wetterbedingungen widrig sind. Sollte bereits hier das Wandern schwierig sein (z. B. wegen starken Windes oder niedrig hängenden Wolken), dann erwägen Sie eine Umkehr.

Sie queren eine bizarre Umgebung aus erkalteten Lava- und pyroklastischen Strömen des mächtigen Mt Ngāuruhoe (zuletzt 1975), an dessen Fuße Sie sich bis zum South Crater hinaufschlängeln. Zurückblickend wird das Mangatepopo-Tal immer beeindruckender und bei guter Sicht können Sie sogar den entfernten Kegel von Mt Taranaki ganz im Westen der Nordinsel erspähen.

Durch den South Crater ❸ queren Sie flach gen Osten eine unvergleichliche, staubige Marslandschaft. Meist nimmt der Wind noch weiter an Fahrt auf und ab hier sind die Markierungsstäbe mit orangen Dreiecken versehen. Von Kraterrändern „umzingelt" und mit dem unauffälligen Mt Tongariro zur Linken und vor allem dem eindrucksvollen Mt Ngāuruhoe rechts kommt eine demütige Stimmung auf. Demut wünschen sich auch die Māori der Ngāti Hikairo ki Tongariro und bitten aus Respekt vor den heiligen Bergen (*maunga tapu*) von einer Besteigung der Vulkangipfel abzusehen. Bleiben Sie bitte auf dem ausgewiesenen Track.

Nach 1 km steigen Sie nach links steil über den östlichen Kamm des South Crater hinauf zum Red Crater. Loser Schutt und lockere Steine machen den Untergrund jetzt anspruchsvoller. Der Aufstieg ist äußerst wetterexponiert: Der Wind kann hier in Spitzengeschwindigkeit pfeifen und es gibt nur vereinzelt Schutzmöglichkeiten hinter größeren Gesteinsbrocken. Die Aussichten werden dafür aber zunehmend grandioser und der South Crater kann in seiner ganzen Ausdehnung vor dem monumentalen Mt Ngāuruhoe bewundert werden, der im Übrigen mit seinen 7.000 Jahren geologisch gesehen „nur" als junger Nebenkegel im Tongariro-Komplex betrachtet wird. Im Osten sind bald die auslaufenden, wüstenähnlichen Vulkanhänge vor den Hügelketten der Kaimanawa Ranges im Hintergrund sichtbar (☞ Wanderung 14).

Am Rande des mit roten bis braunen Eisenoxid überzogenen Red Crater gelangen Sie schließlich zum höchsten Punkt der Wanderung ❹ (Vorsicht! Abschüssig am Kraterrand). Auf der anderen Seite haben Sie den faszinierendsten Postkartenblick der gesamten Tour: Die bei Sonne leuchtenden grün bis türkisfarbenen, mineralreichen Emerald Lakes scheinen nicht von dieser Welt zu sein und sind in eine Vulkanszenerie vom Feinsten eingebettet. Zu Ihren Füßen liegt der riesige Central Crater und weiter in der Distanz ist der Blue Lake erkennbar. Rechter Hand breitet sich das weite Oturere-Tal aus. Der rutschige Abstieg mit losem Vulkanschutt (*scree slope*) über den schmalen Nordostausläufer vom Red Crater zu den Emerald Lakes mit fauligem Schwefelgeruch verlangt Ihre volle Aufmerksamkeit. Versuchen Sie in Schräglage eher hinunterzugleiten statt sich dem drohenden Ausrutschen entgegenzustemmen (vgl. Tipps ☞ Wanderung 16).

Im Anschluss an die eindrucksvollen Seen queren Sie die Ebene des Central Crater und passieren den Abzweig zur Oturere Hut (➲ 4,4 km, ↓ 340 m, Great-Walks-Hütte, Buchung erforderlich) ❺. Nach etwa einem halben Kilometer steigen Sie über die Kraterwand hinauf zum Blue Lake.

Oberhalb des Seeufers heißt es langsam Abschied nehmen von der einzigartigen Vulkanlandschaft. Genießen Sie noch einmal die atemberaubenden Blicke zurück. Denken Sie jedoch auch daran, dass Sie erst die Hälfte der Wegstrecke zurückgelegt haben und satte 1.000 m Abstieg noch vor Ihnen liegen. Insgesamt werden Sie ab jetzt aber deutlich schneller unterwegs sein, auch weil der Weg sehr einfach zu laufen ist und kaum Zwischenanstiege zu meistern sind.

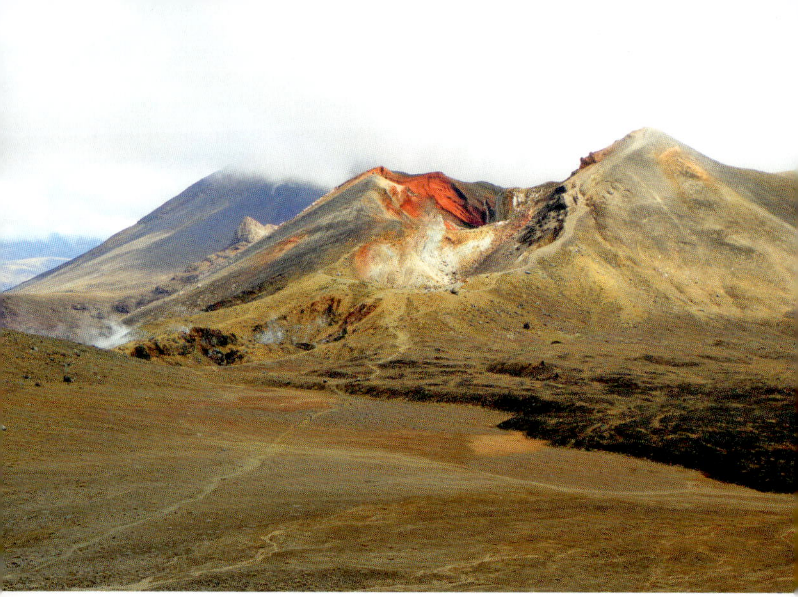

Red Crater mit Central Crater im Vordergrund

Sie wandern an den Flanken des North Crater entlang und haben fortan Blicke auf Lake Rotoaira und Lake Taupō, den größten See Neuseelands. Bald dampft es zu beiden Seiten: Links sind die nicht öffentlich zugänglichen Ketetahi Hot Springs gelegen und zur rechten Seite brodelt es im Krater Te Māri (☞ siehe Infos zur Vulkangefahr in der Übersicht zur Wanderung).

Der Track windet sich der ehemaligen Ketetahi Hut in vielen Kehren entgegen und Sie erreichen diese 3,2 km nach dem Blue Lake ❻. Heute fungiert die typische DOC-Hüttenbehausung nur noch als ⌂ Tagesunterschlupf, denn beim Ausbruch des Te Māri 2012 wurde die Hütte schwer beschädigt.

☺ Sollten Sie spät dran sein für Ihren vereinbarten Shuttlebus am Ende der Wanderung (noch weitere 6,3 km), dann zücken Sie am besten hier noch das Handy, denn weiter unten besteht voraussichtlich kein Empfang mehr.

Die nächsten 3,5 km können Sie sich noch an den freien Aussichten nach Norden erfreuen, bevor Sie für den letzten Abschnitt durch Wald ❼ bis zum Ziel hinabsteigen.

13 Tongariro Nationalpark: Tama Lakes (mit Taranaki Falls)

Tour für Genusswanderer durch Vulkanterrain

Bachquerung kurz vor Tama Saddle

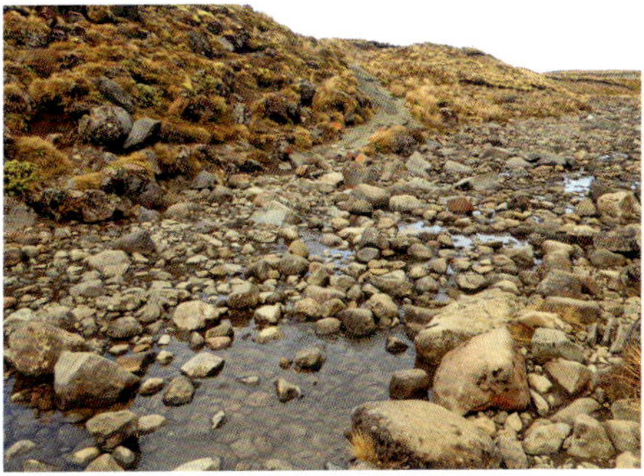

Die Wandertour durch das aride Vulkangelände zu den alpinen Seen Tama Lakes besticht durch exzellente Panoramaaussichten auf die Vulkankegel Mt Ngāuruhoe im Norden und den häufig schneebedeckten Mt Ruapehu im Süden. Im Vergleich zum beliebten Tongariro Crossing (☞ Wanderung 12) ist der Tama Lakes Track auch gut für Wandereinsteiger geeignet. Insgesamt sind weniger Höhenmeter zu erklimmen und bei unbeständigem Wetter hängen hier häufig weniger Wolken in den Bergen. Eine Umkehr bei widrigen Bedingungen ist in der Regel unkompliziert und obendrein geht es deutlich ruhiger zu. Auf dem Rückweg begleitet Sie auf dem letzten Abschnitt der Wanderung der temperamentvolle Wairere Stream, welcher zuvor als kraftvoller Wasserfall Taranaki Falls über die Felsklippe heruntergeprasselt ist.

⇆ Start: Taranaki Falls Carpark, Whakapapa Village, GPS S 39°11.974' E 175°32.574'

⊃ 17,5 km

⌛ 5 Std. 30 Min.

↑↓ 575 m/575 m

⇧ 1.090-1.455 m

✎ Wegführung eindeutig, an allen wichtigen Stellen mit Wegweisern versehen, zum Teil Stäbe mit orangen Dreiecken als Markierungen

insgesamt einfache Wegbeschaffenheit, mittelbreiter Wanderweg ohne größere Hindernisse, häufig geschottert oder mit Bodengitter stabilisiert, ab und zu ein paar Stufen, der finale Aufstieg zum Upper Tama Lake ist anspruchsvoller, die zahlreichen Bachquerungen sind meist kaum als solche zu erkennen, können aber nach lang anhaltendem oder starkem Regen zur größeren Herausforderung werden, Schatten nur anfangs und gegen Ende des Tracks zwischen Lower und Upper Tama Lake (km 7,5/km 9,6), Taranaki Falls (km 14,4), Wairere Stream (km 15,6)

WC Abzweig Taranaki Falls (km 2,8/km 14,3), Tama Saddle (km 6,5/km 10,6)

für ältere Kinder mit entsprechender Kondition gut geeignet, für Wanderer mit jüngeren Kindern eignet sich der Rundweg des Taranaki Falls Track als kürzere Alternative

Whakapapa Holiday Park, www.whakapapa.net.nz, 07/892 38 97, ab $ 23 p. P.

P Parkplatz am Start/Ziel. Anfahrt: Über SH47 und SH48 bis zum Whakapapa Village. Biegen Sie im Ort direkt nach dem Chateau Tongariro Hotel nach links ab (Schild „Taranaki Falls Track“) und folgen der Nebenstraße Ngauruhoe Place für 300 m bis zum Parkplatz. Alternativ können Sie die großen Parkplätze rechts von der Hauptstraße kurz vor dem Ortseingang oder gegenüber dem DOC Visitor Centre (600 m bzw. 400 m bis zum Start/Ziel) nutzen.

Intercity oder Zug, Northern Explorer mehrfach wöchentlich nach National Park Village, von dort weiter nach Whakapapa Village z. B. mit Ruapehu Scenic Shuttles, scenicshuttles.co.nz, 020/41 11 46 48

i Tongariro National Park DOC Visitor Centre, Whakapapa Village, 07/892 37 29, tongarirovc@doc.govt.nz

Die beste Wanderzeit für diese Tour ist Oktober bis April.

In den anderen Monaten kann Schnee und Eis das Vorankommen behindern. Unter winterlichen Bedingungen kann es oberhalb des Aussichtspunktes auf den Lower Tama Lake zu Lawinenabgängen kommen. Die aktuelle Warnstufe finden Sie unter www.avalanche.net.nz/region/1. Das Gelände weist ein niedriges terrainspezifisches Lawinenrisiko (ATES: Simple, ☞ Reise-Infos/Weitere (Natur-)Gefahren) auf. Kehren Sie im Zweifel an dieser Stelle um.

Durch die Topografie wirkt der Tama Saddle als Kanal der vorherrschenden Westwinde. Rechnen Sie mit widrigen Bedingungen und plötzlichen Wetterumschwüngen und halten entsprechende Ausrüstung bereit.

Beachten Sie die Hinweise zur vulkanischen Gefahr (☞ Wanderung 12).

Das Wasser aus den Bächen oder Seen ist als Trinkwasser ungeeignet.

Vom kleinen Parkplatz neben dem Skotel Alpine Resort starten Sie Ihre Wanderung auf dem Upper Taranaki Falls Track gen Osten. Die gesamte Wanderstrecke steht im Zeichen des mächtigen Mt Ruapehu auf Ihrer rechten Seite. Wenn auch anfangs noch verdeckt, queren Sie auf dem Weg zu den Tama Lakes dessen auslaufende Lavahänge aus vergangenen Eruptionen, welche inzwischen durch Wind und Regen zum Teil deutlich erodiert sind. Als zweiter Hauptdarsteller der Wanderung lugt linker Hand der mystische Schicksalsberg „Mt Doom“ hervor, wie der makellose Vulkankegel des Mt Ngāuruhoe in der Herr-der-Ringe-Trilogie genannt wurde.

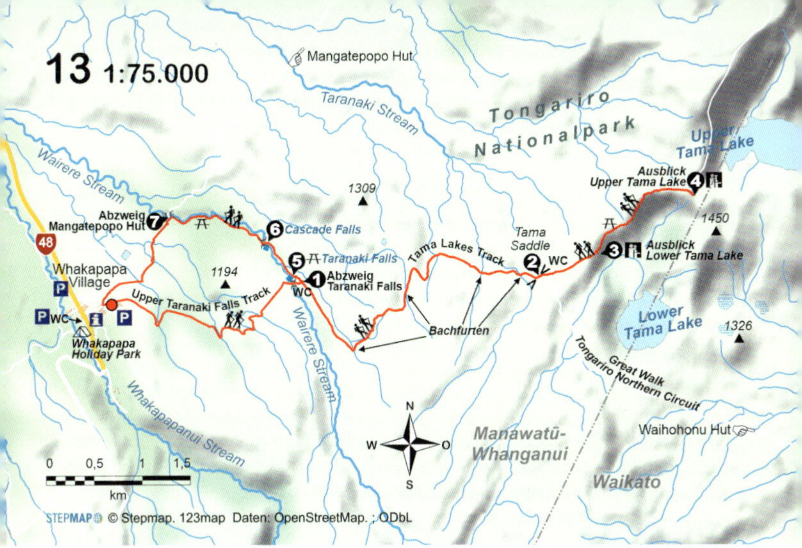

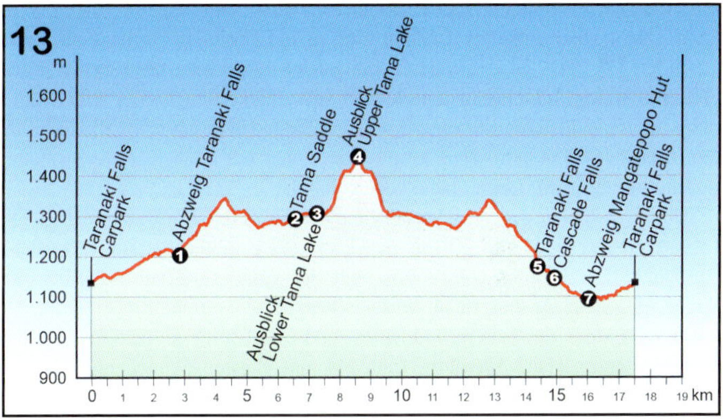

Die Vegetation in der steppenhaften Umgebung ist karg mit ein paar Büschen und Tussockgräsern. Am Wegesrand finden sich außerdem alpine Blumen wie z. B. mountain daisies (Verwandte des Gänseblümchens) und farbenfrohe Flechten, die als Überlebenskünstler den rauen Bedingungen der Bergwelt trotzen. Nur anfangs laufen Sie kurz durch einen kleinen Südbuchen-Hain.

Nach zügigen 2,7 km queren Sie über eine größere Brücke den Wairere Stream, der verdeckt nur wenige Meter links als Taranaki Falls in die Tiefe prasselt.

Von einem Abstecher zur Felskante oberhalb des Wasserfalls ist abzuraten, vor allem bei feuchten Witterungsbedingungen.

Am Abzweig knapp 100 m nach der Brücke ❶ haben Sie auf dem Rückweg nach links eine bessere und vor allem sichere Möglichkeit zum Fuße der Taranaki Falls hinabzusteigen.

Für den Weiterweg zu den Tama Lakes halten Sie sich jedoch rechts und überschreiten eine Lavazunge mit einer Höhendifferenz von 150 m. Die Pflanzenwelt wird zunehmend spärlicher und die Landschaft gleicht einer wüstenähnlichen, unwirtlichen Umgebung. Entlang des Weges sind mehrere kleinere Bachläufe zu queren, von denen Sie in der Regel kaum Notiz nehmen werden. Die letzte Bachquerung 3,5 km nach dem Abzweig ist gleichzeitig die größte der Wanderung, aber auch hier ist bei guter Witterung das Passieren mittels Steinehüpfen meist problemlos möglich.

Nur kurze Zeit später gelangen Sie nahe dem Tama Saddle, dem weitläufigen Sattel zwischen Mt Ngāuruhoe und Mt Ruapehu, an einen Abzweig ❷: Nach rechts führt der Weg des Great Walk Tongariro Northern Circuit über die Ostflanken hinab zur Waihohonu Hut. Sie halten sich jedoch auf dem linken Weg zu den Tama Lakes. Über einfaches Gelände sind es nur noch 700 m bis zum überraschenden Blick auf den unteren der beiden Kraterseen ❸, welcher je nach Wetter in kräftigem Dunkelblau bis leuchtendem Türkisblau aus der ariden Umgebung hervorsticht. Vom Kraterrand schauen Sie hinab in ein eindrucksvolles System dreier 10.000 Jahre alter Krater, von denen der südlichste der markanten Vulkanringe mit dem Lower Tama Lake gefüllt ist.

Über die Ränder des alten Vulkankomplexes führt der Track zum oberen Tama Lake. Während die ersten 500 m eher flach und gemütlich verlaufen, wartet im Anschluss der anspruchsvollste Abschnitt der Wanderung auf Sie. Aber keine Bange, der steile Anstieg ist für vulkanisches Terrain verhältnismäßig einfach zu bewältigen, denn der Untergrund ist fest und bietet trotz ein paar losen Steinen halbwegs guten Halt. Allerdings kann hier am ehesten Schnee und Eis sowie zunehmender Wind das Weiterkommen erschweren. Im Winter besteht Lawinengefahr.

Nach der Anstrengung über 150 Höhenmeter erreichen Sie schließlich das Ziel der Wanderung. Eingekesselt von zwei vereinten, zerklüfteten Nachbarkratern komplettiert der Upper Tama Lake ❹ die ergreifende Landschaftskulisse. Im Hintergrund posiert dazu der magische Mt Ngāuruhoe und zurückblickend nach Süden dominiert neben dem Lower Tama Lake zu Ihren Füßen – nun aus einer anderen Perspektive – der häufig schneebedeckte Mt Ruapehu die Szenerie der ausgedehnten Vulkanwüste.

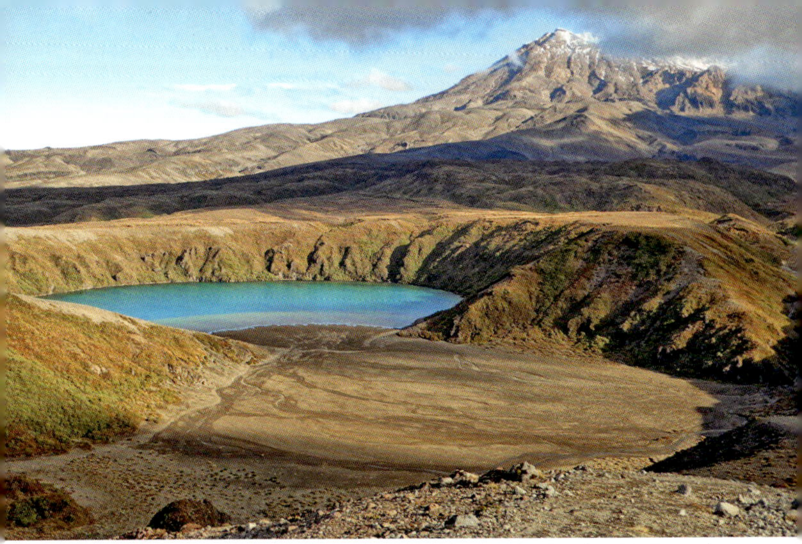

Lower Tama Lake mit dahinter thronenden Mt Ruapehu

Der Rückweg verläuft bis zum Abzweig des Taranaki Falls wie auf dem Hinweg. Steigen Sie dann jedoch geradeaus durch ein kleines Wäldchen über ein paar steile Stufen hinab zur Aussicht auf den 20 Meter hohen tosenden Wasserfall ❺. Die häufig ansehnlichen Wassermassen haben in 15.000 Jahren seit Erstarren des Lavastroms einen tiefen Einschnitt in der vulkanischen Felswand hinterlassen.

Weiter geht es nun leicht talwärts oberhalb des temperamentvollen Wairere Stream und nach 500 m durch offenes Gelände können Sie von einer Brücke den kleinen Wasserfall Cascade Falls und eine schmale Klamm ❻ bewundern. Auf der anderen Seite der Brücke empfängt Sie für den nächsten Kilometer ein für hiesige Verhältnisse ausgedehnter Bergbuchenwald (*mountain beech*). Der Wegeverlauf ist weiter parallel zum Wairere Stream und mitunter bieten sich tolle Aussichten auf das Bachbett.

Schließlich gelangen Sie an der tiefsten Stelle der Wanderung an den Abzweig zur Mangatepopo Hut (nach rechts über die Brücke) ❼, Sie aber bleiben geradeaus („Whakapapa Village, 20 min") und steigen aus dem Wairere-Tal bis zur Waldgrenze auf. Über freies Tussockgelände ist jetzt das stolze, 100 Jahre alte Chateau Tongariro Hotel fest im Visier und mehrfach durchschreiten Sie kleine bewachsene Senken. Nach der Dritten folgt ein kurzer, sanfter Aufstieg zum Whakapapa Village. Sie ignorieren nach 500 m den abgehenden Weg nach rechts und gelangen geradeaus nach 100 m zur bekannten Anfahrtsstraße Ngāuruhoe Place. Nach links sind es noch 100 m bis zum Parkplatz am Ausgangspunkt.

14 Kaimanawa Forest Park: Mt Urchin Track

Tour für Gipfelaspiranten

Weit weg vom touristischen Trubel führt der Aufstieg zum entlegenen Gipfel des Mt Urchin die meiste Zeit durch einen beeindruckenden Wald aus immergrünen Südbuchen und stattlichen Vertretern von Podocarp-Koniferen. Die Nadelhölzer gehören zur Familie der Steineibengewächse und haben ihre Vorfahren noch aus Zeiten des Großkontinents Gondwana und der Dinosaurier vor 190 Millionen Jahren. Überraschend erreichen Sie nach einem letzten Stück durch subalpines Gelände den höchsten Punkt mit verdienten ausgezeichneten Panoramaaussichten auf die Vulkanumgebung im benachbarten Tongariro Nationalpark.

⇆ Start/Ziel: Urchin Carpark, GPS S 39°09.278' E 175°50.011'

6,7 km

3 Std. 30 Min.

↑ ↓ 600 m/600 m

⇧ 830-1.390 m

✎ Wegführung eindeutig, Markierung mit orangen Dreiecken sowie Stäben mit orangen Pfeilen oberhalb der Baumgrenze

schmaler bis mittelbreiter Waldweg mit einigen Wurzeln und vereinzelten höheren Absätzen, mitunter schlammig

keine Rastbänke

WC keine Toiletten während der Wanderung, die nächste Toilette befindet sich beim Urchin DOC Campsite (☞ Campsites)

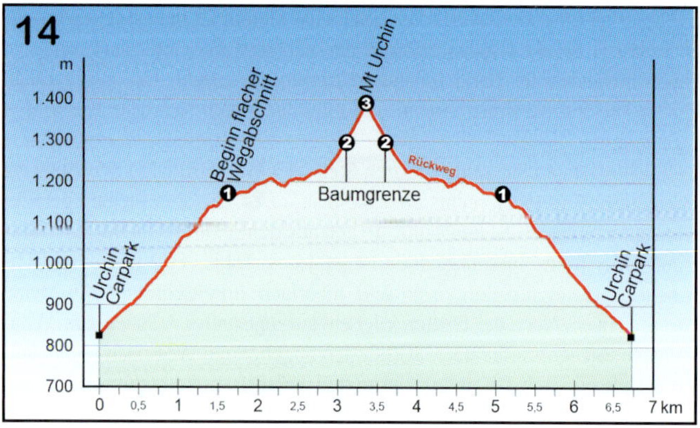

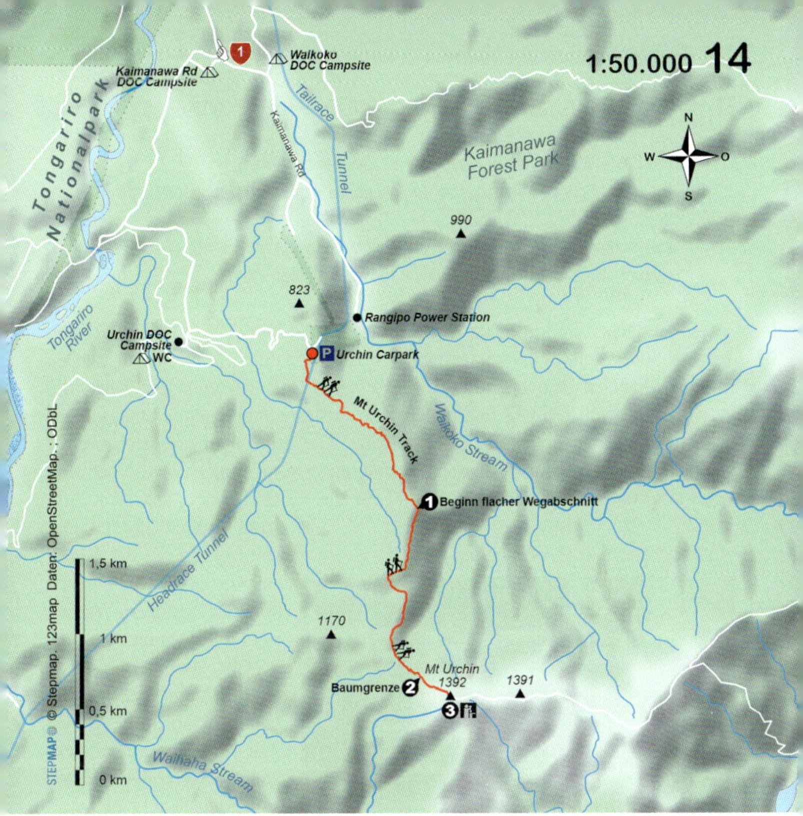

⛺ Urchin DOC Campsite (↳ 1,4 km vom Start/Ziel), kostenfrei, alternativ stehen die freien Campingplätze Waikoko DOC Campsite (früher Waihaha Valley Campsite genannt) oder Kaimanawa Rd DOC Campsite zur Auswahl (↳ 4 km vom Start/Ziel), alle Campsites entlang der Anfahrt zum Track ausgeschildert

für Kinder mit entsprechender Kondition gut geeignet

P Parkplatz am Start/Ziel. Anfahrt: Verlassen Sie 15 km südlich von Tūrangi den SH 1 nach links in die Kaimanawa Rd (Richtung Rangipo Power Station) und queren Sie 3 km später die Brücke über den Tongariro River (Beginn Kaimanawa Forest Park). Folgen Sie am nächsten Rechtsabzweig nach 600 m der Beschilderung zum „Urchin Track“ entlang der unbefestigten Straße für insgesamt 4 km (zweimal links halten). Die letzten 1,3 km vom Urchin-Campsite-Abzweig bergan zum Trackstart sind sehr holprig und für größere Wohnmobile nicht geeignet.

- Tūrangi i-SITE, Ngawaka Place, ☎ 07/386 89 99 oder 08 00/28 87 26, turangivc@lovetaupo.com
- ☺ Die beste Wanderzeit für diese Tour ist Oktober bis April.
- Frost und Schnee kann zu jeder Jahreszeit die Wanderung im oberen Bereich behindern.
- Der schmale Wanderpfad ist auch bei Mountainbikern beliebt (wenngleich nicht erlaubt). Bleiben Sie aufmerksam im teilweise dichten Wald.

Am südlichen Ende des Parkplatzes beginnt die Wanderung (Schild „Urchin Track"). Sofort geht es bergan über einen Bergrücken durch einen eindrucksvollen Mischwald. Nach dem ersten Anstieg von etwa 350 Höhenmetern flacht der Wanderweg deutlich ab ❶ und ohne große Anstrengungen geht es nun für den nächsten Kilometer entlang eines Höhenzugs. Die Aussichten sind nach wie vor verdeckt. Halten Sie durch, denn die Baumgrenze ist nicht mehr weit. Noch vom Grün des Waldes eingehüllt beginnt am Fuße des Mt Urchin der finale steile Aufstieg zum Gipfel. Der Untergrund wird jetzt anspruchsvoller mit ein paar höheren Absätzen, Wurzelwerk und Steinen.

Aufstieg durch eindrucksvollen Wald

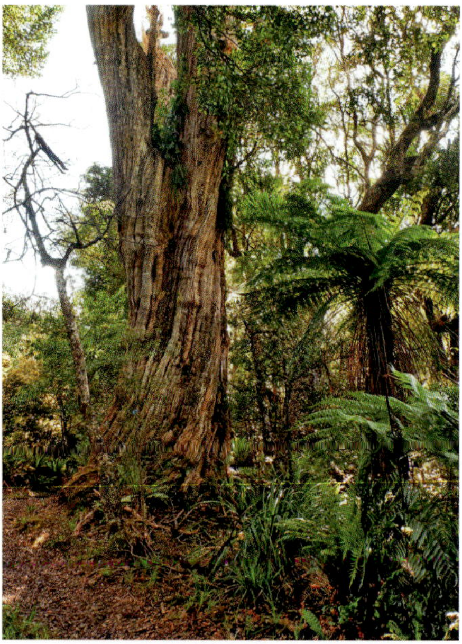

Überraschend erreichen Sie die Baumgrenze ❷ und genauso abrupt eröffnen sich die ersten freien Blicke gen Westen. Durch den fehlenden Schutz des Waldes sind Sie nun in subalpinem Terrain zunehmend den Elementen ausgesetzt, rechnen Sie ab hier mit windigen Verhältnissen. Über lose Steine verstreut auf festem, teilweise felsigem Untergrund mit gutem Halt lassen sich die letzten 90 Höhenmeter im Zickzack problemlos erklimmen. Die Zielrichtung geben Stäbe mit orangen Pfeilen vor.

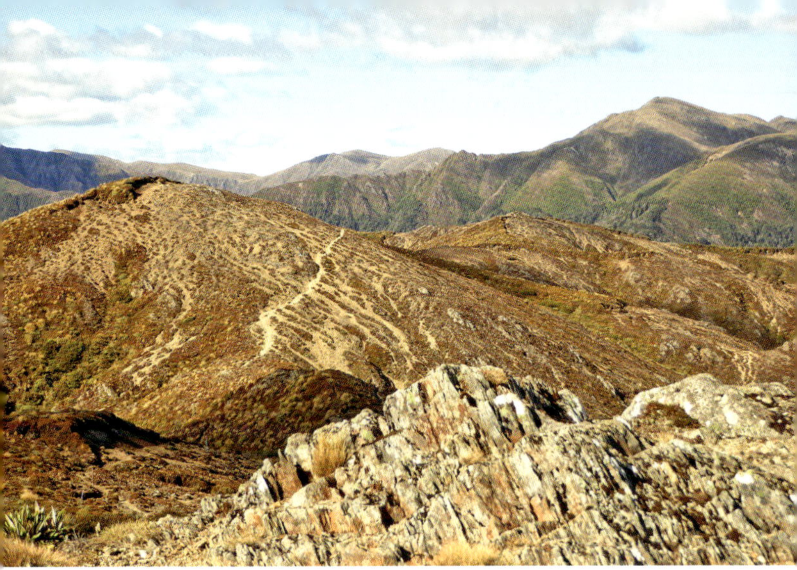

Blick von Mt Urchin auf die Bergketten im Osten

Vom Mt Urchin ❸ haben Sie eine herausragende 360-Grad-Sicht in die Umgebung. Eingebettet in die tussockreichen Bergketten im Osten und die tieferen, bewaldeten Hänge der Kaimanawa Mountains wird vor allem das im Westen gelegene Vulkangebiet um Tongariro Ihre Blicke auf sich ziehen: Rechts von der wüstenähnlichen Landschaft der sogenannten Rangipo Desert dominieren Mt Ruapehu und der symmetrische Vulkankegel von Mt Ngāuruhoe das Bild. Daneben ist das kompakte, aber tiefer gelegene Gebiet um Mt Tongariro und seine aktiven Vulkanschlote wie Red Crater und Te Māri zu erkennen (☞ Wanderung 12).

In Richtung Nordwesten glitzert Lake Rotoaira unterhalb vom Vulkangipfel des Mt Pihanga, welcher nach der Mythologie der Māori als weiblicher Berg einen Streit zwischen Tongariro und Taranaki auslöste und zur Verbannung des letzteren Berges an die Westküste führte (☞ Wanderungen 15 bis 17). Ganz im Norden zeigt sich der Kratersee Lake Taupō, der einen 300.000 Jahre alten, riesigen Vulkan füllt. Der letzte Ausbruch vor etwa 1.800 Jahren war eine der gewaltigsten Eruptionen der Welt und bedeckte ganz Neuseeland mit einer Ascheschicht.

Der Rückweg erfolgt auf der bekannten Route des Hinwegs.

⑮ Egmont Nationalpark: Pouakai Circuit (via Kaiauai und Kokowai Track)

Tour für ausdauernde Wanderer über Vulkanhänge

Aus der Distanz erweckt der perfekt geformte Vulkankegel des Mt Taranaki am westlichen Zipfel der Nordinsel schon fast den Eindruck, das Wandern am Berg wäre wenig spektakulär und vielfältig. Beim genauen Hinsehen offenbart er jedoch ganz das Gegenteil: Die Vegetation ist in Abhängigkeit der Höhenlage äußerst abwechslungsreich und die Topografie mit unzähligen Furchen, alten Lavaströmen, Klippen und mächtigen Felsformationen durchzogen. In den Senken fließen insgesamt mehr als 50 Flüsse ins Tal hinab. Besonders facettenreich ist das Wandergebiet an den Nordhängen des Berges am Übergang zur Pouakai Range, dem vulkanischen Vorgänger von Mt Taranaki. Mit 250.000 Jahren auf dem Buckel ist dieser doppelt so alt und durch Verwitterung und Erosion kaum noch als ehemaliger Vulkan zu erkennen. Der Rundwanderweg des Pouakai Circuit ist eigentlich als Mehrtageswanderung ausgelegt, kann aber in der hier vorgestellten Variation auch als lange Tagestour im Sommer absolviert werden. Der erhabene Anblick des Mt Taranaki als König der Umgebung ist über längere Strecken präsent.

- Start/Ziel: Kaiauai Carpark, GPS S 39°15.412' E 174°05.991'
- 20,6 km
- 10 Std.
- 1.300 m/1.300 m
- 635-1.235 m
- eindeutige Wegführung und umfangreiche Beschilderung mit Wegweisern an allen wichtigen Stellen, im Wald Markierung mit orangen Dreiecken
- Waldabschnitte des Kaiauai Track und Kokowai Track: naturbelassene Wege, nach langem Regen ist mit schlammigen Bedingungen zu rechnen, viele Wurzeln und Brücken entlang des Kaiauai Track, Kokowai Track möglicherweise etwas zugewachsen; offenes Terrain (km 5,5 bis 16,9), ausgedehnte Bohlen-Passagen mit quer liegenden Holzstreben, manche Wanderer empfinden das Laufen darauf etwas unkomfortabel, bei Nässe sind die Bohlen mitunter rutschig; vereinzelt steile Leitern
- Kaiauai Shelter (km 3,5), Henry Peak (km 6,2), Ahukawakawa Swamp (km 12,7)
- WC Toiletten an den beiden Hütten
- Pouakai Hut (200 m ab km 8,7), Holly Hut (200 m ab km 13)
- Für Kinder ist die Wanderung wegen der Distanz nur mit Übernachtung in einer der beiden Hütten möglich. Abschüssige Stellen entlang des Kokowai Tracks am Ende erfordern erhöhte Vorsicht.

Kaiauai Carpark – kleiner Parkplatz mit Platz für ca. 5 Fahrzeuge. Um einen Stellplatz zu ergattern ist eine zeitige Ankunft zum Sonnenaufgang sehr zu empfehlen, vor allem wenn Sie die Rundtour an einem Tag wandern wollen! Anfahrt: In Egmont Village zwischen New Plymouth und Inglewood verlassen Sie den SH 3 Richtung „North Egmont Visitor Centre" (braunes Schild). Nach 9,5 km entlang der Egmont Rd beginnt der Wald des Nationalparks. Von hier aus sind es noch weitere 4,7 km bis zur Parkeinbuchtung auf der rechten Seite. Zufahrtsbeschränkungen in den Nationalpark möglich, wenn alle Parkplätze am Visitor Centre belegt sind. Zukünftig ist außerdem ein Parkplatz außerhalb des Nationalparks mit Shuttle zu den Trackstarts geplant.

Taranaki Tours, 027/488 50 87 (Tom), contact@taranakitours.com, fährt zu flexiblen Zeiten (frühestens 5:30) von New Plymouth zum Trackstart/North Egmont und am Ende der Wanderung wieder zurück, ⇔ $ 75 für 1 Person, $ 50 p. P. bei 2 Personen bzw. 45 p. P. ab 3 Personen; alternativ bedient **Taranaki Mountain Shuttle**, 027/270 29 32, taranakishuttle@gmail.com tägl. die gleiche Strecke nach Fahrplan, Start ca. 7:00, Rücktransport ca. 17:00 am gleichen oder an einem späteren Tag, ⇔ $ 50 für 1 Person bzw. $ 40 p. P. ab 2 Personen. Die festen Fahrzeiten sind i. d. R. für eine Tagestour der beschriebenen Wanderung nicht ausreichend. Ein Charter mit flexiblen Zeiten ist ebenso möglich, ⇔ $ 90 für 1 Person bzw. $ 70 p. P. ab 2 Personen. Hinweis: Der aktuelle Stand der Informationen wurde vom zweiten Anbieter bis zum Abschluss der Recherchearbeit leider nicht verifiziert. Abweichungen möglich.

Taranaki/Egmont National Park DOC Visitor Centre, North Egmont, ☏ 06/756 09 90, egmontvc@doc.govt.nz, 2 km nach dem Kaiauai Carpark

Als ausgedehnte Tagestour ist die Wanderung nur für konditionsstarke Wanderer an langen Sommertagen bei zeitigem Start zum Sonnenaufgang unter guten Wetterbedingungen möglich. Ist eine der Rahmenbedingungen nicht erfüllt, sollten Sie eine Übernachtung in einer der beiden Hütten in Betracht ziehen. Nehmen Sie für jeden Wanderer eine Stirnlampe mit, sollte am Ende der Wanderung auf dem waldigen Abschnitt des Kokowai Track die Dunkelheit hereinbrechen.

Die beste Wanderzeit für diese Tour ist Ende November bis Anfang Februar als Tagestour bzw. bis April mit Übernachtung. Außerhalb der wärmeren Monate ist mit Schnee und Eis auf den Wegen zu rechnen. Unter winterlichen Bedingungen besteht Lawinengefahr, die aktuelle Warnstufe finden Sie unter
www.avalanche.net.nz/region/2 (☞ Reise-Infos/Weitere (Natur-)Gefahren).

Das Wetter am Mt Taranaki ist sehr wechselhaft und kann innerhalb von Minuten umschwenken. Halten Sie entsprechende Kleidung und Ausrüstung zum Schutz vor den Elementen und damit zur Vermeidung von Unterkühlung (Hypothermie) parat. Regenbekleidung ist ein Muss, schließlich gehen im Schnitt ca. 7 m^3 Niederschlag pro Quadratmeter im Jahr nieder. Die Regenmengen können über einen kurzen Zeitraum enorm sein. Entsprechend kann es dann zu Behinderungen durch Überflutungen oder neuen Erdrutschen kommen. Im offenen Gelände kann außerdem der Wind heftig stürmen und ein Vorankommen erschweren oder gar unmöglich machen. Wetterprognosen z. B. unter 💻 www.metservice.com/mountains-and-parks/national-parks oder weather.niwa.co.nz/parks.

✋ Vulkanologen sind sich weitestgehend einig, dass am schlafenden Taranaki eine spontane Eruption wie auf White Island im Dezember 2019 sehr unwahrscheinlich ist. Stattdessen würden voraussichtlich einige Tage lang vorab Warnsignale erkennbar sein. Die letzte Eruption datiert auf das Jahr 1854, seitdem ist der Taranaki ungewöhnlich ruhig. Vulkanologen errechneten Ausbrüche in der Vergangenheit etwa im Durchschnitt alle 90 Jahre, sodass die Wahrscheinlichkeit einer Eruption in den kommenden Jahrzehnten als sehr hoch eingeschätzt wird.

Die hier vorgestellte Rundwanderung ist eine Alternative zum offiziellen Routenverlauf der Mehrtageswanderung des Pouakai Circuit und zur ebenfalls als Tagestour ausgelegten Streckenwanderung des Pouakai Crossing (☞ Seite 116, 117).

Eine Vielzahl geografischer Namen soll im Rahmen alter Ansprüche des lokalen Māori-Stammes Ngā Iwi o Taranaki, entstanden aus dem Vertrag von Waitangi von 1840, in Zukunft anders benannt werden. So soll der Vulkan offiziell nicht mehr den Doppelnamen Mt Taranaki/Mt Egmont, sondern die Māori-Bezeichnung Taranaki Maunga tragen. Im gleichen Atemzug wird voraussichtlich der Mt Egmont Nationalpark in Te Papakura o Taranaki umbenannt.

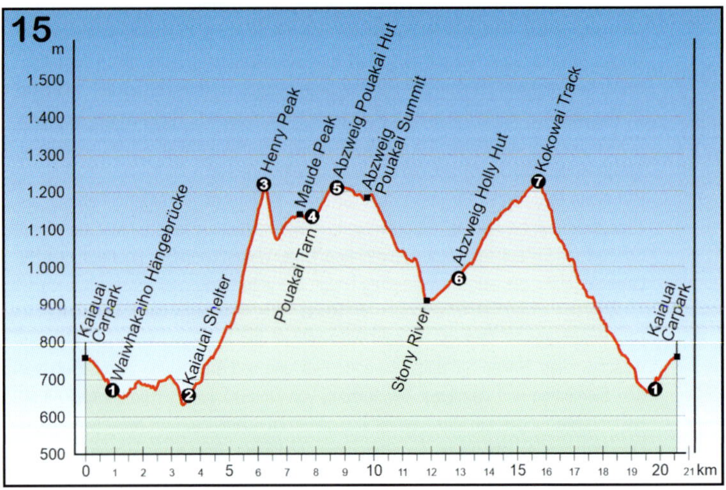

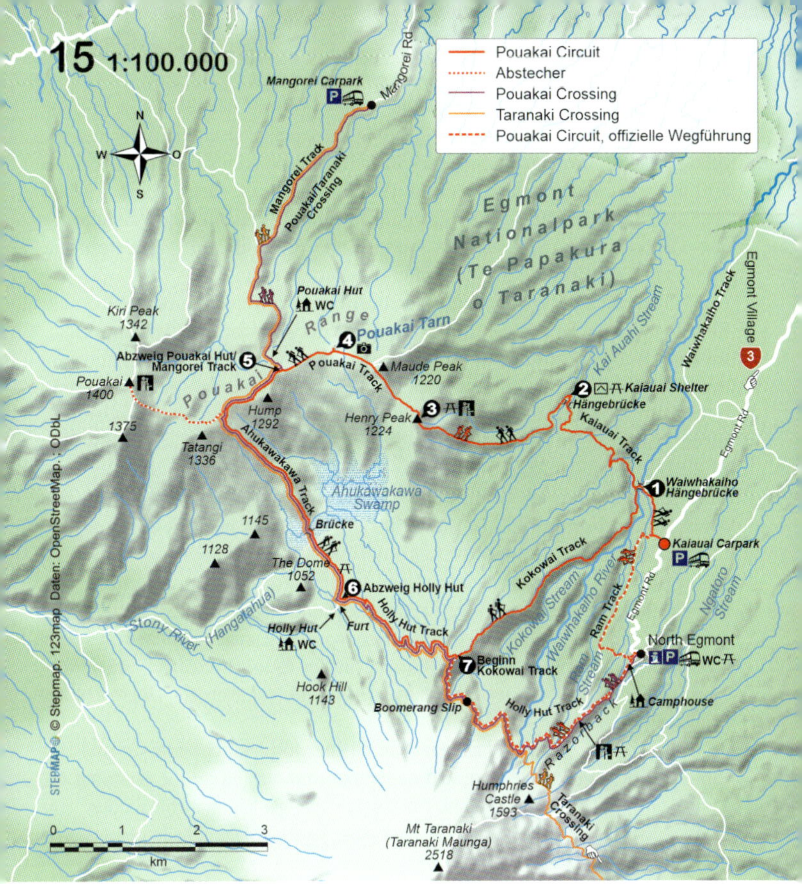

Direkt vom Parkplatz geht es nach rechts von der Straße in den tiefen, urigen Nationalparkwald hinein. Der Weg des **Kaiauai Track** durch das grüne Dickicht für die ersten 5,5 km der Wanderung verläuft über natürlichen, wurzeldurchsetzten Untergrund und verlangt häufig Konzentration. Mitunter kann der Weg schlammig sein. Entsprechend ist der Waldabschnitt der langsamste des Tages, auch weil bis zum Henry Peak bereits ungefähr die Hälfte des Gesamtanstiegs der Wanderung erklommen wird. Zunächst wandern Sie auf und ab über die von ursprünglichem Tieflandwaldteppich aus Kāmahi -sowie verstreuten Rimu- und Rātā-Bäumen bedeckten und zerfurchten Nordostflanken des Taranaki-Vulkans, welche von alten Lavaströmen und der Kraft des Wassers im Laufe der Zeit geformt wurden.

Zahlreiche Holzbrücken über Bäche sind zu queren. Halten Sie sich – der Beschilderung des Kaiauai Track in Richtung Kaiauai Shelter und Pouakai Hut folgend – nach 200 m am Abzweig des Ram Track nach rechts und nach weiteren 500 m an der Weggabelung mit dem Waiwhakaiho Track nach links und gehen über steile Stufen hinunter zur Hängebrücke (max. 1 Person). Die Wackelpartie über die imposante Schlucht des Waiwhakaiho River ❶ wird Wanderern mit Höhenangst ein kleines Schaudern über den Rücken jagen.

Nach einem Blick auf das wilde Flussbett mit wuchtigen Felsbrocken und dem Taranaki-Kegel in der Distanz stößt kurz darauf der Kokowai Track von links dazu, aus jener Richtung, aus der Sie die Wanderrunde am Ende der Tour beenden werden. Orientieren Sie sich jedoch nach rechts für den Weiterweg gegen den Uhrzeigersinn. Selbstverständlich können Sie die Runde auch im Uhrzeigersinn laufen. Nachteilig ist dann allerdings, dass Sie längere Zeit mit Taranaki Maunga im Rücken wandern würden.

Knapp 2 km und einige Holzbrücken später steigen Sie vom früheren Standort der heute abgerissenen Kaiauai Hut steil über Wurzelwerk in die Schlucht des Kai Auahi Stream hinab. Unten wartet eine nächste, etwas stabiler wirkende Hängebrücke auf Sie, die Sie zur anderen Uferseite führt.

Von nun an gewinnt der Weg für die nächsten 3 km über die östliche Bergflanke von Henry Peak sportliche 600 Höhenmeter. Zunächst können Sie nach einer steilen Metallleiter beim Kaiauai Shelter ❷ noch eine Rast zum Verschnaufen einlegen. Der Unterstand darf nur in Notfällen zur Übernachtung genutzt werden.

Während des Anstiegs durch das mit einem Moosmantel bedeckte und von Farnen umringte knorrige Bergwald-Unterholz wird ab und zu die Sicht auf Mt Taranaki frei. Teilweise sind höhere Absätze zu überwinden, manchmal unter dem Einsatz der Hände, und etwa 2 km nach dem Kaiauai Shelter helfen Holzstufen bei einem besonders steilen Stück.

Danach wird die Vegetation spürbar niedriger und subalpine Büsche erlauben immer weitschweifendere Ausblicke. Es dauert dann gar nicht mehr so lange bis zum Zwischenziel, dem Henry Peak ❸. Von der Plattform warten ergreifende Traumblicke auf das unverkennbare Oberhaupt der Umgebung, Taranaki Maunga, und auf den vorgelagerten Ahukawakawa Swamp, welcher von den Lavaarmen der Pouakai Range umschlungen wird. Im Norden glitzert die lange Küstenlinie vor New Plymouth und nach Osten blicken Sie auf das Central Plateau mit den Vulkanen des Tongariro Nationalparks in 130 km Entfernung (☞ Wanderungen 12 und 13). Die kommenden 10,5 km verlaufen über offenes und damit den Elementen stark ausgesetztes Gelände. Sind die Wetterbedingungen ohne den bisherigen Schutz des Waldes zu widrig, dann ist Henry Peak ein sinnvoller Punkt zur Umkehr.

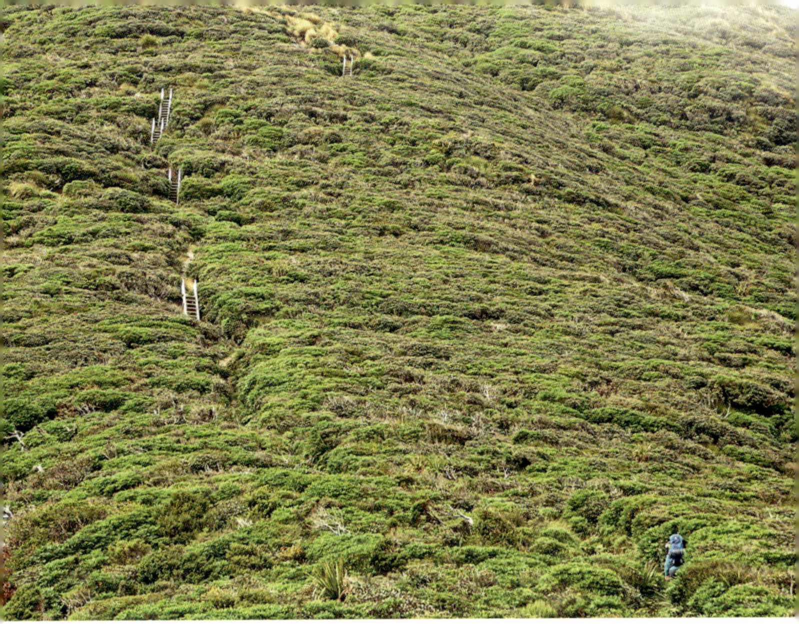

Steiler Abstieg vom Henry Peak

Nach einer verdienten Pause steigen Sie, der Weg wird nun offiziell als **Pouakai Track** bezeichnet, steil über mehrere Leitern zu einem Sattel hinab, bevor Sie Maude Peak auf der linken Seite passieren und anschließend dem breiten Pouakai-Bergrücken folgen. Entlang des Weges sind zum Schutz vor übermäßiger Erosion und tiefem Matsch auf langen Passagen quer liegende Holzstreben verlegt, ein Bild, welches Sie für die nächste Zeit fast ununterbrochen begleiten wird.

Etwa 600 m später gelangen Sie zum hübschen Pouakai Tarn 📷 ❹, welcher in jüngster Zeit zum populären „Social Media Hotspot" avanciert ist. Bei guten Sichtverhältnissen ist der Grund dafür offensichtlich: Der Taranaki-Gipfel in seiner übermächtigen Erhabenheit spiegelt sich unter windstillen Bedingungen perfekt im kleinen Bergsee. Bitte bleiben Sie trotz mancher verlockender Fotooption auf dem Holzbohlenweg. Die Vegetation in der unwirtlichen Umgebung ist sehr empfindlich.

↳ Die meisten Wanderer gelangen zum Pouakai Tarn als Hin- und Rückwanderung über den Mangorei Track mit Start vor den Toren von New Plymouth (⇆, ➲ 12,5 km, ⌛ 5 Std. 30 Min., ↑↓ 780 m/780 m).

Den Abzweig zu diesem Alternativtrack und der ersten Übernachtungsmöglichkeit ❺ erreichen Sie auf Ihrem Weiterweg bei einem Plateau 800 m nach dem Bergsee.

Pouakai Hut, 16 Schlafplätze, $ 15 p. P., Buchung vorab erforderlich. Wegen der Nähe zum Pouakai Tarn ist die Hütte häufig deutlich voller als die Holly Hut. Die Hütte befindet sich gleich am Anfang des Mangorei Track, vom Plateau nach rechts nur 200 m bergab. Oberhalb der Baumgrenze können Sie tolle Ausblicke von der Terrasse auf die Küste im Norden genießen. 2022/23 sollen die Arbeiten für die Erweiterung der Hütte mit mehr Schlafplätzen beginnen. Es kann zu Einschränkungen bei der Hüttennutzung kommen.

Für den weiteren Rundweg halten Sie sich auf dem Plateau linker Hand nach der Beschilderung gen Pouakai Summit und Holly Hut. Bereits nach einem Kilometer ist die nächste Weggabelung erreicht.

Geradeaus führt der Pouakai Track bis zum gleichnamigen Gipfel mit grandiosen Aussichten in die Umgebung (⇆, ➲ 3,4 km, ⌛ 1 Std. 30 Min., ↑↓ 215 m/215 m, Dieser zusätzliche Abstecher macht eine Übernachtung entlang der Wanderstrecke obligatorisch!).

Sie orientieren sich aber nach links auf dem hier beginnenden **Ahukawakawa Track**. Das malerische Feuchtgebiet mit dem schwierigen Namen und dem mäandernden Quellfluss Stony River (Hangatahua) vor Ihnen ist das Ziel des nun folgenden Abstiegs von 270 Höhenmetern. In der Distanz lugt links von der mit „The Dome“ treffend bezeichneten, zugwucherten alten Lavakuppe die Holly Hut am Fuße der nördlichen Taranaki-Hänge hervor. Über einige Stufen geht es nun hinab und nach einer Weile säumen ein paar alte knorrige Schuppenzedern (*pāhautea, mountain cedar*) den Wegesrand: ein herrliches Fotomotiv mit dem Taranaki Maunga im Hintergrund. Die Kamera brauchen Sie gar nicht tief verpacken, denn später durchschreiten Sie ein verwunschenes, moosbeladenes Goblin-Forest-Waldstückchen („Elfenwald“), bevor schließlich die letzten Höhenmeter nach unten über weitere Stufen noch einmal kräftig in die Knie gehen.

Der 100 Hektar große Ahukawakawa Swamp entstand vor ca. 3.500 Jahren, als Vulkanschutt in Höhe von The Dome den Wasserablauf zwischen Taranaki und der Pouakai Range blockierte. Die auf sauren Boden und niedrige Temperaturen angepasste Vegetation ist hier relativ artenreich. Neben unauffälligen Vertretern wie Torfmoosen, Schafgarbe und dem Blütengras Red Tussock begeistert das wasserreiche Reservoir im Sommer mit den goldenen Bulbinella-Blüten und Farbtupfern anderer Blüher. Nach einer elegant geschwungenen Holzbrücke über den Oberlauf des Stony River wandern Sie leicht über beginnende, buschige Lavaausläufer des Taranaki bergan und gelangen 800 m später zu einer Rastplattform.

Von hier sind es noch weitere 300 m bis zum Abzweig zur zweiten Hütte entlang der Wanderstrecke ❻.

Holly Hut, 32 Schlafplätze, $ 15 p. P., Buchung vorab erforderlich, Solarbeleuchtung. Auf dem 200 m langen Weg zur Hütte nach rechts muss der Minarapa Stream mit felsigem Bachbett gefurtet werden. Häufig ist der Wasserlauf trocken und mit etwas Kraxelei einfach zu überwinden, doch nach starkem Regen kann der Bach rasch anschwellen und unpassierbar sein.

Um die Rundwanderung fortzusetzen, biegen Sie nach links auf den **Holly Hut Track** ab (Wegweiser „North Egmont"). Zwischen markanten Lavaformationen und eingeschnittenen Bachtälern wandern Sie über die mit widerstandsfähigem Gebüsch bewachsenen unteren Nordflanken von Mt Taranaki weiter bergan. Zurückblickend ist das Landschaftsbild der 250.000 Jahre alten Lavaarme des vergangenen Pouakai-Vulkans und der Talkessel um den Ahukawakawa Swamp sehr eindrucksvoll. In mehreren Schleifen um typisches, zerfurchtes Vulkangelände bewältigen Sie die letzten ansteigenden Meter des Tages und 2,7 km nach dem Holly-Hut-Abzweig haben Sie an einer Weggabelung den Tageshöchstpunkt erklommen.

Rechter Hand erkennen Sie den großen Felsrutsch mit dem Namen Boomerang Slip und imposante Lavasäulen-Felsen wie die Dieffenbach Cliffs, unterhalb derer sich der Holly Hut Track seinen weiteren, anspruchsvolleren Weg bahnt (Bestandteil der offiziellen Wegführung des Pouakai Crossing und Pouakai Circuit, ☞ Seite 116, 117). Für die hier beschriebene Tagesvariante oder bei aufkommenden widrigen oder winterlichen Witterungsbedingungen schwenken Sie jedoch nach links auf den 3,8 km langen **Kokowai Track** ❼ ab. Entlang des abfallenden Bergrückens oberhalb des Kokowai Stream können Sie noch einmal freie Blicke über die weite Taranaki-Ebene bis zum Ozean und zurück in die andere Richtung zum Taranaki-Gipfel genießen. Der Name Kokowai hat seinen Ursprung in den Eisen- und Manganoxidvorkommen in der Erde, welche das Bachbett rostrot färben.

Nach einem guten Kilometer betreten Sie für die restliche Wanderung wieder Regenwald. Der Abstiegs-Track mit ein paar wenigen Stufen ist bei trockenem Wetter durch weniger Wurzeln und meist moderatem Gefälle – abgesehen von ein paar steilen Zwischenstücken – etwas einfacher in der Wegbeschaffenheit als der Kaiauai Track vom Beginn der Wanderung. Der Pfad verläuft schon bald nach

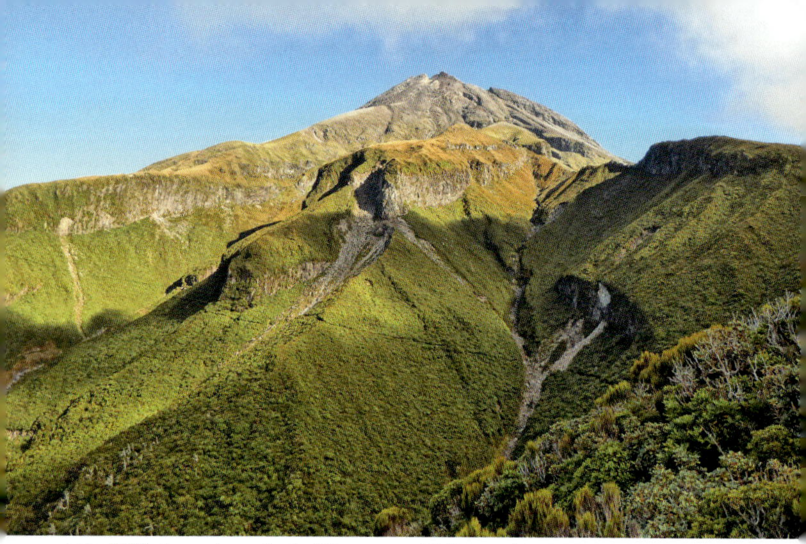

Zerklüftete und erodierte Hänge von Mt Taranaki

der Baumgrenze direkt am Klippenrand links oberhalb des Kokowai Stream.

Obwohl die dichte Vegetation ein sicheres Gefühl hinterlässt, sollten Sie hier mit voller Konzentration absteigen und immer auf dem Weg bleiben. Es gibt mehrere abschüssige Stellen auf der rechten Seite! An einer besonders engen Passage 1,7 km nach dem Waldeintritt ist zur Sicherheit eine Kette zum Festhalten angebracht.

Schließlich treffen Sie auf den **Kaiauai Track** vom Anfang der Wanderung. Halten Sie sich hier nach rechts (Wegweiser „Egmont Rd") auf dem bekannten Weg bis zum Ausgangspunkt des Kaiauai Carpark.

↳ Folgende drei abweichende Routenführungen zur beschriebenen Rundwanderung sind möglich:

Pouakai Crossing (→, ⮌ 17,7 km, ⌛ 8 Std., ↑↓ 885 m/1.320 m)
Die Tagesstreckentour startet in North Egmont am Ende der Egmont Rd, 2 km nach dem Kaiauai Carpark. Vom Parkplatz beim DOC Visitor Centre halten Sie sich immer in Richtung Holly Hut vorbei am roten, historischen Camphouse (34 Schlafplätze, $ 27 p. P., Buchung unter www.doc.govt.nz [Suchbegriff: Camphouse]). Ansteigend durch Bergwald über den Grat des Razorback geht die Vegetation bald in subalpines Buschwerk über und Sie erreichen nach 1,4 km einen Aussichtspunkt in Richtung Küste mit Rastbank.

Der Blick auf Taranaki ist kurze Zeit später ebenso frei und Sie laufen unterhalb imposanter Steilhangformationen wie dem „Zeigefinger" des Humphries Castle oder den Klippen der mächtigen Dieffenbach Cliffs über teilweise anspruchsvolles, felsiges Vulkanterrain. Nach dem anfänglichen Anstieg von 450 Höhenmetern schlängelt sich der spannende Holly Hut Track an den erdrutschanfälligen, von Bachtälern faltenreich geformten und erodierten Nordostflanken des Vulkans bis zum Abzweig des Kokowai Track (km 15,7 der Beschreibung), welchen Sie nach 5,3 km erreichen. ✋ Sie passieren lose Geröllfelder (möglichst einzeln nacheinander), wie das des Boomerang Slip, welche sich bei vereistem oder mit Schnee bedeckten Untergrund in gefährliche Rutschbahnen verwandeln können. Kehren Sie im Zweifel um. Unter winterlichen Bedingungen sind für den Trackabschnitt von North Egmont bis zum Kokowai-Abzweig Eispickel und Steigeisen dringend anzuraten oder Sie sollten über den Kokowai Track aufsteigen.

Vom Kokowai-Turnoff folgen Sie der obigen Beschreibung in umgekehrter Richtung bis zum Abzweig des geschäftigen Mangorei Track (km 8,7). Nach einem möglichen Abstecher zum Pouakai Tarn 📷 steigen Sie lange 5,4 km (🡻 700 m) über viele Stufen und Bohlen ab und wandern durch einen zauberhaften Kāmahi-Mooswald bis zum Parkplatz am Ende der Mangorei Rd. 🚌 Taranaki Mountain Shuttle (☞ siehe weiter vorne) bietet den Transfer ausgehend von New Plymouth zum Start und vom Ziel zurück an, $ 45 für 1 Person bzw. $ 35 p. P. ab 2 Personen. ☺ Für maximale Flexibilität parken Sie Ihr Fahrzeug am besten auf dem Mangorei Carpark und lassen sich dann nach North Egmont fahren (gleicher Preis).

Taranaki Crossing (➔, ➲ 23,6 km)
bietet als Mehrtagestrack den verlängerten Zugang von Dawson Falls (☞ Wanderungen 16 und 17) zur Wanderstrecke des Pouakai Crossing.

Pouakai Circuit, offizielle Wegführung
(↻, ➲ 23,5 km, ⌛ 12 Std., 🡹 🡻 1.490 m/1.490 m)
Die ungekürzte Routenführung des Pouakai Circuit bedient sich desselben Aufstiegs von North Egmont zum Kokowai-Abzweig wie beim Pouakai Crossing. Die längere Runde im Vergleich zur vorgestellten Variante via Kokowai Track macht jedoch mindestens eine Übernachtung obligatorisch. Am Ende der Wanderung verbindet auf den letzten 2,7 km der Ram Track (🡹 🡻 245 m/50 m) das beschriebene Kaiauai-Ende mit dem North-Egmont-Gelände.

16 Egmont Nationalpark: Panitahi (Fanthams Peak)

Tour für Bergkenner mit Abenteuergeist

Hoch hinaus geht es auf dieser anspruchsvollen Wanderung zum Nebenkegel des Mt Taranaki, dem Panitahi (Fanthams Peak). Stetig ansteigend ist der kräftezehrende Weg anfangs noch einfach zu meistern, doch spätestens der letzte Abschnitt über den steilen Hang aus Vulkangeröll ist schwierig. Oben liegt Ihnen dann die Welt zu Füßen und die höchste Hütte der Nordinsel, die einfache Syme Hut, lockt mit einer Übernachtung. Die grandiose Rundumsicht reicht bis zur weitgezogenen Küstenlinie der Tasmanischen See und ins Innere der Nordinsel bis zu den Vulkanen Mt Ruapehu und Mt Ngāuruhoe im entfernten Tongariro Nationalpark.

Start/Ziel: Dawson Falls Carpark, GPS S 39°19.439' E 174°06.216'

8,5 km

6 Std. 15 Min.

1.065 m/1.065 m

900-1.965 m

eindeutige Wegführung (gutes Wetter vorausgesetzt!) und umfangreiche Beschilderung mit Wegweisern an allen wichtigen Stellen, im freien Gelände und am Geröllhang orange Stäbe

bis km 2,9/ab km 5,6 (Höhe 1.500 m) einfacher, häufig schmaler Weg mit sehr vielen Stufen; die anschließenden Geröllhänge bis zum Gipfel sind sehr anspruchsvoll im Auf- und Abstieg (nähere Details in der Beschreibung); außer im Waldabschnitt kein Schatten

km 0,9/km 7,6, Hillary Seat (km 1,4/km 7,1), Hooker Shelter (km 1,8/km 6,7)

WC Dawson Falls Carpark (Start/Ziel), Syme Hut (km 4,1)

Dawson Falls Carpark, freedom camping mit Self-contained-Wohnmobilen möglich

Kapuni Lodge (150 m ab km 2,6/km 5,9), Syme Hut (km 4,1)

Bis zur Kapuni Lodge ist der Aufstieg auch für Kinder gut geeignet, darüber hinaus nur für ältere Kinder mit ausreichender Kondition und Trittsicherheit. Eine Übernachtung in der Kapuni Lodge bietet sich an.

P Parkplatz Dawson Falls. Anfahrt: Nehmen Sie in Stratford den Abzweig vom SH 3 in Richtung „Dawson Falls". Nach 14 km biegen Sie rechts in die Manaia Rd ab und gelangen 3 km später zur Nationalparkgrenze sowie nach weiteren 5,9 km auf schmaler, kurviger Straße durch den „Waldtunnel" zum Dawson Falls Gelände.

Eastern Taranaki Experience, ☏ 06/765 74 82, dave.digby@xtra.co.nz, www.eastern-taranaki.co.nz, fährt auf Anfrage zu flexiblen Zeiten von Stratford nach Dawson Falls, $ 25 p. P. (Minimum 2 Personen)

Dawson Falls DOC Visitor Centre, 027/443 02 48, egmontvc@doc.govt.nz

Die beste Wanderzeit für diese Tour ist Dezember bis Februar.

Außerhalb der wärmeren Monate ist mit Schnee und Eis entlang der Schattenseite von Mt Taranaki zu rechnen, dies kann aber selbst im Sommer zu Behinderungen führen. Unter winterlichen Bedingungen ist ein Aufstieg nur erfahrenen Bergwanderern mit entsprechender Ausrüstung zu empfehlen.
Außerdem besteht dann Lawinengefahr, die aktuelle Warnstufe finden Sie unter www.avalanche.net.nz/region/2 (☞ Reise-Infos/Weitere (Natur-)Gefahren).

Beachten Sie die Hinweise zum Wetter und der vulkanischen Gefahr ☞ Wanderung 15.

Rechnen Sie mit deutlich niedrigeren Temperaturen und anschwellendem Wind in den oberen Höhenlagen der Wanderung.

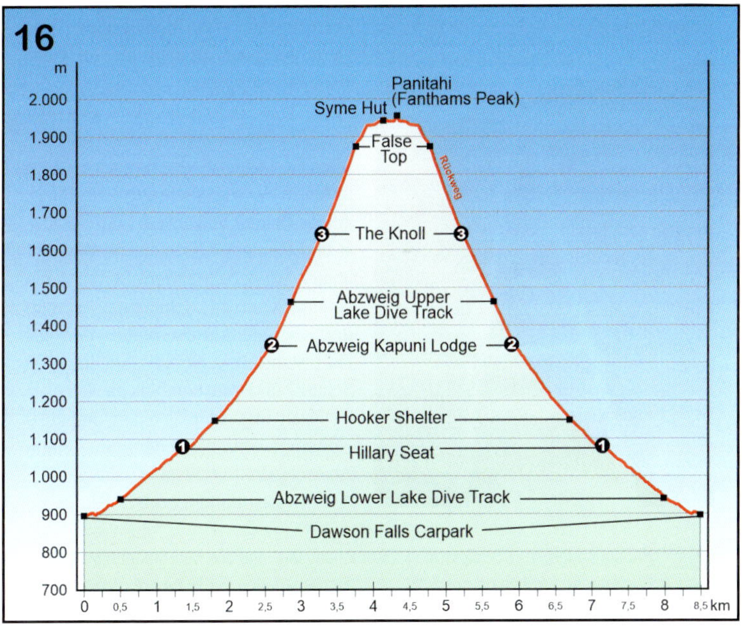

Halten Sie sich vom Parkplatz in Richtung Visitor Centre mit der hölzernen Māori-Skulptur im Eingangsbereich. Vom schönen Fotomotiv mit Blick auf die Gipfel des Taranaki Maunga und seinen Sekundärkegel des Panitahi (Fanthams Peak) auf der linken Seite, dem Ziel der Wanderung, passieren Sie das Besucherzentrum durch den überdachten Anbau und biegen nach wenigen Schritten vom breiten Schotterweg nach links in den Regenwald ab (Wegweiser „Hooker Shelter, Kapuni Lodge, Fanthams Peak/Syme Hut").

Relativ gemütlich geht es über unzählige abgesetzte Stufen durch einen zauberhaften, von üppigen Moosen und Flechten strotzenden Märchenbergwald durchgehend aufwärts. Am Abzweig zur Lake Dive Hut (Lower Track) nach den ersten 500 m orientieren Sie sich rechts. Einen weiteren knappen Kilometer später erinnert der Hillary-Seat-Gedenksitz ❶ an das Leben des neuseeländischen Bergsteigers Sir Edmund Hillary, dem zusammen mit Tenzing Norgay im Jahr 1953 die Erstbesteigung des Mt Everest gelang. Als Trainingsgipfel fungierte auch der Taranaki, den er mehr als 100-mal bestieg.

„Himmelstreppe"

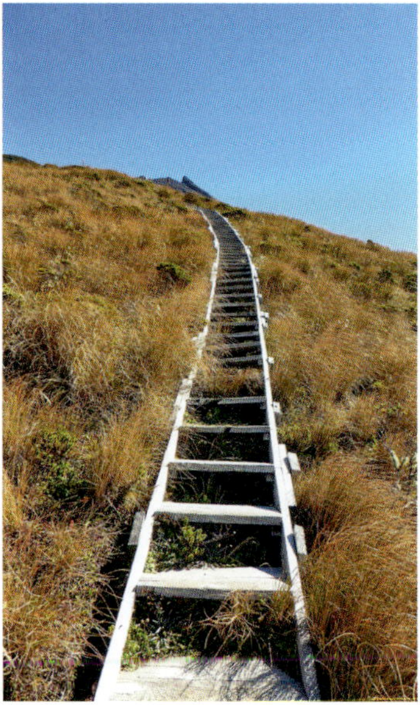

Dichtes subalpines Gebüsch hat nun den Regenwald abgelöst und die schmale Schneise des Weges erlaubt fortan in Aufstiegsrichtung tolle Blicke auf die beiden Vulkankegel des Taranaki und Panitahi. Der einfache Weg mit immer wiederkehrenden Stufen kann vereinzelt etwas schlammig werden und zwischendurch bietet der ⌂ Unterstand des Hooker Shelter eine Schutz- und Pausenmöglichkeit.

Nach insgesamt 2,6 km und 460 Höhenmetern erreichen Sie einen Abzweig nach rechts zur nahe gelegenen privaten Kapuni Lodge ❷.

Kapuni Lodge, 19 Schlafplätze, $ 25 p. P., private Hütte des Mt Egmont Alpine Club, Buchung und Abholung des Schlüssels für den Zugang zur Hütte erforderlich, aktuelle Kontaktperson unter www.mtegmontalpineclub.org.nz/kapuni.html, ausgestattet mit Solarbeleuchtung, Küche mit Gaskocher sowie Geschirr

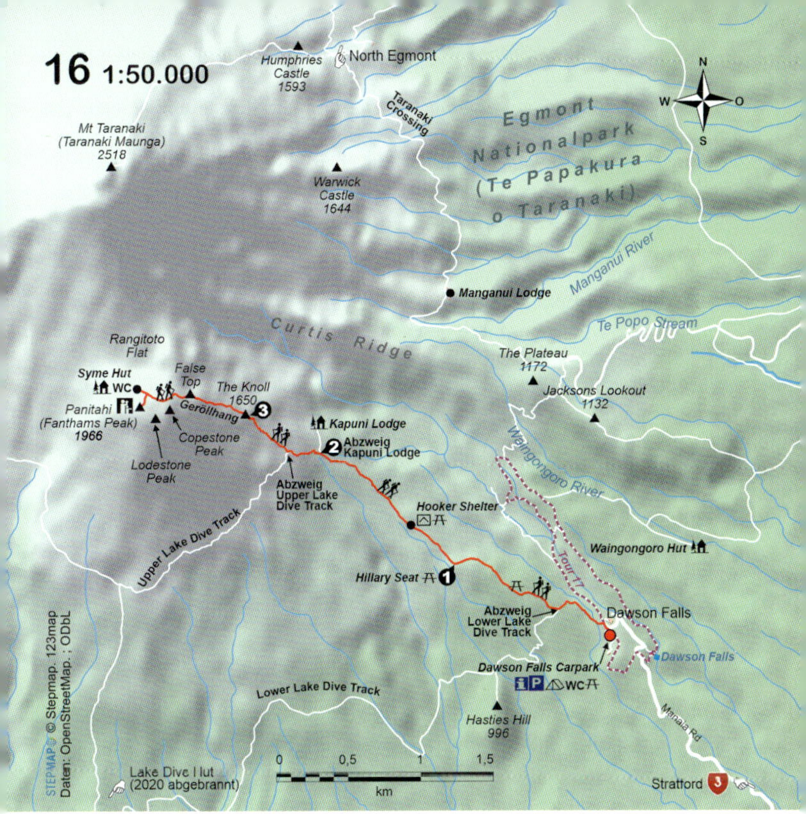

Für den Weg zum Panitahi bleiben Sie jedoch halb links auf dem Haupttrack. Über weitere Stufen wird die Steigung jetzt spürbar straffer als bisher und die letzten Büsche und beginnendes Tussock-Grasland geben nun endgültig grandiose Aussichten auf die umgebenden Vulkanhänge des Bergwalds vom bisherigen Aufstieg sowie den flacheren Tieflandwald frei. Letzterer endet wie vom Zirkel gesetzt mit der Nationalparkgrenze an der vorgelagerten Taranaki-Ebene, einem großen Flickenteppich aus Weide- und Ackerland.

Eine durchgehende Holztreppe hilft Ihnen für geraume Zeit, die Höhenunterschiede zu überwinden und den Abzweig zur Lake Dive Hut (Upper Track) lassen Sie im wahrsten Sinne des Wortes links liegen. Am Ende der „Himmelstreppe" heißt es noch mal durchschnaufen, denn der Aufstieg über die kommenden Geröllhänge (*scree slopes*) wird ab hier bei einer Höhe von 1.500 m zunehmend beschwerlicher.

Zur Orientierung sind Stäbe mit oranger Farbmarkierung eng gesetzt. Das erste Zwischenziel ist ein moosbedeckter Hügel (The Knoll), der in der Silhouette mittig zwischen dem gerade noch erkennbaren Gipfel von Taranaki rechts und dem Copestone Peak links, am alten erodierten Kraterrand von Panitahi, liegt.

Das lockere, verschieden große Vulkangestein gibt relativ guten Halt, verglichen mit dem, was nach dem anschließenden Zick-Zack-Weg über The Knoll (1.650 m) ❸ an Herausforderung bevorsteht.

Die letzte Vegetation verschwindet und vor Ihnen breitet sich ein ausgedehnter Geröllhang mit loser, zerbröselter Vulkanschlacke aus. Der Aufstieg durch das tiefe Lockermaterial ist äußerst kräftezehrend, vor allem weil Sie gefühlt für zwei Schritte wieder einen hinabrutschen.

Tipps fürs Wandern auf vulkanischen Geröllhängen (*scoria scree slopes*)

- ▷ Beim Aufstieg sind Trekkingstöcke zur besseren Kräfteverteilung sinnvoll. Neidvolle Blicke der anderen Wanderer sind Ihnen sicher.
- ▷ Hingegen sind die Stöcke beim Abstieg eher hinderlich, da Sie durch die vorgebeugte Haltung Ihren Körperschwerpunkt nach vorn verlagern. Versuchen Sie stattdessen, schräg nach hinten gelehnt in Rücklage gleichmäßig den Hang hinabzugleiten. Treten Sie kräftig in das lose Geröll, so haben Sie mehr Halt.
- ▷ Tragen Sie robuste Wanderschuhe mit griffigem Profil.
- ▷ Nur wenigen ungeübten Wanderern gelingt der Abstieg ohne jegliche Ausrutscher. Mitunter ist der Untergrund im steilen Gelände vergleichbar mit vielen kleinen Murmeln auf einem darunterliegenden festen Boden – ein Garant für Rutschpartien. Tragen Sie robuste Bekleidung und schützen ggf. Ihre Hände durch Handschuhe vor eventuellen Verletzungen am teilweise scharfkantigen Gestein. Bedecken Sie auch Arme und Beine mit langer, schützender Bekleidung.
- ▷ Nach meiner Erfahrung bietet ein seitliches Auftreten nicht nur besseren Halt, sondern so können Sie sich beim Hinfallen auch besser auffangen. Am besten laufen Sie dazu im Zickzack und verringern damit gleichzeitig das Gefälle.
- ▷ Achten Sie auf eventuell herabrollende Steine.

Nach anstrengenden 250 Höhenmetern ist der Aufstieg nach einer Passage mit verstreuten großen Steinbrocken am sogenannten False Top fast geschafft. Der Gipfelkegel von Taranaki rechter Hand ist jetzt zum Greifen nahe. ☝ An dieser Stelle legt der Wind häufig kräftig zu.

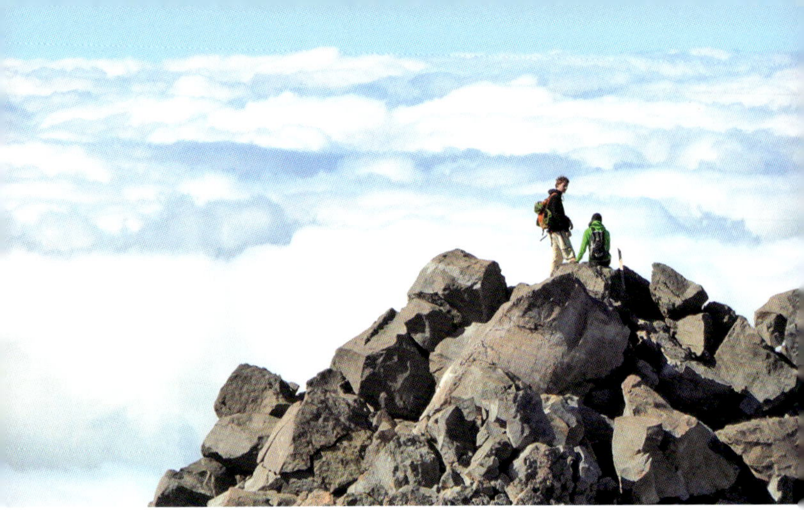

Wanderer genießen die Aussicht über den Wolken vom Copestone Peak

Über einen kleinen Bergrücken verläuft die Route nun spürbar weniger steil rechts vorbei am felsigen, bereits die gesamte Zeit sichtbaren Copestone Peak und Sie erreichen den Krater des Panitahi. Gemütlich wandern Sie – gutes Wetter vorausgesetzt – die restlichen 300 m gen Westen über einfaches und flaches Gelände bis zur Syme Hut, der höchstgelegenen Hütte der Nordinsel mit spektakulären Panoramablicken inklusive, vor allem zu Sonnenunter- und -aufgang.

Syme Hut, 10 Schlafplätze, $ 5 p. P., Standard Hut Ticket Die Hütte trägt den Spitznamen „The Fridge" nicht ohne Grund: Sie ist nicht beheizbar und die Temperaturen können auch im Sommer ungemütlich kalt werden.

Um zum höchsten Punkt von Panitahi/Fanthams Peak (1.966 m) zu gelangen, biegen Sie nur wenige Meter vor der Hütte nach links zur rotbraunen Erhebung in 100 m ab. Von dort ist der Blick auf die Südhänge von Mt Taranaki und die auf dem Kraterrand gelegene Syme Hut atemberaubend. In der anderen Richtung liegen Vulkanhänge in faszinierendem Farbenspiel zu Ihren Füßen.

☺ Der nur 100 m südöstlich gelegene, über den Kraterrand einfach und sicher erreichbare Lodestone Peak offenbart ebenso spektakuläre Aussichten, ist allerdings 5 m tiefer gelegen.

Planen Sie für den Abstieg über die Aufstiegsroute ausreichend Zeit ein.

17 Egmont Nationalpark: Wilkies Pools und Dawson Falls Loop

Tour für Familien und Liebhaber von Märchenwald

Die kurze Wanderung an der Südostflanke des Taranaki Maunga bei Dawson Falls besticht durch einen besonders mystischen Zauberwald. Knorrige Kāmahi-Bäume mit zotteligen Moosen und Flechten ringen mit Berg-Tōtara, blütenreichen Fuchsien (Kōtukutuku) mit ihren zimt- und orangefarbenen Stämmen und vereinzelten Kānuka-Exemplaren um die besten Plätze in der niedrigen Baumkrone. Die dschungelähnliche Vegetation der Nebelzone hinterlässt einen ehrwürdigen Eindruck bei allen Wanderern, die in die üppig wuchernde Goblin-Forest-Fantasiewelt eintauchen. Obendrein sorgen die lavageformten Wilkies Pools und die berauschenden 18 m hohen Dawson Falls entlang des Kapuni Stream für Abwechslung und weitere kleine plätschernde Bachläufe und Wasserfälle machen die Rundwanderung perfekt.

Start/Ziel: Dawson Falls Carpark, GPS S 39°19.439' E 174°06.216'

4,4 km

2 Std.

↑↓ 270 m/270 m

830-1.070 m

umfangreiche Beschilderung mit Wegweisern an allen wichtigen Stellen, aufgrund der vielen Wegeoptionen im dichten Tracknetz rund um Dawson Falls mitunter etwas unübersichtlich

Bandbreite reicht von einfachem, barrierefreiem und breitem Weg bis hin zu schmalem, zugewachsenem natürlichem Pfad mit hohen Absätzen, vielen Stufen und häufigen Wurzeln; steile Metallleiter bei km 3,2

km 0,1 (kurz nach dem Visitor Centre)

WC Dawson Falls Carpark (Start/Ziel)

Wilkies Pools (100 m ab km 1,3)

Dawson Falls Carpark, *freedom camping* mit Self-contained-Wohnmobilen möglich

Waingongoro Hut (1,2 km ab km 2,1, vgl. erweiterte Wanderrunde), DOC Konini Lodge (km 4,2)

für Kinder ist die Wanderung gut geeignet, entlang des Ridge Track teilweise tiefe Absätze

P Parkplatz Dawson Falls. Anfahrt: ☞ Wanderung 16

Eastern Taranaki Experience, ☞ Wanderung 16

i Dawson Falls DOC Visitor Centre, ☞ Wanderung 16

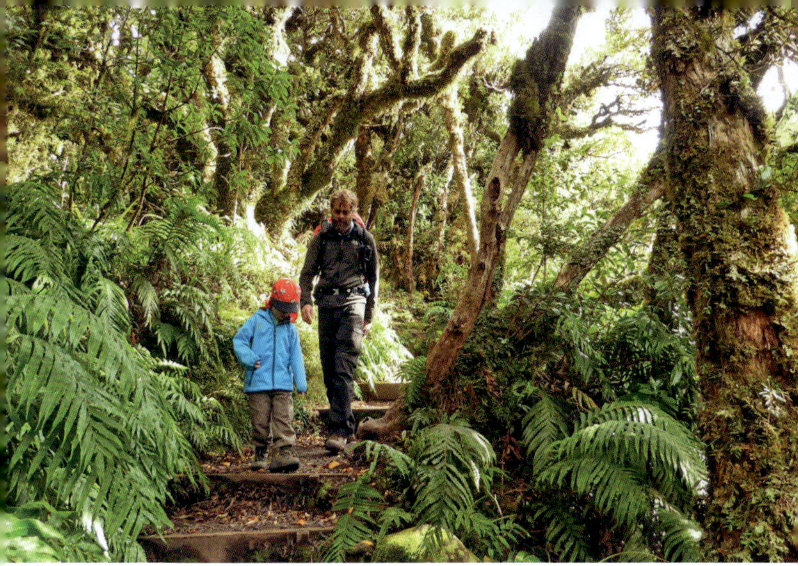

Zauberhafter Wald auf dem Kapuni Loop Track

☺ Die beste Wanderzeit für diese Tour ist Oktober bis April.

Kleine Änderungen in Beschilderung, Wegführung und Wegbeschaffenheit können nicht ausgeschlossen werden, da bei Dawson Falls der Start des neuen Tramping-Tracks Taranaki Crossing (☞ Seite 117) geplant ist. Die Arbeiten sollen bis 2023 abgeschlossen sein.

Vom Parkplatz halten Sie sich in Richtung Visitor Centre mit der hölzernen Māori-Skulptur im Eingangsbereich. Sie passieren das Besucherzentrum durch den überdachten Anbau, bleiben geradeaus auf dem breiten, befestigten Weg entlang des Wilkies Pools Loop Track und des **Ridge Loop Track** und treten in einen märchenhaften Wald ein, der Besucher schon seit jeher verzaubert hat. Nach einem halben Kilometer mit staunenden Blicken zweigen Sie nach rechts entlang des Ridge Loop Track ab.

Geradeaus gelangen Sie alternativ weiter auf dem Wilkies Pools Loop Track barrierefrei zur gleichnamigen Brücke und den Pools.

Nur wenige Schritte nach dem Abzweig müssen Sie den Kapuni Stream queren. Im Hintergrund des wilden, von großen Steinen übersäten Bachbetts ragen die Vulkankegel von Panitahi (☞ Wanderung 16) und Taranaki empor.

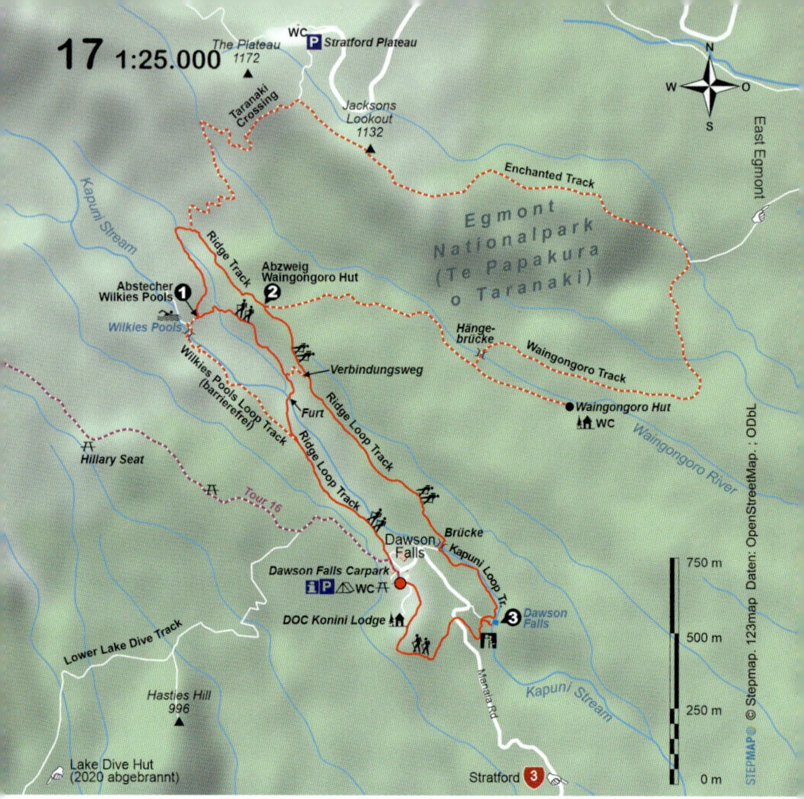

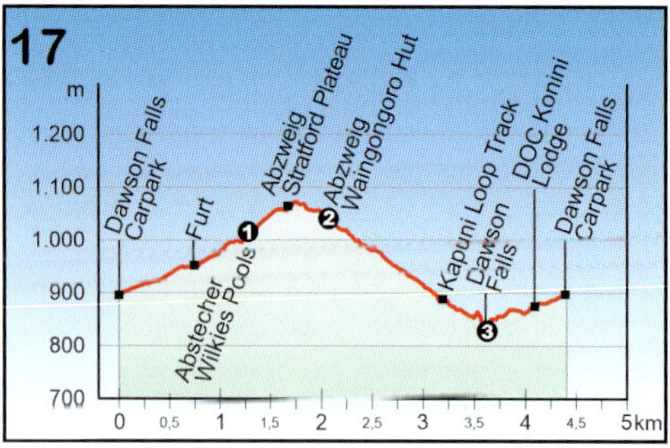

An der Furtstelle ist der Untergrund nicht allzu steinig und die Querung ist meist einfach. Hat es jedoch die letzte Zeit viel geregnet und das Bachlevel ist stark angeschwollen, dann kehren Sie um und nutzen den barrierefreien Alternativweg zur Brücke und stoßen auf der anderen Seite des Baches wieder auf die hier beschriebene Wegführung.

Am kurz nach der Querung folgenden Abzweig des Ridge Loop Track nach rechts bleiben Sie geradeaus auf dem nun wieder ausgeschilderten **Wilkies Pools Loop Track**. Wildromantisch verläuft der Weg durch dichtes Grün in einer Talsenke vorbei an kleinen, klaren Bachläufen und charmanten Wasserfällen über natürlichen, manchmal steinigen oder stufigen Untergrund und ein paar Brücken. Nach weniger als 500 m erreichen Sie die nächste Weggabelung ❶.

Verpassen Sie nicht den kleinen Abstecher für 100 m nach links zu den Wilkies Pools, einer Serie ausgehöhlter Schwimmterrassen und Kaskaden des Kapuni Stream, welche im Laufe von 20.000 Jahren in altes Lavagestein gewaschen wurden. Eine kleine Kraxelei auf der rechten Seite führt zu den oberen Pools. Seien Sie vorsichtig auf dem rutschigen Gestein, vor allem bei Nässe. Mutige wagen den Sprung ins eiskalte Nass oder stürzen sich gar die natürliche, steile Felsrutsche hinab.

Für die Fortsetzung der Rundwanderung steuern Sie an der Gabelung hinauf in Richtung **Stratford Plateau** (offizielle Wegführung des Taranaki Crossing). Über einige Stufen des nun steileren, mitunter schmalen Weges haben Sie durch den subalpinen Wald freie Blicke in die vulkanische Umgebung bis hin zur Küste.

Nach erklommenen 50 Höhenmetern zweigen Sie erneut nach rechts ab (Wegweiser „Waingongoro Hut, Dawson Falls Visitor Centre via Ridge Track").

Verspüren Sie Lust auf eine längere Wanderung, dann können Sie die Tour mit einer spannenden und teils wenig begangenen, aber auch anspruchsvolleren Zusatzrunde ergänzen (↻, zusätzlich ➲ 4,6 km, ⧗ 2 Std., ↑ ↓ 290 m/290 m). Bleiben Sie zunächst geradeaus auf dem Weg zum Stratford Plateau und orientieren sich an den kommenden drei Abzweigen stets rechts: Nach 1,2 km geht es entlang des schmalen, teils zugewachsenen Enchanted Track durch dichten Mooswald steil bergab und weitere 1,6 km später folgen Sie dem Weg nach Süden in leichtem Auf und Ab mit zwei einfachen Bachquerungen in Richtung Waingongoro Hut. Der Track dreht gen Westen und Sie erklimmen wieder Höhenmeter. Direkt nach der höchsten Hängebrücke des Nationalparks 24 m über der Waingongoro-River-Schlucht (max. 1 Person) orientieren Sie sich am Abzweig zur charismatischen Hütte (400 m, 16 Schlafplätze, $ 15 p. P., Serviced Hut Ticket, beliebte Familienoption) in Richtung Stratford Plateau/Dawson Falls Visitor Centre und stoßen schließlich auf die unten beschriebene Wegführung an der ersten Weggabelung entlang des Ridge Track (km 2,1), dem Sie dann nach links bergab folgen.

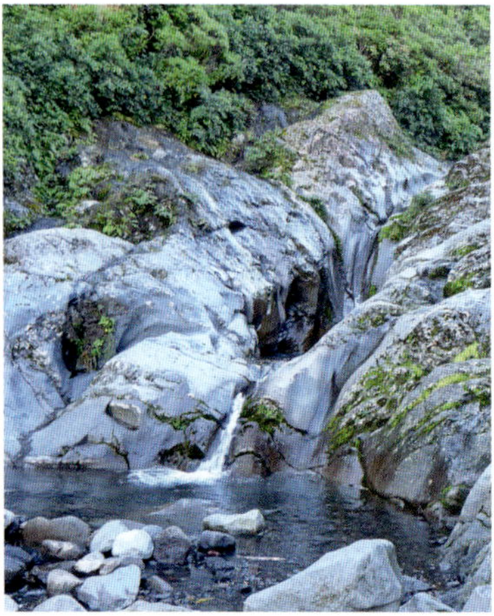

Wilkies Pools

Der **Ridge Track** schlängelt sich kurz auf einen Lavarücken hinauf. Von hier haben Sie einen guten Blick zurück auf die beiden Vulkankegel. Folgen Sie dem alten Lavastrom entlang eines mitunter schmalen und zugewachsenen, zauberhaften Waldweges bergab und halten sich dazu an der Weggabelung zur Waingongoro Hut rechts (Wegweiser „Dawson Falls Visitor Centre“, hier kommt die obige Zusatzrunde dazu) ❷ sowie am später folgenden Abzweig zu den Wilkies Pools geradeaus auf dem **Ridge Loop Track** (Wegweiser „Ridge Loop Track, Dawson Falls Visitor Centre 900 m/25 min“). Gefühlt weit weg von der Zivilisation kommen Fantasyliebhaber auf dem geheimnisvollen, abgeschiedenen und häufig in Nebel gehüllten Waldabschnitt mit unzähligen kleineren und tieferen Absätzen sowie einigen Wurzeln voll auf ihre Kosten, denn es scheint, als ob jeden Moment Elfen oder Hobbits aus dem Dickicht hervortreten könnten.

Schließlich dreht der Weg scharf nach rechts und Sie queren über eine Brücke eine imposante Schlucht mit sprudelnden Wasserkaskaden des Kapuni Stream. Auf der anderen Seite klettern Sie eine steile Metallleiter hinauf.

Folgen Sie ab hier bis zum Ende der Wanderung der Beschilderung des **Kapuni Loop Track**. Entsprechend wandern Sie zunächst nach links über zahlreiche Stufen weiter bergab. Nach 400 m ignorieren Sie den Abzweig zur Straße und können kurz darauf nach links als kleinen Abstecher steil zum Fuße des rauschenden Wasserfalls der Dawson Falls (Te Rere o Noke) hinabsteigen ❸, benannt nach seinem Entdecker Thomas Dawson im Jahr 1885.

Zurück auf dem Hauptweg des Kapuni Loop Track wartet wenig später ein freier Blick von oben, aber etwas aus der Ferne, auf die herabstürzenden Wassermassen. Ab hier ist der letzte 750-Meter-Abschnitt von einem gemäßigten Anstieg von 50 Höhenmetern gekennzeichnet. Sie queren 100 m nach dem Aussichtspunkt die Straße (Manaia Rd) und gelangen durch schönen Bartflechten-Regenwald mit vielen Farnen vorbei an der Konini Lodge (38 Schlafplätze, $ 27 p. P., Buchung unter www.doc.govt.nz [Suchbegriff: Konini Lodge]) schließlich zum Parkplatz vom Ausgangspunkt.

⑱ Whanganui Nationalpark: Ātene Viewpoint Walk

Tour für Wanderer, die es ruhiger mögen

Eine Fahrt durch die beeindruckende Flusslandschaft entlang des abgelegenen Tals der Whanganui River Rd und die tiefe Verbindung der Māori sowie der Einfluss der europäischen Siedler sind für sich allein schon eine Reise wert. Am südlichen Außenposten des Nationalparks wartet obendrein eine kurze und interessante Wanderung auf Sie. Durch wunderschönen Tieflandregenwald geht es hinauf zu einem Bergrücken mit Blick auf ein verwunschenes, ehemaliges Mäandertal des Whanganui River und einem fast kompletten 360-Grad-Bogen um den einsamen Puketapu Hill in der Mitte.

⇆ Start/Ziel: Ātene Carpark, GPS S 39°43.634' E 175°08.333'

4 km

1 Std. 45 Min.

↑↓ 230 m/230 m

⇧ 35-240 m

eindeutige Wegführung mit Beschilderung an wichtigen Stellen (Ausnahme: Rückweg bei km 2,9), orange Dreiecke als Markierung

pfad- bis mittelbreiter einfacher Wald- oder Wiesenweg, ein paar wenige Stufen, mitunter rutschig oder schlammig, zeitweise schattig

km 1/km 3, Ātene Aussichtpunkt (km 2)

WC km 1,2/km 2,8

Otumaire Campsite (kostenfrei), 2 km weiter flussaufwärts entlang der Whanganui River Rd. Bringen Sie zur Sicherheit Ihren eigenen Trinkwasservorrat mit. ☺ The Flying Fox, Camping & Unterkunft, www.theflyingfox.co.nz, 9 km vom Trackstart in die gleiche Richtung, ist ein besonderer Übernachtungsplatz: Der Zugang zum Öko-Retreat auf der gegenüberliegenden Flussseite ist nur mit Gondelwagen möglich.

für Kinder gut geeignet, keine gefährlichen Stellen

P Ātene Carpark. Anfahrt: Folgen Sie von Whanganui in Richtung Wanganui East/Raetihi/National Park dem SH 4 etwa 13 km und biegen Sie ca. 2,5 km nach Upokongaro links in die Whanganui River Rd ab (Wegweiser Pipiriki, Schild „Whanganui National Park"). Der Parkplatz befindet sich nach 22 km kurz hinter Ātene auf der rechten Seite (zweiter Zugang zum Ātene Skyline Track).

i Whanganui i-SITE Visitor Centre, 31 Taupo Quay, ☏ 06/349 05 08 oder 08 00/92 64 26, info@discoverwhanganui.nz. Für die gesamte 64 km lange Fahrt entlang der Whanganui River Rd hält das Besucherzentrum eine Broschüre mit Road Guide bereit.

Vom Parkplatz geht es direkt hinein in den dschungelähnlichen Regenwald. Holzlianen (*supplejack*), Luftwurzeln des Kiekie-Strauchs, Nīkau-Palmen und Baumfarne wie Mamaku, Ponga und Whekī hüllen moosbedeckte Laubbäume wie Patē (*seven finger*), Māhoe (*whiteywood*) und Kawakawa in ein undurchdringliches Gewirr. Rippenartige Brettwurzeln verleihen einzelnen Pukatea-Bäumen die notwendige Standfestigkeit im feuchten Sumpfboden. Um diesen vor Erosion zu schützen, wandern Sie anfangs kurz auf einem Holzsteg, aber auch danach können Sie auf dem Waldboden meist sehr angenehm laufen.

Nach knapp 500 m öffnet sich das Dickicht, denn hier hat ein vergangener Erdrutsch die Blicke in die Umgebung freigegeben ❶. Der für die Gegend typische Untergrund des sogenannten *papa-rock* (Sandstein) ist vor allem bei Nässe rutschig und erfordert ein wenig Konzentration.

Der Track dreht kurz danach die Richtung von ostwärts gen Westen und über ein paar Stufen geht es weiter bergan. Entlang eines Zauns zum Weidegelände auf der rechten Seite wandern Sie gemütlich über einen von Tea Trees und später Südbuchen gesäumten Wiesenpfad.

Sie steigen nach knapp 300 m rechts über einen Zaunstieg ❷ und queren nun offenes, mit Stechginster (*gorse*) bewachsenes buschiges Farmland.

Flusstal des Whanganui River, auf der Fahrt zum Wanderstart

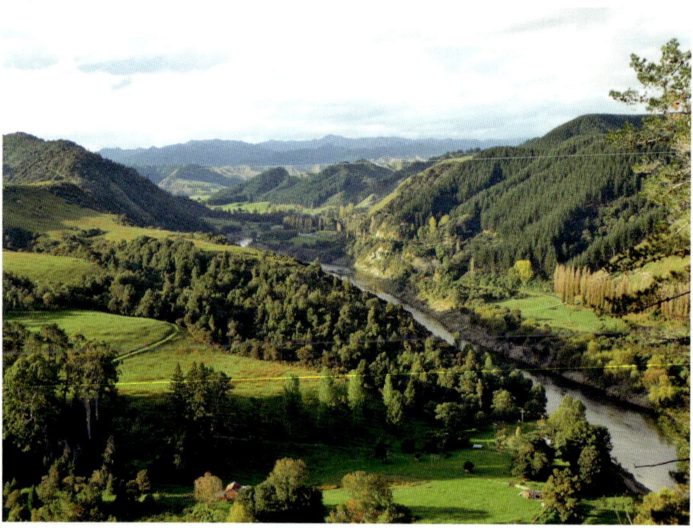

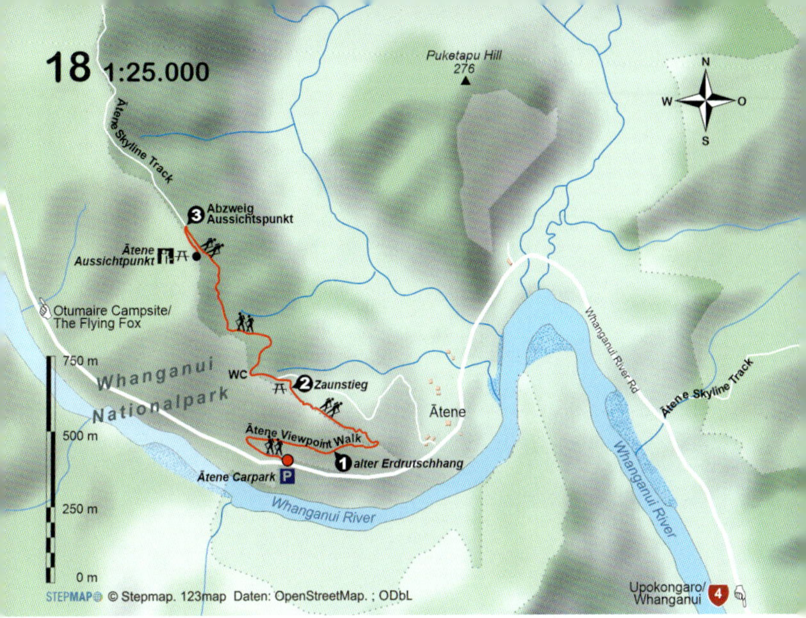

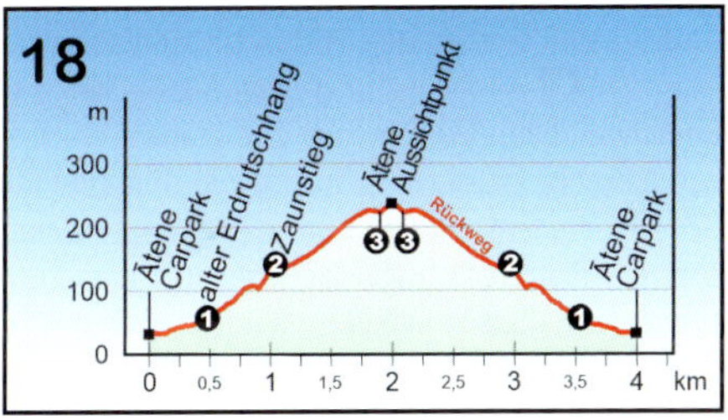

Nach langem Regen kann es hier zeitweise sehr matschig sein und eventuell teilen Sie den Weg mit Rindern. Folgen Sie nur wenige Schritte nach den Zaunstufen in einer kleinen Senke einem alten, zugewachsenen Fahrtweg aus den 60ern geradeaus. Damals gab es Pläne für einen Staudamm am Whanganui River mit einem 5-fachen Volumen wie Wellington Harbour, welche später wieder fallen gelassen wurden. Prägen Sie sich die Weggabelung für den Rückweg ein, da der Abzweig in die andere Richtung nicht ausgeschildert ist.

Nach einem Tor einen guten halben Kilometer später werden die Blicke in das Tal der ehemaligen Flussschlinge weitläufiger und nun ist im Osten in Höhe der kleinen Siedlung Ātene die Durchbruchstelle des Flusses von vor einigen Jahrhunderten gut zu erkennen. In den Jahrtausenden zuvor hatten sich im ehemals durchflossenen Mäanderbogen durch die Erosionskraft des Wassers zwei Prallhänge immer weiter angenähert und im Bergrücken eingeschnitten.

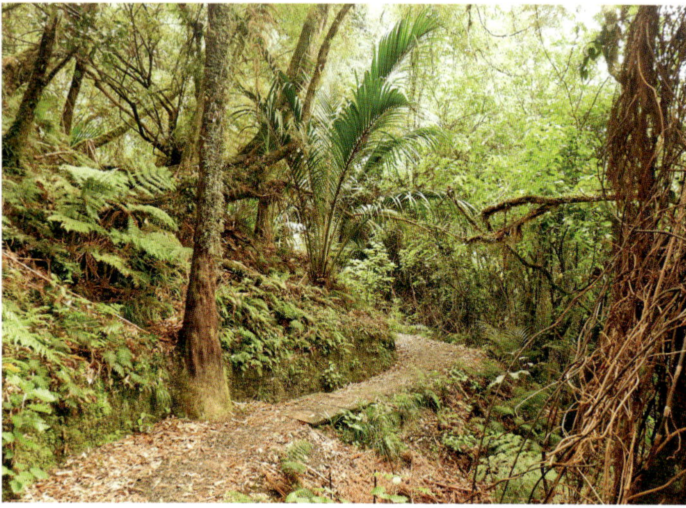

Tieflandregenwald

Jetzt sind es nur noch 200 m bis zum ausgewiesenen Abzweig ❸ scharf nach links zum Aussichtspunkt unter Südbuchen, welchen Sie nach weiteren 100 m erreichen. Die Aussicht auf die grünen Wiesen des Whanganui-Altarms, die bewachsene, kreisförmige Kammlinie drumherum und den in der Mitte thronenden, pyramidenähnlichen Umlaufberg des Puketapu Hill ist zwar etwas verdeckt, aber der Platz hat etwas Magisches und mit ein wenig Fantasie fühlen Sie sich in vergangene Zeiten versetzt. Kinder (und kindgebliebene Erwachsene) werden sicher den Gedanken begeistert aufgreifen, dass sie gerade eben ein verschollenes Dinosauriertal entdeckt haben.

Der Rückweg erfolgt auf der Strecke vom Aufstieg.

North Island
Main Ranges

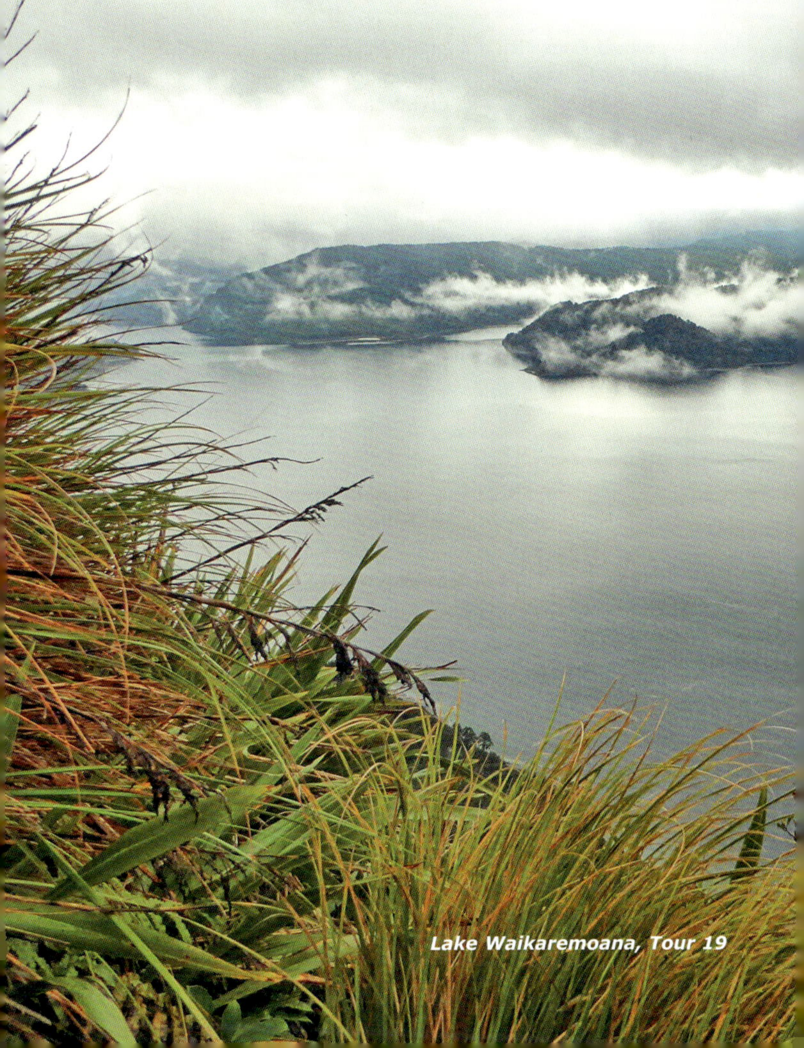

Lake Waikaremoana, Tour 19

19 Te Urewera: Lake Waikaremoana, Panekire Range bis Bald Knob

Tour für fitte Romantiker

Das Regenwald-Gebiet um den zweitgrößten See der Nordinsel, dem Lake Waikaremoana, ist Heimat für die hier lebenden Ngāi Tūhoe-Māori und die Ahnen der „Kinder des Nebels". Aus Rücksicht auf die kulturelle Bedeutung für die Māori trägt der ausgedehnteste verbliebene Primärwald der Nordinsel seit 2014 nicht mehr den offiziellen Nationalparkstatus, sondern besitzt eine eigene Rechtspersönlichkeit. Um das gesamte Ufer des Lake Waikaremoana verläuft einer der zehn Great Walks Neuseelands. Ein wunderschöner Abschnitt des Tracks durch märchenhaften Zauberwald mit vielen fantastischen Ausblicken von hoch aufragenden Klippen auf die Seenlandschaft wird hier vorgestellt.

⇆ Start/Ziel: Onepoto Carpark, GPS S 38°47.999' E 177°07.225'

➲ 12 km

⌛ 5 Std. 30 Min.

↑↓ 810 m/810 m

⇧ 590-1.175 m

✎ ausreichende Beschilderung und eindeutige Wegführung, orange Dreiecke als Markierung, Abzweig zum Bald Knob jedoch nicht ausgewiesen

natürliche Waldwege mit vielen Wurzeln, häufig nasse, aber nur gelegentlich matschige Bedingungen, durchgängig schattig

Onepoto Carpark und Onepoto Day Shelter (Start/Ziel), außerdem hervorragende Pausenmöglichkeiten am Trig 964 (km 2,1/km 9,9) und Bald Knob (km 6), allerdings ohne Bänke und Tische

WC Onepoto Carpark (Start/Ziel)

Waikaremoana Holiday Park (hinter dem ☞ Visitor Centre), ab $ 20 pro Person, www.doc.govt.nz [Suchbegriff: Waikaremoana Holiday Park]

Nur für Kinder mit entsprechender Kondition geeignet Abschüssige Stellen an den Steilhängen nach Norden zum See nur bei Verlassen des offiziellen Weges sowie an den Aussichtspunkten Trig 964 (km 2,1/km 9,9) und Bald Knob (km 6) als auch dreimal kurzzeitig zwischen km 5,4 und 5,8 – bei entsprechender Obacht ungefährlich.

P Onepoto Carpark. Anfahrt: In Wairoa (118 km nordöstlich von Napier am SH 2) folgen Sie der Beschilderung nach Waikaremoana und fahren für 54 km entlang des SH 38. Die letzten 16,5 km sind abschnittsweise unbefestigt. Beim Willkommensschild von Te Urewera biegen Sie nach links in die Onepoto Rd ab und folgen dem äußeren linken geschotterten Fahrweg für 400 m bis zum Parkplatz.

- Te Urewera Visitor Centre, Te Kura Whenua, weitere kurvige 9 km entlang des SH 38, ☏ 06/837 39 00, ✉ teureweravc@ngaituhoe.iwi.nz
- Der Wind kann zeitweise stürmisch pfeifen. Seien Sie dann insbesondere an den Aussichtspunkten vorsichtig.
- Deutlich weniger Wanderer machen sich auf den weiten Weg zum Lake Waikaremoana – entsprechend geht es hier im Vergleich zu anderen Destinationen Neuseelands verhältnismäßig ruhig zu.
- Für Wanderer mit weniger Zeit oder Kraft lohnt auch die verkürzte Variante bis zum ersten Aussichtspunkt (Trig 964) und wieder zurück (⇆, ➲ 4,2 km, ⌛ 2 Std. 30 Min., ↑ ↓ 370 m/370 m). Umgekehrt ist auch eine Ausdehnung der Wanderstrecke bis zur Panekire Hut (Great-Walks-Hütte, Buchung unter bookings.doc.govt.nz) möglich (⇆, ➲ 18,6 km, ⌛ 7 Std. 30 Min., ↑ ↓ 1.000 m/1.000 m).

Beim Unterstand am Beginn des Great Walks um den Lake Waikaremoana starten auch Sie Ihre Wanderung. Der Weg führt schlängelnd durch Busch zur versteckt liegenden Schutzhütte des Onepoto Day Shelter bereits nach 50 m auf der linken Seite, welche an Tagen mit widriger Witterung einen willkommenen Unterschlupf bietet (Übernachtung nur in Notfällen).

Feuchtes Klima sorgt für üppigen Regenwald

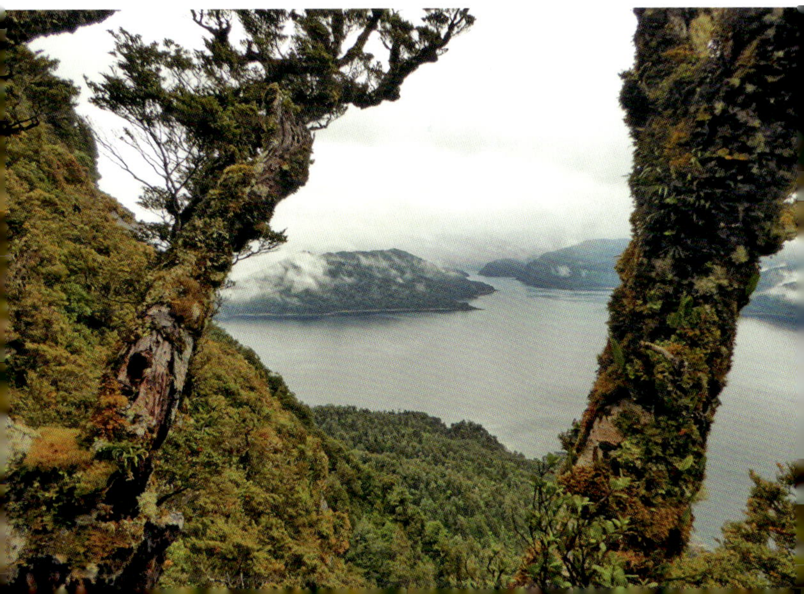

Hier am Südufer bei Onepoto sorgte übrigens ein riesiger Erdrutsch vor 2.200 Jahren für die Entstehung des Sees. Sie passieren die Hütte und stoßen nach weiteren 100 m über leicht ansteigenden Pfad auf eine schmale Fahrweg-Schneise im hohen Gebüsch. Halten Sie sich hier rechts. Meist kommen Sie nun zügig voran, jedoch kann der Untergrund nach langem Regen sehr matschig sein.

Nach 400 m gelangen Sie an eine Wiesenfläche, ein letztes Überbleibsel einer vor 150 Jahren ansässigen Kolonialtruppen-Siedlung mit bis zu 500 Soldaten (Armed Constabulary Redoubt), welche im Zuge der Auseinandersetzung mit den lokalen Tūhoe-Māori errichtet wurde. Erst 2014 wurde die Verwaltung der Gegend wieder an die seit 1500 in Urewera lebenden Māori zurückgegeben. Am Ende der Wiese nehmen Sie an einer Weggabelung den rechten Weg hinauf zur ausgeschilderten Panekire Hut ❶.

↳ Der Weg nach links führt zum Lake Kiriopukae, der je nach Wasserstand aus einem verbundenen See oder zwei einzelnen Seen besteht und mit interessanten Felsformationen am Uferrand begeistert (⇆, ➲ 1 km, ⌛ 20 Min., ↑↓ 50 m/50 m).

Durch dichten Südbuchenwald steigen Sie die nächste Zeit kontinuierlich bergan und zunehmend machen viele Wurzeln das Wandern anspruchsvoller (vor allem beim Abstieg auf dem Rückweg). Bei Nässe können diese rutschig sein. Außer einem kurzen Ausblick nach erklommenen 140 Höhenmeter bleibt Ihnen zunächst die Sicht auf den See größtenteils verwehrt.

Meist wird Sie das hörbare Wellenschlagen am Seeufer und die immer uriger werdende Waldumgebung weiter bergauf beflügeln. Der Regenwald aus bemoosten Bäumen, einzelnen Kiekie-Sträuchern und Farnen zeigt, dass gerade in den höheren Lagen am Lake Waikaremoana eine hohe Luftfeuchte und häufige Niederschläge klimabestimmend sind.

Geduld und Ausdauer werden schließlich belohnt und nach weiteren 200 Höhenmetern Anstieg wartet links vorbei an einer Navigationsmarke (Trig 964) ❷ auf einem Felsplateau am Rande des Steilhangs eine Panoramaaussicht par excellence auf Sie.

An einem schönen Tag sind von hier oben weite Teile des Lake Waikaremoana mit seinen zerklüfteten, sternenförmig angeordneten Uferarmen und das riesige Urewera-Urwaldgebiet zu sehen. Fälschlicherweise wird von vielen vermutet, man befände sich schon direkt auf dem Panekire Bluff – dieser aber türmt sich erhaben in Wanderrichtung weiter im Westen auf.

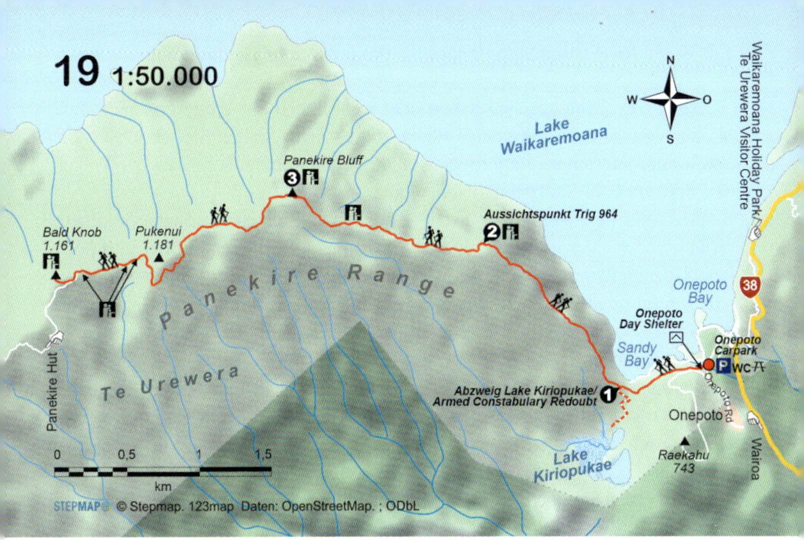

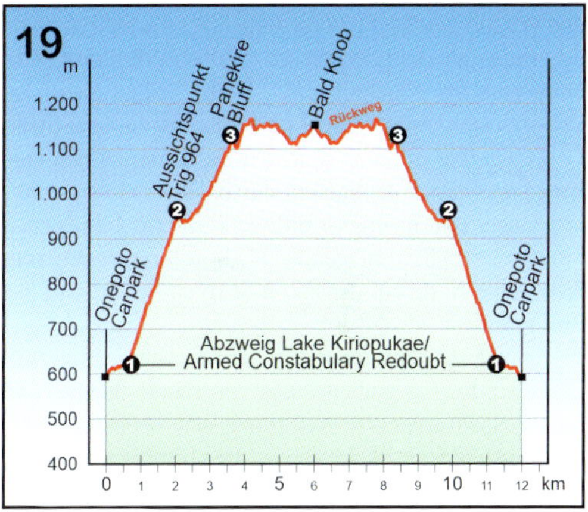

☝ Manche Wanderer steuern einen zusätzlichen Aussichtspunkt mit einem unmarkierten Mini-Abstecher kurz vor dem Trig nach rechts an. Östliche Bereiche des Sees sind zwar von hier aus noch besser zu sehen. Beachten Sie jedoch auch, dass es sich nicht um den offiziellen Lookout handelt und das Steilgelände zu Ihren Füßen deutlich abschüssiger ist. Vorsicht ist vor allem bei nassem und dann rutschigem Gestein angebracht.

Wenn Sie genug gesehen haben oder wenn Ihnen der Wettergott nicht hold ist, dann ist hier ein geeigneter Punkt zur Umkehr. Sollten Sie jedoch zu den Glücklichen mit guten Wetterbedingungen gehören, dann sei Ihnen der Weiterweg bis zum Bald Knob empfohlen.

Der einfachere Weiterweg flacht spürbar ab – der nächste halbe Kilometer verläuft sogar nahezu eben – und ist von immer knorrigeren, moos- und flechtenbeladenen Bäumen geprägt. Auch Wanderer, die sonst nur selten langen Waldstrecken etwas abgewinnen können, werden bestimmt durch die geheimnisvolle Mystik des häufig in Nebel gehüllten und von Farnen gesäumten „Märchenwaldes“ verzaubert sein.

Beim gemäßigten Aufstieg zum Panekire Bluff in leichtem Auf und Ab haben Sie am Wegesrand weitere vereinzelte schöne Fernsichten auf den See und 1,5 km nach dem Trig gelangen Sie schließlich bei einer Höhe von über 1.100 m direkt auf die Bergkuppe des Bluffs ❸. Von den schwindelerregenden Panekire-Klippen werden Sie durch die üppige Vegetation allerdings kaum etwas mitbekommen.

Der Track schraubt sich den letzten nennenswerten Anstieg des Tages hinauf und verläuft anschließend bis zum Tagesziel Bald Knob flott über einfachen Waldweg weiter auf dem Bergrücken der Panekire Range entlang. Dabei geht es vorübergehend ins „Waldesinnere“. Später sollten Sie an mehreren guten Aussichtspunkten etwas Obacht oberhalb abschüssiger Stellen geben.

Zügig geht es voran – achten Sie daher auf den unmarkierten Abzweig zum Bald Knob nach 2 Kilometern durch flaches Gelände: Kurz bevor der Wald deutlich jünger und niedriger wird, verursacht durch einen vergangenen Waldbrand, zweigt ein leicht ansteigender Pfad nach rechts ab. Sollten Sie eine kleine, verschlossene Hütte auf der linken Seite passieren, sind Sie bereits etwa 100 m zu weit gelaufen.

Entlang des Abstecherwegs wird rückblickend nach Süden die Sicht ins Landesinnere bis zur großen Bucht von Hawke Bay frei und nach 100 m empfängt Sie an einem weiten Felsvorsprung eine beeindruckende Landschaftskulisse. Die Aussicht vom Bald Knob ist atemberaubend. Geschwungene Uferlinien entlang grüner Landzungen sowie unzählige Hügelketten des Urewera-Urwalds setzen den Rahmen für den tiefblauen Lake Waikaremoana und im Westen lugt der große Wairau-Arm (Wairaomoana) hinter der Whareama-Halbinsel hervor.

Schweren Herzens werden Sie den Rückweg auf der bekannten Strecke antreten.

20 Kaweka Forest Park: Te Puia Track

Tour für Entdecker abgeschiedener Flusslandschaften

Weit weg von allem – das trifft auf das abgeschiedene Wandergebiet des Kaweka Forest Park zu. Langweilig wird es hier aber keinesfalls. Auf der spannenden Wandertour zur Hütte der Te Puia Lodge folgen Sie dem ewig schlängelnden Flusslauf des majestätischen Mohaka River, legen Pausen an dessen Sandbänken ein und queren wagemutig mehrere schmale Felsvorsprünge. Wer will, komplettiert sein Outdoor-Erlebnis mit einer Übernachtung in der Hütte oder im Zelt und entspannt seine Muskeln bei einem heißen Bad in den zwei Hot Pools an beiden Enden der Wanderung.

Start/Ziel: The Gums Carpark, Ende Makahu Rd, GPS S 39°11.056' E 176°27.261'

13,6 km

4 Std. 45 Min.

555 m/555 m

460-570 m

keine Markierungen, da Wegführung stets eindeutig, Beschilderung nur am Anfang und an der Te Puia Lodge (km 6,8)

durchgängig schmaler Pfad, abwechselnd einfache, flache Waldpassagen und anspruchsvolleres Gelände, welches u. a. steil oder mit Hindernissen wie Wurzeln oder hohen Absätzen versehen ist, insgesamt viel Auf und Ab. Hinzu kommen mehrere kurze abschüssige Abschnitte entlang schmaler Felsvorsprünge (km 3/10,6 – km 4,7/8,9 – km 5,2/8,4), die für Wanderer mit ausgeprägter Höhenangst zur Herausforderung werden können. An Frosttagen sollten Sie von der Wanderung absehen. Außerdem sind mehrere kleine Bäche zu queren, die nach lang anhaltendem Regen stark anschwellen können.

Start/Ziel, Mangatainoka Hot Springs (2,5 km ab km 6,8)

WC Start/Ziel, Te Puia Lodge (km 6,8), Mangatainoka Hot Springs (2,5 km ab km 6,8)

Mangatutu Hot Springs (500 m vor Start/Ziel), Mangatainoka Hot Springs (2,5 km ab km 6,8) In den Hot Pools sollten Sie zur Vermeidung einer sehr seltenen, aber fast immer tödlich endenden Hirnhautentzündung durch Amöben den Kopf nicht ins Wasser tauchen!

Mangatutu Hot Springs DOC Campsite, 300 m vor Start/Ziel, kostenfrei

Te Puia Lodge (km 6,8)

Te Puia Lodge (km 6,8), Mangatainoka Hot Springs (2,5 km ab km 6,8)

nur für trittsichere und schwindelfreie Kinder geeignet

P The Gums Carpark. Anfahrt: Nicht für größere Wohnmobile geeignet! Von Napier ca. 80 km, 1,5 bis 2 Std.! Fahren Sie in Napier den Prebensen Drive stadtauswärts und biegen am Kreisverkehr rechts in die Puketitiri Rd ein. Nach 52 km auf der Hauptstraße folgen Sie der Pakaututu Rd nach rechts. Tipp: Stoppen Sie nach 1,5 km beim Balls Clearing Scenic Reserve und entdecken äußerst beeindruckende Exemplare eines alten Podocarp-Waldes (plus ca. 1 Std.). Die restlichen 19 km führen über unbefestigte Straße. Zweigen Sie nach 8 km links in die kurvige, teils enge Makahu Rd ab. Nach 3 km auf dieser müssen Sie den Makahu River furten (Makahu Ford), welcher nach Regen möglicherweise unpassierbar ist. Ist das Wasserlevel beim gelben oder gar roten Wasserstandsmarker oder fließt das Wasser schnell, kehren Sie um! Aktuelle Infos zu Sperrungen finden Sie vorab auf der Facebook-Seite des Hastings District Council, hastingsdc. Von hier sind es noch 8 km mit zwei engen Brücken auf halber Strecke bis zum Parkplatz am Ende der Straße.

i Ahuriri/Napier DOC Office, 06/834 31 11, napier@doc.govt.nz

Vom Parkplatz folgen Sie dem beginnenden Wanderweg gen Westen hinein in einen von Tea Trees dominierten Wald. Anfangs durchschreiten Sie mehrere Bachsenken und können bereits zeitweise Blicke auf die Schleifen des mächtigen Mohaka River von weit oben erhaschen.

Mohaka River

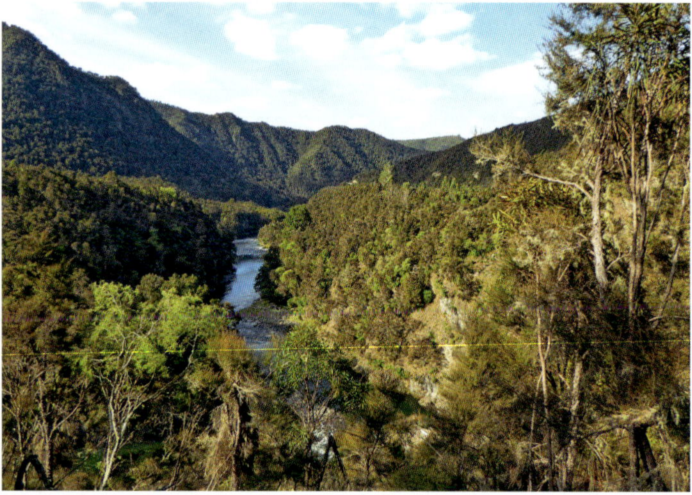

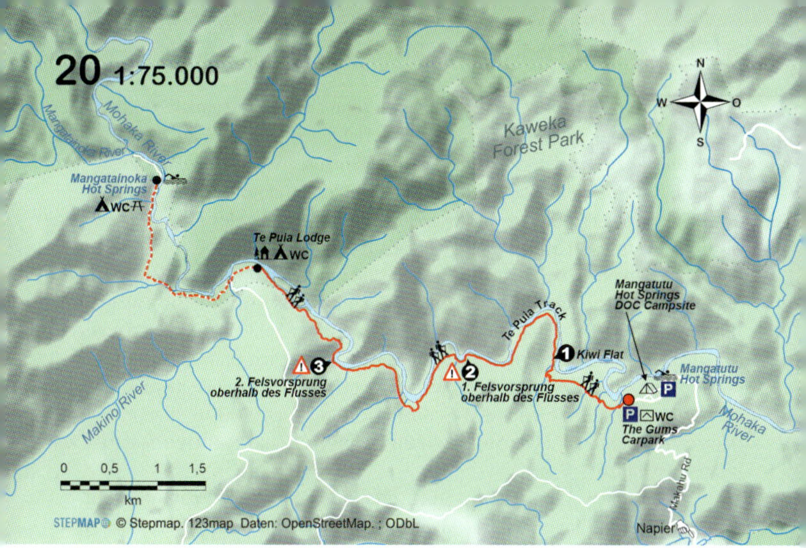

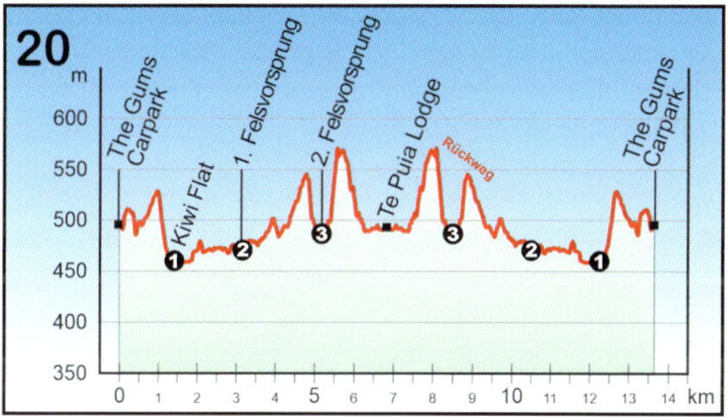

Nach einem Kilometer steigen Sie zum Flussufer ab und gelangen in Serpentinen zu einer flachen Wiesenebene namens Kiwi Flat ❶, einem romantischen Fleckchen Erde am nördlichen Ende des Kaweka Forest Park. Die Umgebung der Mohaka-Flussbank mit halb offener Vegetation wird nach einigen Hundert Metern wieder von dichterem Wald abgelöst.

Im weiteren Verlauf kündigen zwei kurze abschüssige Stellen schon an, dass es bald anspruchsvoller wird und genau 3 km nach dem Start stellt sich schließlich ein bis ans Wasser reichender Felsen in den Weg ❷. Rechter Hand lohnt eine kurze Verschnaufpause an der steinigen Uferbank, bevor Sie links kurz hinaufkraxeln und dem Weg am Fels entlang wenige Meter oberhalb der Flussschleife folgen.

Viele Outdoorer werden sicherlich den schmalen, nicht einmal 100 m langen Abschnitt ohne Kopfzerbrechen meistern. Hingegen könnten Wanderer mit starker Höhenangst zittrige Schweißhände bekommen. Auch für kleine Kinder (und deren Eltern) ist die Passage möglicherweise eine größere Herausforderung.

Wie gewohnt folgen Sie anschließend den Windungen des Flusslaufs, diesmal in U-Form erst nach Süden, um dann nach Norden drehend einen niedrigen Bergrücken in Angriff zu nehmen – insgesamt sind moderate 60 Höhenmeter zu überwinden. Am Scheitelpunkt nach etwa 1,5 km wird es erneut felsig und schmal. Die Aussicht in die zu Ihren Füßen liegende Mohaka-Schlucht und auf die gegenüberliegenden Felsformationen ist fantastisch. Menschen ohne Schwindelfreiheit sollten den Tiefblick an den stärker ausgesetzten Stellen eher meiden und die Konzentration auf die nächsten Schritte richten. Nach 200 m „Panoramaweg" steigen Sie sehr steil über Stufen, losen Untergrund und größeren Steinbrocken zum Fluss hinab.

Nach einem kurzen flachen Stück erfordert noch einmal ein Abschnitt mit engen Felsvorsprüngen einige Meter über dem mäandernden Mohaka River erhöhte Konzentration ❸ und gute 100 m später wird es nicht mental, sondern konditionell anstrengend, indem Sie steil über Wurzeln und Steine einen weiteren Bergausläufer überwinden. Am Ende des 80-Meter-Anstiegs haben Sie einen schönen Blick ins ungewohnt lang gezogene Mohaka-Tal, an dessen Ende sich die Te Puia Lodge als Ziel der Wanderung befindet, welche Sie nach dem Abstieg in 1,2 km erreichen.

Te Puia Lodge, 26 Schlafplätze, $ 15 p. P., Serviced Hut Ticket. Trotz der Bezeichnung „Lodge" handelt es sich um eine Unterkunft im typisch neuseeländischen Hüttenstandard. Erwarten Sie also keine Annehmlichkeiten wie Verpflegung, Bettwäsche oder Ähnliches. Am Wochenende, zur Hochsaison und während der ‚roar' season (☞ Weitere (Natur-) Gefahren, Jagd) kann die Hütte voll sein.

Direkt vor der Hütte befindet sich eine schöne Wiese am Flussufer zum Zeltaufschlagen. Keine vorgegebenen Stellflächen, Hüttenbenutzung, $ 5 p. P., Standard Hut Ticket.

Weitere 2,5 km (⌛ 45 Min.) entlang des Mohaka River befinden sich die Mangatainoka Hot Springs, deren heißes Wasser wie bei den Mangatutu Hot Springs (500 m vor Start/Ziel) in Becken, eingerahmt in Holzterrassen, geleitet wird. In der Nähe der Hot Springs ist Zelten ebenfalls möglich. Kostenfrei.

Für die Wanderung zurück zum Ausgangspunkt folgen Sie dem bekannten Track des Hinwegs.

21 Ruahine Forest Park: Mangahuia Circuit (via Rangiwahia Hut und Deadmans Track)

Tour für Liebhaber goldener Tussockberge

Zu den unter den Touristen weniger bekannten Wandergebieten gehört der schmale Nord-Süd-Bergzug der Ruahine Ranges, welcher sich abrupt aus der ebenen Umgebung südlich des Central Plateau erhebt. Völlig zu Unrecht bleiben die Tracks hier häufig unbeachtet, bieten sich doch einige abwechslungsreiche Wanderoptionen an. Auf der vorgestellten Rundwanderung steigen Sie zunächst durch vielfältigen Wald und über eine spannende Schluchtenbrücke zur perfekt gelegenen Rangiwahia Hut hinauf. Der anschließende, teils anspruchsvolle Loop des Deadmans Track im offenen Gelände über zwei parallel laufende goldene Tussockbergrücken ist Wandern im Backcountry vom Feinsten. Vom Mangahuia, dem höchsten Punkt der Wanderung, haben Sie Ausblicke in alle Himmelsrichtungen und an klaren Tagen ist sogar Mt Taranaki (☞ Wanderungen 15-17) in der Ferne zu erkennen.

Start/Ziel: oberer Rangiwahia Carpark, Ende Renfrew Rd, GPS S 39°53.610' E 175°59.856'

13,7 km

6 Std. 30 Min.

955 m/955 m

830-1.580 m

Wegweiser an den wichtigsten Stellen vorhanden, im Wald eindeutige Wegführung mit einzelnen orangen Dreiecken als Markierung, im offenen Gelände in teilweise größeren Abständen Stangen zur Unterstützung, der Pfad ist abschnittsweise weniger gut erkennbar. Bei schlechten Sichtbedingungen kann insbesondere entlang des Deadmans Track von Mangahuia durch den Sattel bis zur nächsten Kuppe mit kleinem Bergsee (km 7,8 bis 8,5) die Orientierung im Tussockgelände erschwert sein. Geben Sie Obacht, nicht vom Weg abzukommen. Nehmen Sie zur Sicherheit für plötzliche Wetterumschwünge ein GPS-fähiges Gerät mit aufgespieltem Track (☞ Seite 13) mit. Da das Gras sehr hoch sein kann und möglicherweise Jäger im Gebiet unterwegs sind (vor allem März/April), achten Sie auf eine farbige Kleiderwahl (☞ Weitere (Natur-)Gefahren, Jagd). Um die Beine vor dem spitzen Speargrass zu schützen, empfehlen sich lange, robuste Hosen oder Gamaschen.

einfacher Weg bis zur Rangiwahia Hut (km 4,1), teilweise Stufen, mittelschwerer Anspruch für den Großteil der restlichen Wanderung, Ausnahme: Satteldurchquerung nach Mangahuia kniffliger, ab Rangiwahia Hut stark wetterexponiertes Gelände

km 2,1, km 3,1, Aussichtspunkt Rangiwahia Hut (km 4,2)

WC unterer Rangiwahia Carpark (100 m vor Start/Ziel), Rangiwahia Hut (km 4,1)

Camping-Möglichkeiten in der Nähe des Tracks: Mangaweka und Awastone Campgrounds (www.mangaweka.co.nz, 1 km entlang Manawatu Scenic Route, ☞ Anfahrt) oder Flat Hills Café and Tourist Park (www.flathills.co.nz, 6,5 km südlich von Mangaweka entlang SH 1)

Rangiwahia Hut (km 4,1)

Für Kinder ist der Abschnitt bis zur Rangiwahia Hut gut geeignet. Der Aufstieg zum höchsten Punkt Mangahuia ist für ältere Kinder mit ausreichender Kondition möglich und als Abstecher in Kombination mit einer Übernachtung in der Hütte ein tolles Outdoorerlebnis. Die Satteldurchquerung nach Mangahuia und der weitere Deadmans Track ist nur erfahrenen, trittsicheren Kindern vorbehalten.

P oberer Rangiwahia Carpark. Anfahrt: Biegen Sie am nördlichen Ortsausgang von Mangaweka vom SH 1 in die Ruahine Rd ab und folgen der braunen Beschilderung der Manawatu Scenic Route. Nach 19 km kurz vor der Ortschaft Rangiwahia zweigen Sie nach links in die Te Parapara Rd Richtung Apiti ab und halten sich nach weiteren 4 km wieder links. Entlang der unbefestigten Renfrew Rd bis zu deren Ende sind es noch 4,5 km. Auf der Zufahrtsstraße passieren Sie zwei Farmtore.

Intercity bietet mehrmals täglich Verbindungen auf dem Weg nach Süden mit Stopp in Mangaweka an. Von dort gelangen Sie mit dem Shuttle des Mangaweka und Awastone Campgrounds (info@mangaweka.co.nz, ☏ 06/382 57 44, ☞) zum Trackstart (Preis auf Anfrage).

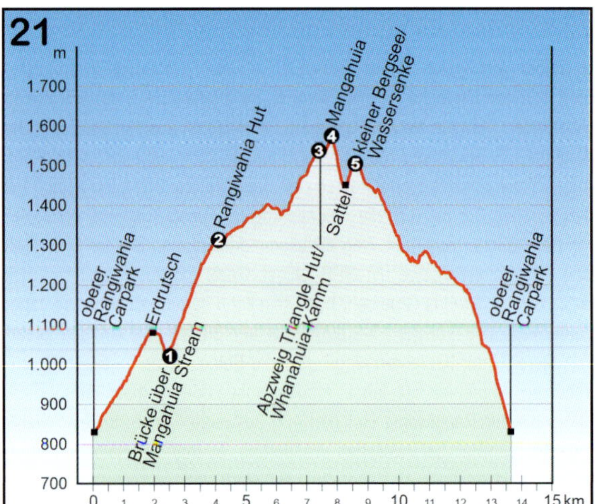

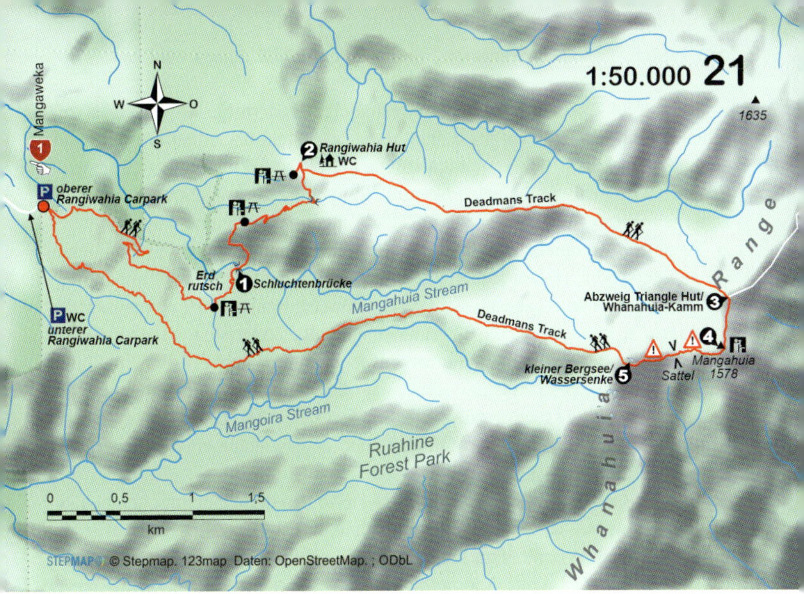

ℹ Te Papaioea/Palmerston North DOC Office, ☏ 06/350 97 00,
manawatu@doc.govt.nz

☺ Die beste Wanderzeit für diese Tour ist November bis März.

Vom Parkplatz steigen Sie bei der Informationstafel über die Stufen des Zaunes und betreten auf der anderen Seite das Gebiet des Ruahine Forest Park. Gleich danach halten Sie sich an der Weggabelung links in Richtung Rangiwahia Hut (vom rechten Pfad des Deadmans Track kommend werden Sie die Rundwanderung später beenden).

Der einfache Weg steigt gemütlich an und verläuft durch herrlichen, offenen Südbuchenwald (*beech*). Auf der linken Seite rauscht der Mangahuia Stream im Tal.

Nach einem knappen Kilometer gewinnen Sie im Zickzack weiter an Höhe, um einen Erdrutschhang aus jüngerer Vergangenheit gefahrenlos oberhalb passieren zu können. Die erosionsgeschundene Dynamik der Umgebung ist bald auch am lichten, regenerierenden Wald ersichtlich, der von Pionierpflanzen wie den Pfefferholz-Sträuchern (*horopito*) mit ihren rot und cremig-weiß gefleckten Blättern dominiert wird. Außerdem ragen einige abgestorbene Schuppenzedern (*mountain cedar*, auch *mountain ghosts* genannt) mystisch über der jungen Baumkrone in den Himmel.

Nach dem Aufstieg von 250 Höhenmetern wandern Sie im Abschnitt zwischen 1,8 km und 2,1 km nach dem Start flach direkt über dem Erdrutschhang entlang. Hier bieten sich erste fantastische Blicke nach Nordwesten über die Ruahine-Vorausläufer hinaus bis hin zum Tongariro-Nationalpark mit seinen Vulkankegeln Ruapehu und Ngāuruhoe (☞ Wanderungen 12 und 13).

Anschließend durchwandern Sie das tief eingeschnittene Tal und sehen bereits die wunderschöne Holzbrücke in japanischem Stil über den geräuschvollen Mangahuia Stream. Die Wegbeschaffenheit ist zeitweise steinig und am Wegesrand ist es manchmal abschüssig, die Vegetation hinterlässt jedoch ein sicheres Gefühl. Zurückblickend wird das Ausmaß des umgangenen Erdrutsches erst richtig offenkundig. In schwindelerregender Höhe überqueren Sie schließlich zwischen zwei Felsen den eindrucksvoll installierten Brückenbogen ❶. Der Bach mit seinen Schlingen hat hier im Laufe der Zeit eine imposante Schlucht ins Gestein geschliffen.

Bis zur Rangi Hut, wie die Rangiwahia-Hütte von den Einheimischen genannt wird, sind es noch einmal fast 300 Höhenmeter, ein etwas steilerer Anstieg als bisher. Abgesehen von einem kurzen abschüssigen Stück oberhalb eines weiteren Erdrutschhangs einen Kilometer nach der Brücke und dem konditionellen Anspruch ist der Weg über einfachen Untergrund und ein paar Stufen kinder- und anfängertauglich. Nach einer kleinen Holzbrücke mit einem hübschen Wasserfall am Wegesrand ist es nicht mehr weit. Die Buschlandschaft wird von Tussockgelände abgelöst und Sie erreichen eine der am schönsten gelegenen Wanderunterkünfte Neuseelands mit freiem Blick von Süden über Westen bis nach Norden ❷.

Rangiwahia Hut, 13 Schlafplätze, $ 15 p. P., Buchung unter www.doc.govt.nz [Suchbegriff: Rangiwahia Hut]

Knapp 100 m südlich der Hütte befindet sich ein schöner Aussichtspunkt mit Bank zum Verweilen.

Von der Hütte nehmen Sie den breiten Bergrücken mit offenen Tussocklandschaft gen Osten hinauf zum Hauptkamm der Whanahuia Range ins Visier (Wegweiser „Mangahuia High Point“). Der sanft ansteigende Pfad ist etwas steiniger und manchmal können nasse und schlammige Bedingungen das Vorankommen erschweren. Abschnittsweise ist der Weg tief eingeschnitten, an anderen Stellen ist er wiederum zugewachsen und schwerer erkennbar.

Der Bergrücken wird im Verlauf schmaler und 2 km nach der Hütte beginnt ein steilerer Aufstieg über eine Hügelkette. Die scharfen Gratlinien der Ruahine

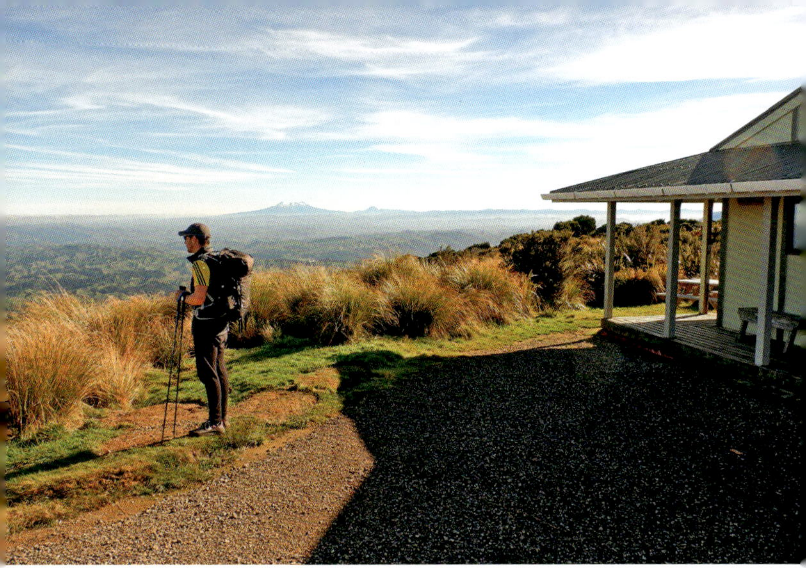

Aussichtsreiches Übernachtungsziel: Rangiwahia Hut

Range ragen im Osten immer besser sichtbar empor und nach einem weiteren guten Kilometer erreichen Sie bei einer Höhe von 1.555 m auf dem Whanahuia-Kamm eine beschilderte Weggabelung ❸.

Nach links zweigt der Pfad zur Triangle Hut ab (➲ 4,6 km, ⌛ 2 Std.), Sie halten sich aber rechts gen Süden entlang des Deadmans Track. Jetzt sind es nur noch 300 m bis zum Mangahuia, dem höchsten Punkt der Wanderung mit fantastischer Rundumaussicht ❹. Während im Osten die kantigen Ruahine-Bergketten und zerklüftete, bewaldete Täler das Bild bestimmen, beeindrucken im Westen sanfte Tussockrücken. An klaren Tagen ist in der gleichen Richtung sogar Mt Taranaki (☞ Wanderungen 15-17) zu erkennen und im Norden thronen die entfernten Vulkane des Central Plateau der Nordinsel.

Nach der verdienten Pause liegt nun der anspruchsvollste Wegabschnitt der gesamten Wanderung vor Ihnen. Sollten die Sichtbedingungen schlecht sein, ziehen Sie eine Umkehr zurück zur Hütte in Betracht. Andernfalls orientieren Sie sich nach rechts in Richtung Westen. Die Route hinunter zu einem Sattel (nach 350 m) und wieder hinauf zur nächsten Bergkuppe (weitere 350 m) ist steil, zugewachsen, schlammig und rutschig. Obendrein verlangen verdeckte Erdlöcher erhöhte Achtsamkeit. Folgen Sie stets der Kammlinie, welche links (Süden) von stark erodierten Steilhängen und rechts (Norden) von weiter auslaufenden Tussockflanken geprägt ist.

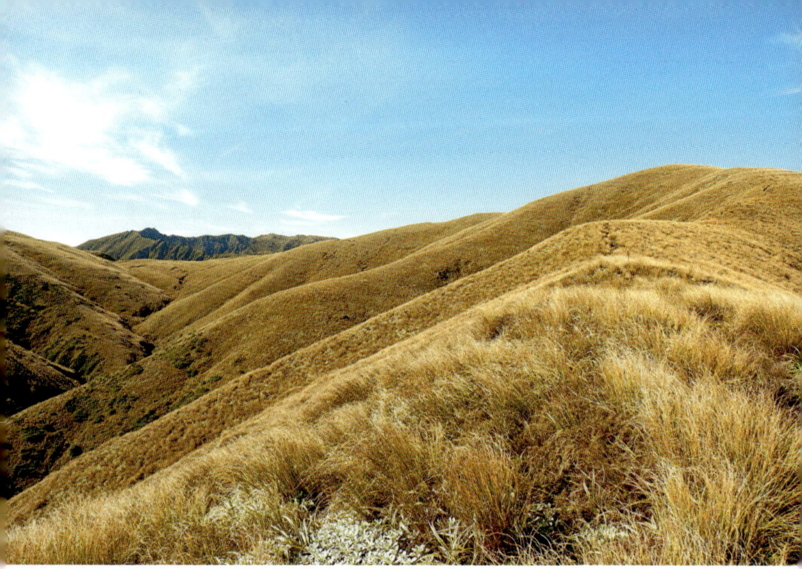

Tussockparadies beim Aufstieg zur Whanahuia Range

✋ Orientieren Sie sich nach dem Durchschreiten des Sattels beim höchsten Punkt weiter nach Westen, statt der Whanahuia Range am Rand der Erdrutschhänge gen Süden zu folgen. Wenn Sie einen kleinen Bergsee/eine Wassersenke (ca. 10 m Durchmesser) passieren ❺, befinden Sie sich auf dem richtigen Pfad.

Der Weg wird nun wieder eindeutiger und einfacher, kann aber immer noch schlammig sein. Südlich des Mangahuia Stream und des benachbarten Bergrückens vom Aufstieg wandern Sie weiter über den Tussockkamm des Deadmans Track gen Westen. Nach etwa 1,5 km bestimmt die einsetzende subalpine Vegetation zunehmend die Flora am Wegesrand. Das feuchte Klima lässt hier unzählige Tūpare-Sträucher (*leatherwood*) gedeihen. Außerdem ist der grüne Teppich mit Tupfern von buschigen und knorrigen Koniferen gesprenkelt.

Der Übergang der Vegetationszonen ist graduell und die Büsche und Bäume werden eher unbemerkt höher und bemooster. Der Untergrund ist meist gut zu laufen und wechselt zwischen angenehmem Wiesenweg und Wurzeln ab. Nach nur leicht abfallendem Track mit kurzen Zwischenanstiegen geht es für die letzten 1,5 km bis zum Ziel noch einmal steil bergab, teilweise mithilfe abgesetzter Holzstufen. Vorbei an geisterhaft wirkenden Schuppenzedern sind schon bald die Südbuchen wieder die dominierende Baumspezies und schließlich erreichen Sie die Weggabelung und Zaunstufen vom Start der Wanderung.

22 Tararua Forest Park: Field Hut und Table Top

Tour für konditionsstarke Frischluftfans

Unter Einheimischen und Neuseelandkennern sind die Tararuas, kurz für den Tararua Forest Park nördlich von Wellington, berüchtigt für die widrigen Witterungsbedingungen, die in den Bergen vor allem im offenen Gelände oberhalb von 1.000 m Höhe vorherrschen können. Bei der Wanderung an der Westseite der Bergkette zur historischen Field Hut erklimmen Sie die Höhenmeter in tieferen Lagen und sind zu großen Teilen durch einen dichten Laubwald geschützt. Ist das Wetter gut, dann gibt der Weiterweg von der Hütte zum Table Top einen Vorgeschmack für mögliche ausgedehnte Wanderungen in der Tararua Range.

Start/Ziel: Parkplatz Boielle Flat Picnic Area, GPS S 40°52.292' E 175°13.823'

14,7 km

6 Std. 45 Min.

1.025 m/1.025 m

95-1.040 m

an allen wichtigen Stellen Wegweiser vorhanden, Wegführung eindeutig, orange Dreiecke bzw. Stäbe im offenen Gelände als Markierungen

nahezu kontinuierlich ansteigender Wanderweg, die ersten 3 km einfacher und begradigter Track, danach deutlich anspruchsvollere Wegbeschaffenheit, die letzten 800 m oberhalb der Field Hut im offenen Gelände sind stark wetterexponiert, überwiegend schattige Wanderung

keine offiziellen Rastplätze

WC Boielle Flat Picnic Area (Start/Ziel), Field Hut (km 6,3/km 8,4)

Ōtaki Forks DOC Campsite (1,8 km vom Start/Ziel), bis zur Wiedereröffnung der Zufahrtsstraße (☞ P) nur Boielles Summer Campsite (Start/Ziel), 10 $ p. P.

Parawai Lodge (250 m ab km 0,1/km 14,6), Field Hut (km 6,3/km 8,4)

für konditionsstarke Kinder geeignet, am besten mit einer Übernachtung in der Field Hut

P Boielle Flat Picnic Area. Anfahrt: Südlich von der Ortschaft Ōtaki und der Brücke über den Ōtaki River zweigen Sie vom SH 1 in die Ōtaki Gorge Rd ab (braunes Schild „Tararua Forest Park, Ōtaki Forks") und folgen dieser für 16,5 km. Nach einer Furtstelle bei km 9,5 (nach langem Regen evtl. unpassierbar) ist die Straße überwiegend unbefestigt. Die finalen 3 km sind außerdem eng und kurvig (für lange Fahrzeuge ungeeignet). ☺ Wenn Sie eine Übernachtung in einer der Hütten planen, dann parken Sie besser am eigens dafür eingerichteten Overnight Carpark (ca. 350 m vom

Start/Ziel). Zum Druckzeitpunkt waren die letzten Kilometer der Ōtaki Gorge Rd wegen Erdrutschschäden gesperrt. Bis zur Wiedereröffnung ist ein anspruchsvoller Alternativzugang zu Fuß möglich. Aktuelle Infos erhalten Sie unter
www.doc.govt.nz [Suchbegriff: Ōtaki Forks] oder
www.kapiticoast.govt.nz/otaki-gorge-road.

Kapiti Wellington DOC Visitor Centre, 18 Manners Street, 04/384 77 70, wellingtonvc@doc.govt.nz

Die beste Wanderzeit für diese Tour ist November bis März.

Über die große Hängebrücke neben der Boielle-Flat-Picknickwiese gelangen Sie auf die andere Seite des Waiotauru River. Kurz darauf – an der ersten von insgesamt drei Weggabelungen auf dem nächsten Kilometer – halten Sie sich links (immer dem Wegweiser zur „Field Hut" folgen).

Parawai Lodge, 18 Schlafplätze, $ 5 p. P., Standard Hut Ticket, 250 m nach rechts

Der Weg schwenkt hinauf zu einer ehemaligen Flussterrasse und Farmebene, welche sich oberhalb des Zusammenflusses von Waiotauru und Ōtaki River (daher der Name Ōtaki Forks) befindet.

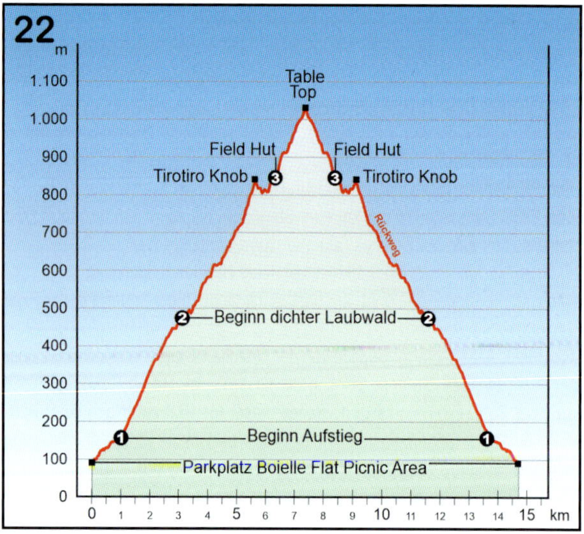

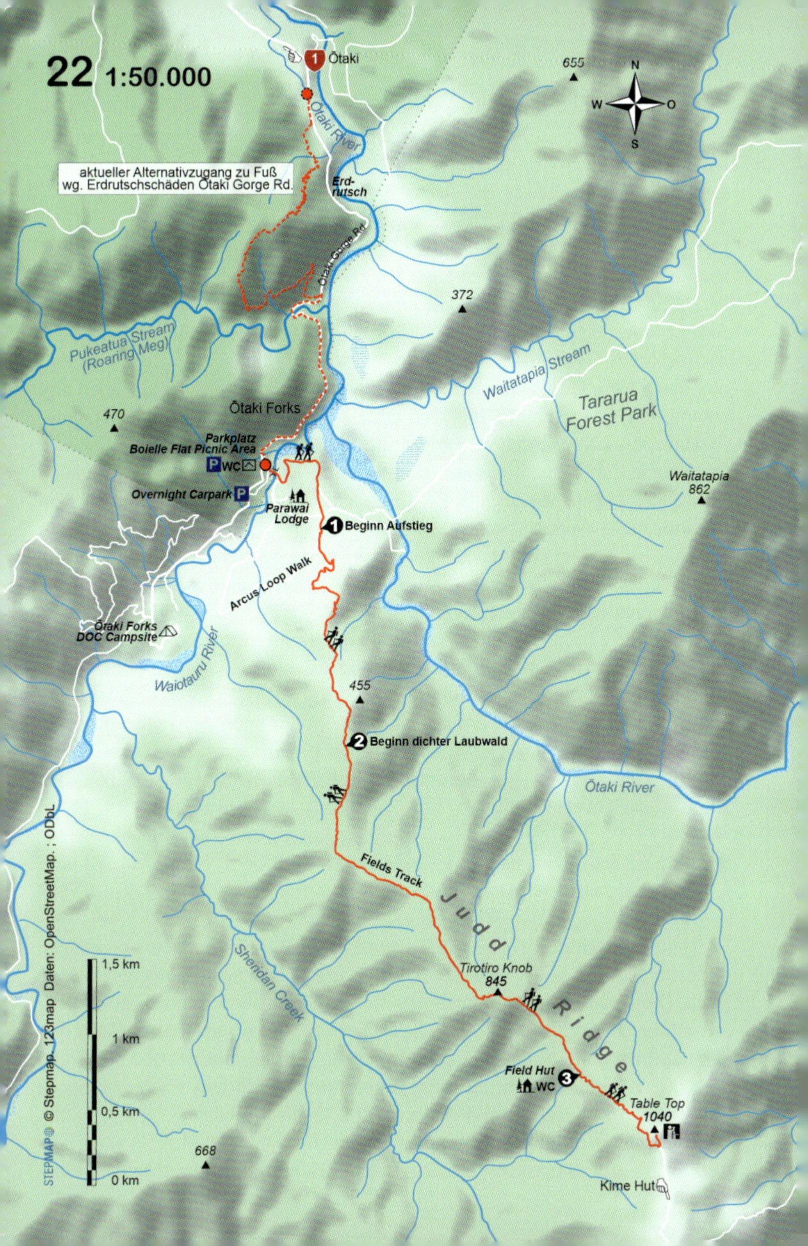
22 1:50.000
Ōtaki
655
N
W
O
S
Ōtaki River
aktueller Alternativzugang zu Fuß
wg. Erdrutschschäden Ōtaki Gorge Rd.
Erd-
rutsch
Ōtaki Gorge Rd.
372
Pukeatua Stream
(Roaring Meg)
Waitatapia Stream
Tararua
Forest Park
470
Ōtaki Forks
Parkplatz
Boielle Flat Picnic Area
WC
Overnight Carpark
Parawai
Lodge
Waitatapia
862
Beginn Aufstieg
Arcus Loop Walk
Ōtaki Forks
DOC Campsite
Waiotauru River
455
Beginn dichter Laubwald
Ōtaki River
Fields Track
Judd Ridge
Sheridan Creek
Tirotiro Knob
845
1,5 km
1 km
0,5 km
0 km
Field Hut
WC
Table Top
1040
668
Kime Hut
STEPMAP © Stepmap, 123map Daten: OpenStreetMap; ODbL

Im offenen Gelände dreht die Wegrichtung bald weiter nach Süden und links ist das ausgewaschene Flussbett des Ōtaki River zu sehen. Nehmen Sie am anschließenden Abzweig den rechten Wiesenweg (nach links geht es zur unaussprechlichen Waitewaewae Hut).

Genau einen Kilometer nach dem Start beginnt der lange Aufstieg zur Field Hut und Table Top ❶. Das Gefälle ist moderat und nie richtig steil und bleibt abgesehen von ein paar flachen Passagen zum Verschnaufen nahezu konstant für den Rest der Wanderung. Am dritten Wegabzweig nach wenigen Schritten Anstieg orientieren Sie sich schließlich nach links (statt dem Arcus Loop Walk nach rechts zu folgen). Für zwei Kilometer und 300 Höhenmeter winden Sie sich nun durch halb offenes Terrain. Der Untergrund ist weiter einfach zu laufen und mitunter ergeben sich zurückblickend tolle Blicke zum Ōtaki-Forks-Gebiet.

Unverkennbar wechselt im Anschluss abrupt die Szenerie und eine reizvolle Wanderung durch einen dichten, ursprünglichen Laubwald aus Kāmahi-Bäumen und später Südbuchen beginnt ❷. Der schmale Weg ist nun von natürlichem Waldboden mit Wurzeln, Steinen, höheren Absätzen und möglichen schlammigen Abschnitten geprägt. Wenngleich der Track jetzt anspruchsvoller und bei Nässe rutschiger wird, so ist er dennoch von allen Wanderern mit einer gewissen Trittsicherheit machbar. Vielmehr wird die stetige Steigung bei vielen ihren Tribut fordern und die eine oder andere Pause erforderlich machen. Der Bergrücken der Judd Ridge gibt die Richtung bis zum Ziel beim Table Top vor – zunächst weiter nach Süden und später nach Südosten.

Nach insgesamt 5,6 km erreichen Sie am Tirotiro Knob den zwischenzeitlich höchsten Punkt (845 m). Der hiesige, von Moosen und Bartflechten überzogene Märchenwald wird Sie verzaubern. Über kurze Zwischenabstiege ist es nur noch etwas weniger als einen Kilometer bis zur historischen Field Hut ❸.

Field Hut, 20 Schlafplätze, $ 5 p. P., Standard Hut Ticket, älteste Tramping-Hütte Neuseelands – erbaut 1924

Hinter der Hütte geht es noch einmal in einen besonders verwunschenen Mooswald hinein, bevor Sie nach dem steilen Stück bald die Baumgrenze erreichen. Die Veränderung der Umgebung werden Sie nicht nur sehen können, sondern wahrscheinlich auch spüren. Die kleiner werdenden subalpinen Büsche bieten nur noch wenig Schutz vor den Elementen. Die Tararuas sind berüchtigt für ihre unerbittlichen Wetterbedingungen, die auf den spärlich bewachsenen Berggraten vorherrschen können. An ca. 200 Tagen im Jahr ist es hier stürmisch.

Die Blicke in die Landschaft werden naturgemäß mit jedem Meter Anstieg besser. Nach 120 Höhenmetern Anstieg nach der Hütte verlässt der Weg den bishe-

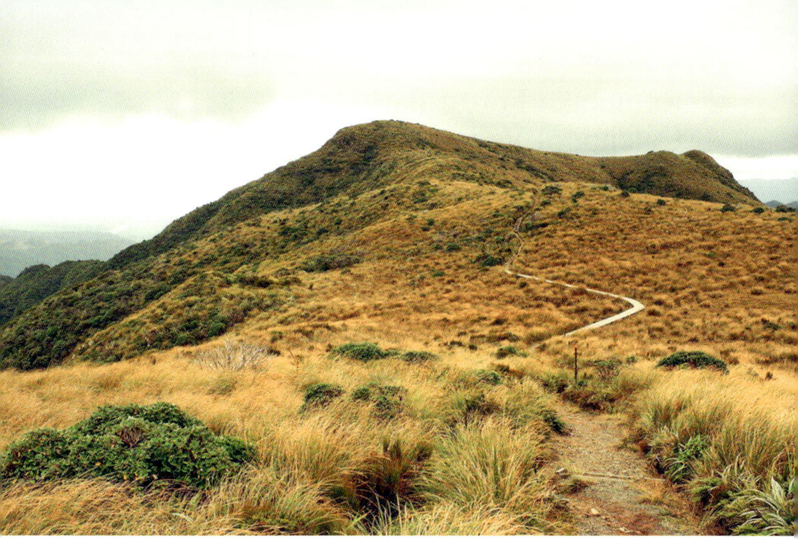

Blick zurück auf Table Top vom optionalen Weiterweg zur Kime Hut

rigen schmalen Bergrücken und driftet nach rechts ab. Sie umrunden die Erhebung zu Ihrer Linken, den Table Top. Die nun sichtbaren, samtig wirkenden Tussock-Bergkämme mit verstreuten Leatherwood- und Speargrass-Sträuchern sind typisch für die schmalen Gebirgszüge entlang der North Island Main Range.

Achten Sie nach 300 m auf den Trampelpfad, welcher nach links hinauf zum Table Top abzweigt. Von dort oben ist die 360-Grad-Aussicht auf die Tararua-Bergszenerie grandios. In der Distanz ist im Nordwesten der Ozean und Kapiti Island sowie die Flussmündung des Ōtaki River zu sehen. An klaren Tagen können Sie über das Wasser der Kapiti Coast hinaus sogar die zerklüfteten Arme der Marlborough Sounds auf der Südinsel sehen und in nördlicher Richtung den perfekten Kegel von Mt Taranaki (☞ Wanderungen 15 bis 17).

Wem der Sinn nach einer ausgedehnten Bergwanderung über goldene Tussockkämme steht, der kann weiter entlang des anspruchsvollen Tararua Southern Crossing bis zur Kime Hut (20 Schlafplätze, $ 5 p. P., Standard Hut Ticket, kann sehr kalt werden) aufsteigen (⇆, ➲ 8,1 km, ⌛ 4 Std., ↑↓ 450 m/450 m). Bei widrigen Witterungs- oder schlechten Sichtverhältnissen ist dieser Weiterweg nicht zu empfehlen. Holen Sie unbedingt vorab die Wettervorhersage ein. Die Tararuas sind schon vielen Wanderern zur tückischen Falle geworden.

Für den Rückweg nehmen Sie den bekannten Weg vom Aufstieg.

23 Remutaka Forest Park: Catchpool Valley Circuit

Tour für Waldbadende

Unter dem grünen Blätterdach in der Waldwildnis des Remutaka Forest Park vor der Haustür der neuseeländischen Hauptstadt Wellington ist das Wandern ein facettenreiches Erlebnis, das den Wanderern viele erholsame Momente beschert. Der Catchpool Valley Circuit ist eine aus drei verschiedenen Waldabschnitten zusammengestellte Rundwanderung: Während der Orongorongo Track für Wandereinsteiger und Familien hervorragend geeignet ist, wird es bei der Wanderung über den bewaldeten Kamm des Cattle Ridge Track mit gelegentlichen Aussichten und dem Abstieg zurück ins Catchpool Tal entlang des Butcher Track mit vielen Nīkau-Palmen und Baumfarnen etwas anspruchsvoller.

↻ Start/Ziel: Catchpool Valley Top Carpark, GPS S 41°20.932' E 174°55.813'
➲ 11,4 km
⧖ 4 Std.
↑↓ 560 m/560 m
⇧ 70-440 m

Brücke über den Turere Stream, (lr)

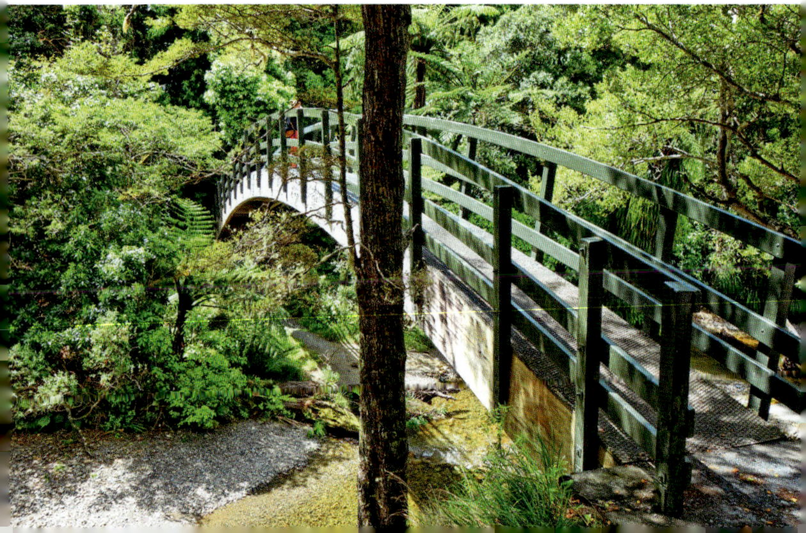

✎ an allen wichtigen Stellen Wegweiser vorhanden, orange Dreiecke als Markierungen (☝ Ignorieren Sie alle anderen Markierungen, z. B. lila oder blaue Dreiecke.)

unterschiedlich anspruchsvolle Wegabschnitte: Orongorongo Track sehr einfacher, breiter und befestigter Waldweg ohne Hindernisse oder Stufen, Ausnahme: der Abstecher des Abstiegs bis zur Turere Bridge; anschließender Cattle Ridge Track als schmaler, naturbelassener Pfad über viele Wurzeln; der finale Abstieg des Butcher Track erfolgt über einen schmalen und steilen, aber befestigten und einfachen Weg; schattige Waldwanderung

diverse Picknickplätze entlang der Catchpool Valley Rd (Start/Ziel)

WC Catchpool Valley Top Carpark (Start/Ziel), nach der Brücke über Turere Stream (600 m ab km 4,3)

Catchpool Valley DOC Campsite (500 m vor Start/Ziel), $ 10 pro Person, www.doc.govt.nz [Suchbegriff: Catchpool Valley]

Obwohl das Ōrongorongo Valley mit etwa 50 Hütten eines der Gebiete mit der höchsten Dichte von Hütten in Neuseeland ist, sind die meisten in Privat- oder Wanderklubbesitz. Die wenigen öffentlichen sind sogenannte Sole-Occupancy-Hütten, d. h. einzelne Schlafplätze können leider nicht gebucht werden. Für Familien oder Gruppen ist die beste Option eine Übernachtung in der Turere Lodge, erreichbar weitere 1,2 km (30 min) entlang des einfachen Big Bend Track über die Turere Bridge hinaus, ab $ 85 pro Nacht für bis zu 8 Personen pro Schlafraum, www.doc.govt.nz [Suchbegriff: Turere].

Der Orongorongo Track ist als Hin- und Rückwanderung bestens für Kinder geeignet, nur an wenigen Stellen etwas abschüssig. Die Rundwanderung über Cattle Ridge Track und Butcher Track ist wegen vieler Wurzeln und dem teilweise steilen Auf-/Abstieg nur trittsicheren und konditionsstarken Kindern zu empfehlen.

P Catchpool Valley Top Carpark. Anfahrt: Verlassen Sie ca. 10 km nördlich von Wellington den SH 2 in Richtung Lower Hutt City Centre für 1,5 km. Folgen Sie dort der Beschilderung für 5,5 km bis nach Wainuiomata und orientieren Sie sich anschließend für weitere 14 km an den braunen Wegweisern zum „Rimutaka Forest Park" (Main Rd, später Coast Rd). Die Einfahrt zum Schutzgebiet befindet sich auf der linken Seite, bis zum Parkplatz sind es noch 2,2 km. ☝ 500 m vor dem Start/Ziel der Wanderung kann die Straße über den Catchpool Stream nach starkem Regen überflutet sein. Parken Sie in diesem Fall vor dem Bach und laufen den Nga Taonga Nature Walk (➲ 800 m), um zum Start-/Zielpunkt zu gelangen.

i Kapiti Wellington DOC Visitor Centre, 18 Manners Street, ☏ 04/384 77 70, wellingtonvc@doc.govt.nz

☝ Die Schranke an der Einfahrt zum Remutaka Forest Park wird nachts heruntergelassen – im Winter ab 18:00, in der Sommerzeit ab 20:00. Am frühen Morgen um 6:00 wird die Ein- und Ausfahrt wieder freigegeben.

- Durch die Nähe zur Hauptstadt und dem einfachen Zugang ist das Gebiet um das Catchpool Valley ein beliebtes Wanderziel. Rechnen Sie besonders am Wochenende mit erhöhten Besucherzahlen.
- Nur sporadischer Handyempfang im Catchpool und Ōrongorongo Valley. Ein Notfalltelefon befindet sich am Catchpool Valley Centre 400 m von der Einfahrt entfernt.

Die Wanderung entlang des **Orongorongo Track** startet am östlichen Ende des Parkplatzes. Halten Sie Ausschau nach dem Tor mit Māori-Holzskulpturen. Gleich zu Beginn informieren am Wegesrand Tafeln des Remutaka Conservation Trusts über die schützenswerte einheimische Vogelwelt des Parks, z. B. den wiedereingeführten Brown Kiwi (Streifenkiwi) und anderen Vögeln wie Tūī und Bellbird.

Das Tal des Catchpool Valley für kurze Zeit fest im Blick schließt sich wenig später die Baumkrone des Waldes und spendet an heißen Tagen angenehmen Schatten. In den Remutaka-Wäldern finden Hunderte indigene Pflanzenarten Heimat. Die vielfältige Mischung aus verstreuten Podocarp-Südkoniferen mit den Arten Rimu, Mataī, Miro und Kahikatea in den Tallagen, Laubbäumen wie Tawa, Kāmahi und Lancewood, Beständen von Nīkau-Palmen und verschiedenen Farnen hinterlässt ein beruhigendes grünes Geflecht.

Der Track verläuft die nächsten Kilometer oberhalb des bezaubernden Catchpool Stream. Während des kaum merklichen, aber stetigen Anstiegs folgen mehrere Abzweige zu alternativen Wanderrouten (Butcher Track, Catchpool Loop Track, Five Mile Loop Track). Halten Sie sich dort immer auf dem Hauptweg. Nach 2,2 km durch dichten Wald gelangen Sie zur stabilen Midway-Hängebrücke (max. 15 Personen) ❶ – der Name verrät, dass Sie hier in etwa die Hälfte des Orongorongo Track erwandert haben.

Der Weg nimmt gemächlich den Sattel über den Bergkamm der Cattle Ridge hinüber zum südlich gelegenen Flusstal des Ōrongorongo River ins Visier. Die höheren Lagen sind häufig von Buchenbeständen mit lichtem Unterholz dominiert und weniger artenreich. Direkt am sanften Sattelpunkt finden sich außerdem einzelne imposante Northern-Rātā-Bäume, die typischerweise wie die Koniferen der Podocarpaceen-Familie im stockwerkartigen Aufbau des Waldes oberhalb der Hauptkrone herausragen (sogenannte Überhälter). Viele Exemplare dieser majestätischen Art sind heute im Remutaka Forest Park jedoch abgestorben, was hauptsächlich auf die vielen Possums zurückzuführen ist, denn die putzigen Tiere haben leider frische Rātā-Blätter und deren roten Blüten ganz oben auf ihre Speisekarte gesetzt.

Nach einem kurzen Stück wieder langsam bergab treffen Sie nach insgesamt 4,3 km auf den Abzweig zum Cattle Ridge Track ❷.

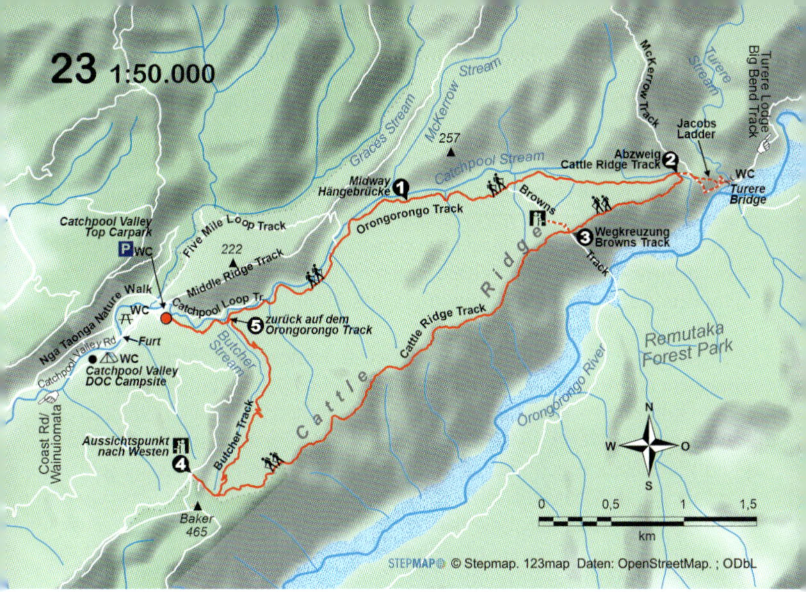

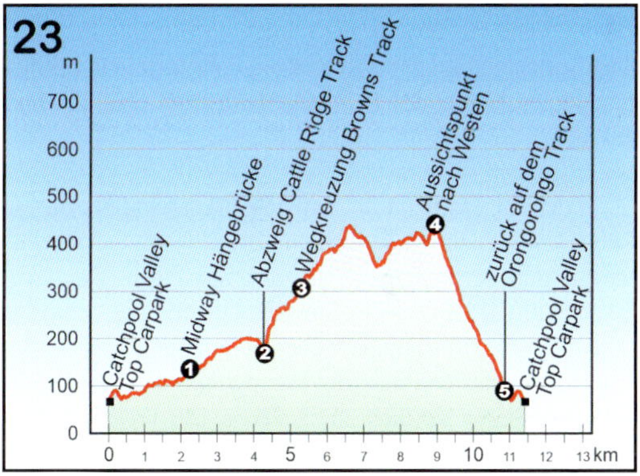

↳ Bevor Sie jedoch den Bergrücken erklimmen, können Sie als Abstecher dem Orongorongo Track hinunter zum gleichnamigen breiten Flusstal weiter folgen (⇆, ➲ 1 km, ⧗ 30 Min., ↑↓ 50 m/50 m). Der Abstieg über ein paar Wurzeln ist steil verglichen mit dem, was Sie auf dem einfachen Wanderweg bisher erlebt haben. Unten nach 500 m befinden sich auf der anderen Seite der fotogenen Brücke über den Turere Stream (max. 10 Personen) Toiletten und der Zugang zum Ōrongorongo-Flussbett ist möglich. Im Sommer werden Sie die hohen, noch gut erhaltenen Rātā-Bäume mit ihren bezaubernden Blütenkleidern in ihren Bann ziehen. Auf dem Rückweg können orientierungssichere Wanderer mit Forscherdrang die alte „Jacobs Ladder" zum Aufstieg nutzen. Der nicht ausgeschilderte, steile Pfad zweigt nur wenige Schritte nach der Turere Bridge ab, kreuzt den Orongorongo Track kurz darauf noch einmal und flacht nach 40 Höhenmetern bei einem Gedenkstein ab, bis er nach weiteren 150 m wieder zum Haupttrack 20 m vor dem Abzweig zum McKerrow Track aufschließt.

Sie biegen vor der Holzbrücke nach rechts auf den **Cattle Ridge Track** ab und wandern nun bergauf, immer entlang des bewaldeten Kamms zwischen den Tälern des Ōrongorongo River im Süden und dem Catchpool Stream im Norden. Der Anspruch des Weges ändert sich spürbar und der zunächst steile Anstieg über das Wurzelwerk hoher Südbuchen fordert einige Kraftreserven, flacht aber nach knapp 70 Höhenmetern etwas ab. Ab und zu blinzelt sogar das Tal des Ōrongorongo River durch die Baumbestände. Knapp 1 km nach dem Verlassen des Orongorongo Track kreuzt schließlich der Browns Track Ihren Weg ❸, Sie halten sich jedoch weiter geradeaus.

Wenn Sie dem Browns Track nach rechts für 200 m folgen (bis dorthin flach verlaufend), dann wartet völlig unerwartet ein herrlicher freier Blick auf die bewaldeten Hänge des Remutaka Forest mit dem Catchpool-Tal zu Ihren Füßen auf Sie.

In der Folge verläuft der mit vielen Wurzeln übersäte, schmale Pfad des Cattle Ridge Track häufig durch dichten „Urwald" mit unzähligen Baumfarnen. Achten Sie auf die orangen Dreiecksmarkierungen. Der Weg ist manchmal schwer erkennbar und im Dickicht kann die Orientierung schnell verloren gehen.

Nach 260 Höhenmetern überwinden Sie auf halber Strecke des Cattle Ridge Track den höchsten Punkt der Wanderung, die umgebende Vegetation verhindert jedoch weiterhin die Sicht in die Ferne. Der Weg fällt jetzt zwischenzeitlich noch einmal zu einem Sattel hin ab und nach dem Wiederaufstieg auf der anderen Seite eröffnen sich 3,8 km nach dem Orongorongo-Abzweig endlich die ersehnten Aussichten über die Waldgebiete hinaus bis hin zum Wellington Harbour.

Nur wenig später gelangen Sie zum Abzweig des Butcher Track nach rechts. Verpassen Sie zunächst allerdings an einem schönen Tag keinesfalls den kleinen Abstecher geradeaus zu einem Aussichtspunkt in 200 m. Achtung: Halten Sie sich dazu an der nächsten Weggabelung beim alten Holzwegweiser rechter Hand für weitere 70 m leicht bergab ❹.

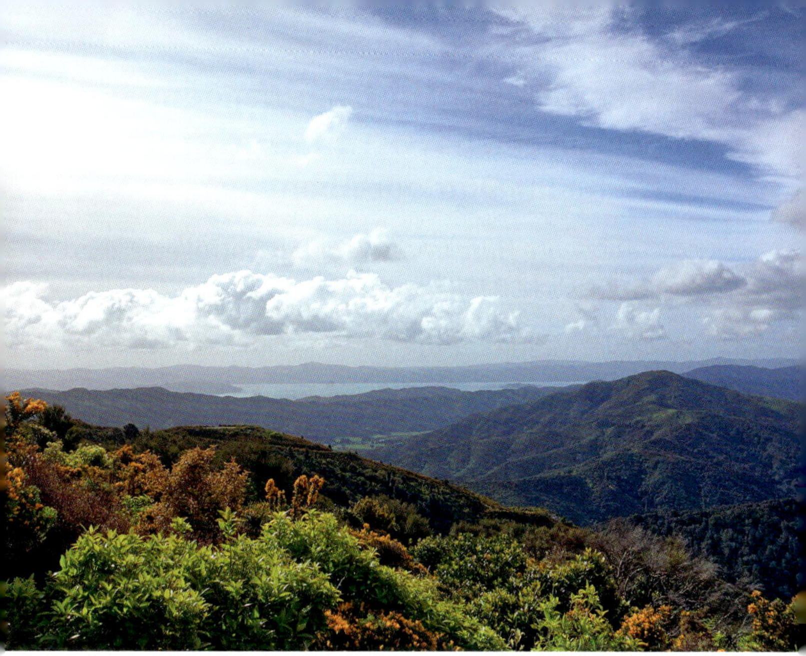

Panoramablick vom Feinsten, WP4, (lr)

Der Panoramablick in den Westen ist perfekt: Der von grünen Terrassen und Hügelketten umgebene Wainuiomata River schlängelt sich vor der Kulisse der unscheinbar wirkenden Hauptstadt Neuseelands und ihrem großen Naturhafen in die häufig windgepeitschte Meerenge der Cook Strait. Mit gutem Auge können Sie die großen Fähren auf dem Weg zwischen Nord- und Südinsel erspähen.

Folgen Sie anschließend dem **Butcher Track** hinunter in das Catchpool Valley. Der schmale Pfad durch wechselnd dichten und wieder offeneren Wald fällt steil ab. Hin und wieder werden zwischen grünen Sträuchern und Bäumen letzte Blicke ins Tal frei und auf Ihrer linken Seite rangeln sich in der parallel verlaufenden Bachsenke des Butcher Stream viele Nīkau-Palmen und Baumfarne um die besten Plätze im Blätterdach.

Etwa bei der Hälfte des Abstiegs nach knapp 1 km wird es kurz abschüssig und nach und nach dominieren beachtliche Südbuchen das Bild. Nach mehr als 300 Höhenmeter Abstieg erreichen Sie schließlich den **Orongorongo Track ❺**. Halten Sie sich links und folgen dem bekannten Track für die letzten 500 m der Wanderung bis zum Ausgangspunkt zurück.

Mehr **Sicherheit** beim Wandern – Mieten Sie einen **Notfallsender** (PLB) für Ihr Outdoor-Abenteuer.

- *effiziente Hilfe unterwegs bei Notfällen*
- *Gerät 142 g leicht*
- *in Neuseeland registriert*
- *faire Mietkonditionen*
- *Langzeitmieten möglich*

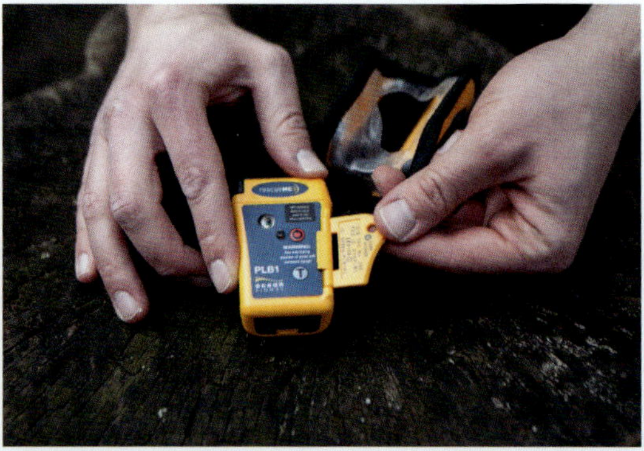

Satellitengestützt auch ohne Handynetz überall in Neuseelands Wildnis einsetzbar.

www.notfallsender.de

Anzeige

Fernweh TREKKING